CONRADO SCHLOCHAUER

o poder do
lifewide learning

aprendizado
incidental

Caro(a) leitor(a),

Queremos saber sua opinião sobre nossos livros. Após a leitura, siga-nos no **linkedin.com/company/editora-gente**, no TikTok **@editoragente** e no Instagram **@editoragente**, e visite-nos no site **www.editoragente.com.br**. Cadastre-se e contribua com sugestões, críticas ou elogios.

CONRADO SCHLOCHAUER

o poder do lifewide learning

aprendizado incidental

Desperte para as oportunidades de
aprendizado que já existem em sua vida
e potencialize seu desenvolvimento

Gente editora

Diretora
Rosely Boschini

Gerente Editorial Sênior
Rosângela de Araujo Pinheiro Barbosa

Editora
Rafaella Carrilho

Assistente Editorial
Mariá Moritz Tomazoni

Produção Gráfica
Leandro Kulaif

Preparação
Gabrielle Carvalho

Projeto Gráfico
Márcia Matos
Plinio Ricca

Capa
Fernando Blanchart
Katherine De Franco

Diagramação
Plinio Ricca

Consultoria de Texto
Alexandre Caetano

Revisão Técnica
Nira Bessler

Revisão
Janaína Marcoantonio
Debora Capella

Impressão
Grafilar

Copyright © 2025 by
Conrado Schlochauer
Todos os direitos desta edição
são reservados à Editora Gente.
R. Dep. Lacerda Franco, 300 – Pinheiros
São Paulo, SP – CEP 05418-000
Telefone: (11) 3670-2500
Site: www.editoragente.com.br
E-mail: gente@editoragente.com.br

Dados Internacionais de Catalogação na Publicação (CIP)
Angélica Ilacqua CRB-8/7057

Schlochauer, Conrado
   Aprendizado incidental: o poder do lifewide learning: desperte para as
oportunidades de aprendizado que já existem em sua vida e potencialize seu
desenvolvimento / Conrado Schlochauer. - São Paulo: Editora Gente, 2025.
   256 p. [+ 16 p.]

ISBN 978-65-5544-604-3

1. Desenvolvimento profissional 2. Aprendizagem contínua I. Título

25-1279   CDD 650.14

Índices para catálogo sistemático:
1. Desenvolvimento profissional

Este livro foi impresso pela gráfica Grafilar em papel
lux cream 70g/m² em junho de 2025.

NOTA DA PUBLISHER

uando recebi o projeto deste livro, o que mais me chamou atenção não foi apenas a proposta inovadora ou a fluidez com que o autor conecta conceitos complexos à vida cotidiana – foi o olhar profundo e, ao mesmo tempo, acessível que ele oferece sobre como aprendemos fora das salas de aula.

Vivemos em um mundo onde o "aprender" parece estar sempre associado ao formal: cursos, certificações, especializações. E isso, claro, tem seu valor. Mas o que acontece com tudo o que absorvemos em conversas, experiências, viagens, erros, acasos? O problema é que aprendemos muito – talvez mais – nesses momentos e não damos o devido valor. Perdemos, assim, uma imensidão de oportunidades de evolução pessoal e profissional.

Conrado Schlochauer já nos impactou com seu primeiro livro, *Lifelong learners: o poder do aprendizado contínuo*, onde tratou com maestria do aprendizado intencional e contínuo. Agora nos convida a abrir os olhos para o que acontece paralelamente: o aprendizado incidental. E aqui está sua genialidade como autor da casa: ele não nos entrega mais um método ou uma fórmula, mas um chamado para enxergarmos o mundo – e a nós mesmos – com mais presença, curiosidade e abertura.

Com décadas de experiência estudando o comportamento humano e o desenvolvimento de adultos, Conrado alia seu domínio acadêmico à vivência real. É um estudioso rigoroso, sim, mas acima de tudo é alguém que vive aquilo que escreve. Sua autoridade não vem apenas de títulos, mas da coerência entre o que ensina e o que pratica.

Este livro é uma preciosidade porque transforma o leitor. Ao final da leitura, você não será mais alguém que apenas vive as experiências: você passará a aprender com elas.

Convido você a embarcar nesta jornada com o Conrado e descobrir que o acaso, sim, pode ser o seu maior mentor.

Rosely Boschini

CEO e Publisher da Editora Gente

DEDICATÓRIA

À Dani, mais uma vez.
Espero passar o resto da vida
escrevendo livros e dedicando
cada um deles a você.

AGRADECIMENTOS

A escrita de um livro é uma atividade coletiva. Acredito que, se não fosse assim, seria quase impossível superar os sentimentos de angústia, cansaço e autoquestionamento que, quase diariamente, invadem a cabeça dos escritores. Escrevo no plural, embora não saiba se essa é uma realidade compartilhada por todos os autores. O que a redação da obra que você tem em mãos me ensinou é que cada título tem personalidade própria.

Refletindo, percebi que as diferenças ocorrem por alguns motivos. O primeiro é que este livro sucede à minha obra anterior, *Lifelong learners: o poder do aprendizado contínuo*, que teve uma recepção muito positiva. Ao decidir escrever outro livro, fui sentindo o orgulho pelos resultados sendo diluído pela responsabilidade de atender à expectativa gerada.

Além disso, o tema que abordo aqui é mais complexo do que o primeiro, apesar de um ser complementar ao outro. Escrever sobre aprendizado incidental e lifewide learning exige uma atenção especial às sutilezas. Ao longo dos dezoito meses em que me dediquei à escrita deste livro, eu me dividi entre a seleção de histórias, a apresentação de conceitos científicos e a curadoria de elementos artísticos que incentivassem cada leitor a interagir de maneira diferente com o próprio cotidiano.

Finalmente, e principalmente, os dois lançamentos têm quatro anos de diferença. O mundo mudou, assim como eu. Por tudo isso, o processo foi mais angustiante e desafiador, o que aumenta muito a gratidão pelas pessoas que me acompanharam no processo.

Minha esposa, Daniela, é minha maior crítica. Eu ouso dizer que uma negativa dela pode mudar o rumo de capítulos inteiros. Cheguei a questionar a escrita do livro a partir de um comentário feito por ela. Agradeço a maneira como me cutucou no processo, de um jeito que só quem ama a gente consegue fazer: com uma mistura de provocação, sinceridade e assertividade.

Mais uma vez, meus filhos, Olívia, Alice e João, acompanharam o processo respeitando as minhas ausências, ainda que a metros de distância dos quartos deles. Sei que estão morrendo de vontade de sair por aí procurando este novo título. Eu espero receber mais fotos deles nas livrarias, agora segurando dois livros.

Minha mãe, Regina Schlochauer, participou deste livro antes mesmo que ele existisse. Seu jeito caótico e artístico de ver o mundo está presente em mim, talvez de uma forma mais domada, porém com a curiosidade necessária para me considerar um lifewide learner desde muito cedo.

Eu tive um grande parceiro na criação desta obra, o Alexandre Caetano, que questionou cada linha do texto. Mais do que revisar o conteúdo gramaticalmente, o Alê me ajudou a achar a melhor maneira de organizar meus pensamentos – além de me acalmar nos meus momentos de dúvidas existenciais.

Neste livro, busquei misturar histórias de pessoas famosas com casos de amigos e colegas que me ajudaram a materializar como o aprendizado incidental se dá na nossa vida. Agradeço demais ao Rodrigo Martins e ao Daniel Stanczyk, dois amigos que tiveram o cuidado de reler a maneira como compartilhei nossas vivências.

Davi X Rodrigues, meu sócio e amigo, teve um papel duplo aqui. Além de me permitir dividir seu caminho de aprendizado no mundo da inteligência artificial, foi um leitor atento que me ajudou muito na estruturação do livro. A divisão do processo de aprendizado incidental em três etapas – despertar, explorar e transformar – surgiu a partir de provocações dele.

Além do Davi, o time da nõvi merece agradecimentos à parte.

Nira Bessler, novamente, fez a revisão técnica. Mais do que isso, antes mesmo de eu pensar no projeto do livro, foi ela quem me mostrou autores e pensamentos fundamentais para que eu tomasse a decisão de escrever.

Carolina Messias, por sua vez, me lembrou da importância do prazer e da autoralidade no processo de criação. Ela também me ajudou a buscar personagens que fugissem ao padrão corporativo clássico, trazendo diversidade e criatividade para o livro.

Fernando Blanchart e Katherine de Franco foram os designers que contribuíram para deixar a capa e a identidade do livro ainda mais bonitas.

Também não poderia deixar de agradecer o estímulo de todos que leram capítulos e compreenderam os diversos bloqueios de agenda necessários para a escrita deste livro. Obrigado, Mariana Jatahy, Juliana Falcon, Marina Galvão, Danilo Almeida, Jéssica Honório e Amanda Bianca.

Na categoria de leitores críticos, um agradecimento especial à minha irmã Moema e aos meus amigos Ricardo Cavallini, Paulo Campos, Leo Carraretto, Dani Bargh e Paulo Renan.

Claudio Thebas, obrigado pelo prefácio mais singelo e bonito que um livro poderia ter.

Thiago Braga e Aldonso Palácio, obrigado por terem me apresentado a potência artística da Jane Batista.

E, finalmente, deixo aqui meu agradecimento ao time da Editora Gente por todo o apoio na aventura da escrita. Um beijo especial na Rafaella Carrilho, pela parceria e pelo cuidado ao longo do processo, e na Rosely Boschini, por me fazer acreditar que eu sou, de fato, um escritor – talvez o aprendizado incidental mais valioso dessa jornada.

SUMÁRIO

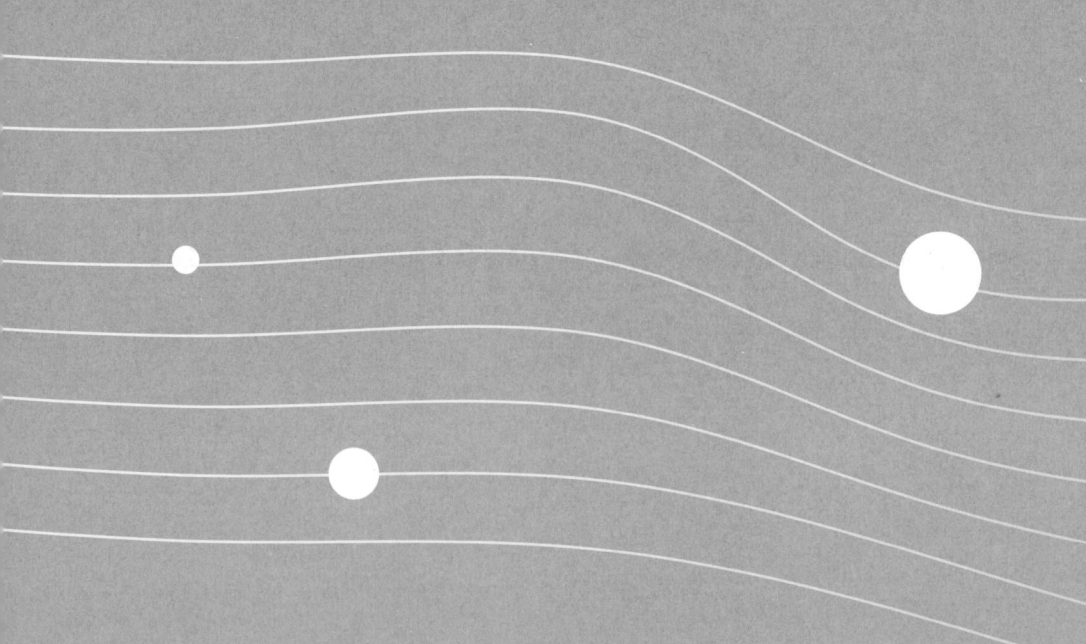

Quem olha o mundo é o olho
Mas quem alarga a visão é o peito.
Não se vê o mundo direito
com um coração estreito.

Claudio Thebas

INTRODUÇÃO

O acaso favorece os aventureiros."

Ainda não me decidi se algum dia vou fazer uma tatuagem, mas, se fizer, esta frase está na lista de opções.

Ela se baseia em um trecho de um artigo do psicólogo canadense Albert Bandura, uma das minhas grandes referências. O poeta romano Virgílio já havia escrito algo parecido há dois mil anos, em sua obra *Eneida*: "*audaces fortuna iuvat*", que significa, literalmente, "A sorte favorece os audazes".

Gosto dessa frase porque ela reflete meu jeito de ser. Não sou um exemplo de disciplina e foco, mas, mesmo assim, tenho orgulho da minha jornada até aqui.

Acredito que curiosidade e uma vida exposta a *aventuras* em mundos diferentes foram parte importante da pessoa que me tornei. Música, tecnologia, esporte, arte, pessoas diferentes, viagens... Sempre tive diversas paixões. O cotidiano está repleto de oportunidades de aprendizado que, na correria, muitas vezes acabamos desconsiderando.

A aprendizagem ocupa um papel central na minha vida, e posso dizer que esse é o domínio em que sou mais disciplinado. Sigo as etapas do aprendizado autodirigido de maneira estruturada. Foi dessa forma que consolidei um método e o descrevi no meu livro *Lifelong learners: o poder do aprendizado contínuo*. Na obra, falei de uma prática que ocorre de maneira sistematizada e consciente, chamada de **aprendizado deliberado ou intencional** pelos pesquisadores da área.

Após o lançamento (e sucesso!) do livro, passei a observar ainda mais meu próprio processo de aprendizado, checando se estava, de fato, vivendo o que havia proposto. Essa auto-observação me mostrou duas coisas. Por um lado, parte do meu aprendizado ocorre de acordo com o que escrevi. Gosto de definir meus caminhos de maneira estruturada, fazer a curadoria do meu CEP+R,* e sempre tento alocar um tempo semanal de dedicação exclusiva.

Contudo, ficou claro que há outro canal de aprendizado em mim – menos estruturado e mais caótico, embora igualmente potente. Ele ocorre a partir da minha curiosidade quase indomável, aliada a um processo de reflexão sobre as experiências que vivo. É muito comum, durante uma conversa, um insight surgir de maneira tão intensa que muitas vezes atrapalha a minha próxima fala. Só prossigo depois de parar e anotar.

Minhas experiências em passeios, viagens, com todos os tipos de arte ou mesmo no dia a dia do trabalho também são fontes regulares de reflexões e mudanças. Já há alguns anos tenho o hábito de anotar os aprendizados da semana em um *learning journal* (um diário de aprendizado). A partir dessa vivência, comecei a conversar com outras pessoas. Percebendo que esse tipo de aprendizado era prevalente, tornei-o o tema de meu projeto de pesquisa e comecei a estudá-lo em profundidade.

No doutorado, eu já havia estudado sobre *aprendizagem informal* a partir da abordagem da psicologia cognitiva. Esse foi meu ponto inicial. Contudo, fui além e pesquisei sobre a aprendizagem que acontece implicitamente e é parte integrante e fundamental do desenvolvimento de qualquer ser humano.

Trata-se de um processo que ocorre de maneira mais óbvia na primeira infância, quando aprendemos a nos locomover, interagir e desenvolver

---

* Sigla de Conteúdos, Experiências, Pessoas e Redes, abordagem proposta por mim e por Alex Bretas para diversificar nossas fontes de aprendizado.

nossa autonomia por meio da exploração do mundo e da observação do outro. Entretanto, o crescimento e as descobertas continuam na fase adulta. Aprendemos e mudamos pelo simples fato de estarmos vivos, interagindo com outras pessoas, com nossas experiências e nossos pensamentos.

No início dos anos 2000, a Organização das Nações Unidas para a Educação, a Ciência e a Cultura (Unesco) começou a utilizar o termo "lifewide learning", para se referir a um tipo de desenvolvimento que ocorre não apenas em ambientes formais de educação, mas em todos os domínios da vida, por meio de experiências cotidianas, relações pessoais e diversas atividades que normalmente não seriam vistas como educacionais.

A pergunta que muitos se fazem é: como me tornar um lifewide learner? Se o aprendizado acontece enquanto estou vivendo, como identificá-lo?

É aqui que entra o **aprendizado incidental.**

Ele normalmente surge como um subproduto de outras atividades e pode se perder nos encantamentos de uma conversa ou no cansaço de uma experiência. E, mesmo quando nosso cérebro nos acorda e identificamos um bom insight, não damos o valor que essa conversa interna merece. Minha intenção, com este texto, é ajudar a trazer consciência sobre o processo e oferecer referências e ferramentas que o apoiem.

Organizações e profissionais buscam o aprendizado contínuo como uma forma de se prepararem para as transformações cada vez mais avassaladoras no mundo. Se esse é o seu caso, o aprendizado incidental pode se tornar um grande aliado na sua jornada.

Este livro é resultado de uma pesquisa não convencional. Ele é repleto de textos, ideias e citações que me inspiraram ao longo dos anos de pesquisa. Como fiz no primeiro livro, compartilho as fontes que me ajudaram a construir a tese central desta obra. Se elas não lhe interessarem, não se preocupe com os pequenos números inseridos ao longo das páginas. As informações que forem fundamentais para a compreensão de algum conceito estarão sempre presentes no próprio texto.

Também vale dizer que você verá muita arte aqui. Já adianto meu pedido do capítulo 4: "Saboreie essas leituras com calma e presença. Talvez essas passagens possam parecer menos objetivas e propositivas do que as dicas de passo a passo presentes em alguns capítulos. Não se engane; deixe o aprendizado acontecer por caminhos menos óbvios".

Este não é um livro sobre como estudar mais. É um livro sobre como viver de modo mais consciente, curioso e aberto. Sobre como influenciar o acaso a nosso favor, criando oportunidades que nos levam a descobrir novas dimensões de nós mesmos.

Que o texto desperte em você o desejo de viver com coragem, presença e atenção às possibilidades de aprendizado que surgem todos os dias, em todos os lugares.

O QUE VEM PELA FRENTE

Este livro é um convite para uma jornada de aprendizado diferente daquela com que você provavelmente se acostumou. Não se trata de mais um método estruturado de estudo, mas de uma abordagem para viver de maneira mais rica e consciente, aproveitando cada experiência como fonte de crescimento e transformação.

A proposta que apresento nestas páginas está organizada em quatro seções principais, complementadas por um interlúdio que serve como ponte conceitual.

Na seção 1 – Aprendizado incidental (capítulos 1 a 4), abordo os fundamentos e a necessidade desse tipo de aprendizado no mundo contemporâneo. Começo explicando por que aprender se tornou simultaneamente mais necessário e mais difícil nos tempos atuais. Apresento o conceito de aprendizado incidental e como ele se diferencia do aprendizado formal com que estamos acostumados. Também abordo a noção de exploração aberta, capacidade que apoia o desenvolvimento durante a infância, mas que tendemos a perder com o passar dos anos. Por fim, descrevo como o aprendizado incidental se desenvolve em três atos, preparando o terreno para as seções práticas que virão depois.

O **Interlúdio** serve como uma pausa reflexiva e complementar. Nele, apresento alguns princípios sobre aprendizado que serão úteis tanto para quem já leu meu primeiro livro quanto para quem está tendo um primeiro contato com minhas ideias. É uma ponte conceitual que assegura que todos os leitores tenham uma base comum para avançar nas seções seguintes.

Na seção 2 – Despertar (capítulos 5 e 6), o foco são as posturas e mentalidades necessárias para o aprendizado incidental. Discuto como podemos influenciar ativamente o acaso a nosso favor, criando condições para encontros fortuitos que gerem aprendizado. Também me debruço sobre o papel fundamental da curiosidade e da abertura à experiência como qualidades que podemos cultivar intencionalmente para potencializar nosso desenvolvimento.

Na seção 3 – Explorar (capítulos 7 a 10), convido você a ampliar seu repertório por meio de diferentes experiências. Mostro como vivenciar experiências de verdade, profundas e significativas, em vez de apenas acumular eventos superficiais. Introduzo o conceito de "presentismo" – a arte de estar atento ao que já existe ao nosso redor, mas que frequentemente ignoramos. Discorro sobre o poder das viagens e dos passeios – tanto os de longa distância quanto aqueles a poucos passos de casa – como fontes inesgotáveis de aprendizado. E, finalmente, faço um convite para incluir mais arte em sua vida, como forma de expandir sua sensibilidade e capacidade de percepção.

Na seção 4 – Transformar (capítulos 11 a 13), compartilho ferramentas para converter experiências em aprendizado duradouro. Primeiro, exploro os novos olhares necessários para ver além do óbvio e do familiar. Depois, abordo o lado intencional do aprendizado incidental: como a presença, a atenção e a reflexão sistemática podem transformar experiências cotidianas em fontes de crescimento profundo e duradouro. Concluo com a defesa da reflexão escrita como ferramenta para consolidar, processar e dar sentido às vivências diárias, permitindo uma aprendizagem contínua e transformadora ao longo da vida.

Este livro não é linear. Embora eu tenha desenhado uma sequência que me pareça natural, você pode navegar por ele seguindo sua própria curiosidade. Algumas seções são mais reflexivas, outras mais práticas. Algumas trazem histórias pessoais, outras recorrem a pesquisas científicas ou a obras de arte.

O que espero, acima de tudo, é que este livro desperte em você o desejo de se tornar um aventureiro do conhecimento – alguém que sabe que "o acaso favorece os aventureiros". Que você reencontre o prazer de aprender com a espontaneidade e o entusiasmo da infância, mas agora com a sabedoria e a consciência de um adulto.

Estamos juntos nessa jornada. Vamos começar?

Aprendizado incidental

Nesta primeira seção, abrimos o caminho para o **Aprendizado incidental**. Apresentamos o poder das experiências cotidianas como fontes legítimas de desenvolvimento – às vezes invisíveis, mas sempre presentes. Exploramos como o cérebro humano evoluiu para aprender de maneira implícita e contínua, a partir da simples interação com o mundo. Mostramos como o aprendizado incidental não substitui os modelos formais, mas os complementa, ampliando nossas possibilidades de crescimento num mundo em constante transformação. E reconhecemos a força da curiosidade, da agência pessoal e da abertura à exploração – ingredientes fundamentais para transformar vivências aparentemente aleatórias em aprendizado com significado.

Aprendizado incidental
SEÇÃO 1

Despertar
SEÇÃO 2

Abertura

Agência

Explorar
SEÇÃO 3

Presentismo

Viagens

Arte

Transformar
SEÇÃO 4

Reflexão

Presença

Olhares

Capítulo 1

POR QUE APRENDER É CADA VEZ MAIS NECESSÁRIO (E CADA VEZ MAIS DIFÍCIL)?

"**M**eu dedo caiu!", gritei.

A afirmação era exagerada, mas quase verdadeira. Eu estava me preparando para baixar a âncora do barco e percebi que ela estava travada na proa. Com a mão direita, puxei a corrente e dei um tranco na tentativa de liberá-la. Não funcionou, e percebi que precisaria de mais meio metro livre para um tranco maior. Mantive uma mão no cabo e, com a outra, pressionei o botão que aciona o guincho. Foi nesse instante que dei o berro.

Em vez de apertar o botão vermelho, apertei o preto. Como consequência, em vez de o cabo ser liberado, ele foi retraído para dentro do barco. Minha mão foi levada para a direção da catraca, que prensou meu dedo indicador direito.

Foi um momento de caos, daqueles de que você se lembra em pequenos pedaços. Minha esposa correu para ligar o barco e voltar para casa. Minha filha mais velha, Olívia, foi pegar a gaze na caixa de primeiros socorros para estancar o sangue. Pegou gelo também (aprendizado obtido na série *Grey's Anatomy*, segundo ela). A Alice, filha do meio, foi para a beirada do barco procurar um dedo no mar, enganada pelo despropósito do meu grito... Só depois percebeu que, embora o acidente de fato tenha sido feio, apenas a ponta do indicador tinha sido atingida. Ela se sentou e tentou acalmar o João, o mais novo.

Naqueles instantes, não senti dor, provavelmente pela famosa descarga de adrenalina. Mas foi interessante ver como minha cabeça se apressou em tentar controlar o futuro. Fui até o hospital de Ilhabela criando cenários dos impactos que o acidente teria na minha vida.

Era 21 de abril de 2022, data que minha família passou a chamar, com o perdão da piada ruim, de dia de "tiradedos".

O estrago foi grande, mas a reconstrução foi um sucesso. Foram vários meses de remédios, novas intervenções, fisioterapias e muita ansiedade. Eu dormia com a mão para cima, colocando o braço no vão de um travesseiro dobrado ao meio e preso com fita-crepe. Nesse período, ficou bem claro por que o dedo indicador tem esse nome. Os movimentos ficam todos desajeitados sem o comando dele, e passei um bom tempo me sentindo com duas mãos esquerdas (sou destro).

Além da questão física, há o aspecto psicológico. Demorou bastante para que meu cérebro deixasse de trazer a memória do acidente de maneira inesperada. Durante o primeiro ano, pelo menos uma vez por semana, minha mente reavivava a imagem que me aterroriza até hoje: meu dedo sendo amputado pela catraca. Isso melhorou, mas não passou.

Havia também a questão do ego, da preocupação com a estética da reconstrução. Eu voltaria a ter unha? As pessoas achariam minha mão estranha? E, ao mesmo tempo que me preocupava, sentia uma baita culpa. Por mais assustador que tenha sido, o impacto foi mínimo na minha vida. Foram-se alguns milímetros de dedo e a sensibilidade na ponta. Só tenho a agradecer o privilégio de ter sido operado pela melhor equipe possível em um dos melhores hospitais do mundo. O convênio médico cobriu tudo, poupando-me de sustos financeiros. Fazia sentido ficar tanto tempo preocupado com a aparência da minha mão?

Entretanto, o efeito maior foi na minha visão de mundo.

Sou um otimista crônico. Passo a vida colecionando aspectos positivos no meio de perrengues. Tenho dificuldade de ver qualquer situação ruim sem identificar um ângulo favorável adjacente. Sempre trago um contraponto. "Bati o carro, mas pelo menos ninguém se machucou" ou "chegamos atrasados e perdemos a primeira música do concerto, mas pelo menos estamos aqui...".

Isso vem de família. Meu pai fugiu de Berlim, na Alemanha, em junho de 1939, a apenas três meses do início da Segunda Guerra Mundial. Mesmo assim, nunca o escutei reclamar da vinda ao Brasil. Sentia-se grato por ter tido a chance de viver durante as décadas de 1940 e 1950 no Rio de Janeiro, "o lugar mais bonito do mundo". Tinha paixão pela minha mãe e por orquídeas (nessa ordem) e, no final da vida, com o Alzheimer começando a se pronunciar de maneira mais intensa, adorava olhar para o mar, no seu apartamento em Santos. De tempos em tempos, soltava: "Como esse país é lindo!". Nunca o ouvi se queixando da vida. Esse é o chip que veio instalado em mim.

Minha recuperação completa demorou um ano. Ao longo desse período, foi difícil agir do meu modo padrão e achar um lado positivo para o acidente. Passado esse tempo, comecei a compreender qual era o aprendizado desse ocorrido: *shit happens*. Coisas negativas acontecem, e às vezes não há lado bom a ser resgatado. Algumas coisas quebram e não podem ser consertadas. Ou até podem, mas nunca mais ficarão iguais. E isso não é necessariamente um problema.

Para pessoas que não têm o otimismo entranhado na personalidade, pode ser difícil entender quão impactante foi essa constatação. O fato é que ela alterou uma parte fundamental da minha visão de mundo. Compreendi, com o acidente, que coisas ruins acontecem sem qualquer intenção compensatória do Universo. Essas experiências são simplesmente ruins, e temos que conviver com o fato de que nós passamos por elas. Felizmente, o aprendizado ocorreu por meio de um acidente que não teve maiores consequências. Sou grato por isso.

Posso dizer que esse episódio me amadureceu, me deixou um pouco menos ingênuo. Hoje em dia, fica muito claro quando estou tendo a conduta antiga, fazendo esforço desnecessário para enxergar um lado positivo em situações impossíveis. Aceitar as experiências adversas em suas realidades desagradáveis tem sido importante para o meu crescimento.

Essa mudança aconteceu para mim a partir de um acidente, uma experiência não planejada e/ou desejada. Isso é a definição clássica de aprendizado incidental: um subproduto de outra atividade. Karen Watkins é uma das principais pesquisadoras desse domínio. Para ela, esse tipo de aprendizado "quase sempre ocorre na experiência cotidiana, embora as pessoas nem sempre estejam conscientes disso".[1]

O aprendizado incidental faz parte da nossa vida, é inerente ao existir. No entanto, ele é pouco percebido e potencializado. Reconhecimento e reflexão são pontos de partida para transformar uma experiência cotidiana em autoaprimoramento. Podemos estimulá-lo ao nos expor a situações que nos apresentem novidades ou questionem nossos conhecimentos prévios.

Trabalho com desenvolvimento de adultos há trinta e cinco anos. Percebo nas pessoas uma dificuldade crescente em achar tempo para incluir momentos de aprendizado deliberado ou intencional em sua rotina. Por que não aproveitamos mais as oportunidades que se apresentam todos os dias?

Já existe um corpo de conhecimento estruturado para transformarmos experiências cotidianas em aprendizado. Meu objetivo, ao escrever este livro, é compartilhá-lo para ampliarmos nossos caminhos de autodesenvolvimento.

UM NOVO MOMENTO PARA O APRENDIZADO AO LONGO DA VIDA

A demanda por aprendizado ao longo da vida tem aumentado, de acordo com algumas das principais entidades que estudam o assunto. Considero o dia 30 de novembro de 2022 como um ponto de inflexão na curva da necessidade de aprendizado contínuo. Com o lançamento do ChatGPT, diversas formas de inteligência artificial generativa se tornaram extremamente populares.

Vou além dos resultados numéricos, como a adoção recorde da ferramenta por 1 milhão de pessoas em apenas cinco dias. Adoto essa tecnologia e sou um usuário intenso. O que mais me chama a atenção nela é a capacidade de substituir humanos em habilidades cognitivas repetitivas. Se essa mudança seguir a tendência de outras transformações, isso não significa que faltarão postos de trabalho. Embora alguns empregos possam ser automatizados, a história mostra que a adoção de tecnologia pode ser mais lenta do que imaginamos e frequentemente leva à criação de novos tipos de empregos.

Contudo, os novos postos de trabalho demandarão a requalificação de 60% dos trabalhadores até 2030, de acordo com o Fórum Econômico Mundial.[2] Com uma abordagem pragmática, atenta ao impacto das novas tecnologias, o Fórum se preocupa com as centenas de milhões de postos de trabalho que sofrerão alterações radicais, especialmente com a inteligência artificial. Entretanto, é importante notar que boa parte dos novos percursos de aprendizagem propostos não seguem à risca a cartilha do aprendizado formal, que se baseia em salas de aula, telas de computadores ou celulares como principais fontes de instrução. Ao contrário, há um chamado inequívoco para a valorização do papel do aprendizado informal e incidental.

A entidade produziu um relatório chamado *Putting Skills First*[3] [Colocando habilidades em primeiro lugar] e, nele, fez um chamado para um olhar mais amplo na avaliação de candidatos ao longo dos processos seletivos. O que o Fórum propõe é o reconhecimento das habilidades presentes nas pessoas, a despeito do caminho para a sua conquista. Atualmente, comprovamos nossas proficiências a partir de um certificado emitido por uma instituição. Entretanto, existem outros caminhos para a aquisição de habilidades, e nem sempre ter um diploma é garantia de competência adquirida.

A mesma tecnologia que gera a necessidade de atualização contínua passou a ser utilizada para confirmar as habilidades adquiridas dos candidatos. São diversos os usos da inteligência artificial nos processos seletivos, com o objetivo de identificar competências sem depender de certificados ou da validação de universidades e centros técnicos.

Além da busca de caminhos para a legitimação de novas habilidades, há a ampliação do escopo do aprender. Queremos nos desenvolver não apenas para trabalhar melhor, mas também para viver melhor.

O Institute for Lifewide Learning, da Unesco, foi fundado em 1952, no pós-Guerra. Sua razão de existir está diretamente relacionada ao Objetivo Sustentável nº 4 da ONU: assegurar a educação inclusiva e equitativa de qualidade e promover oportunidades de aprendizagem ao longo da vida para todos.[4] Em 2022, o instituto reuniu pesquisadores de diferentes países em Marraquexe com o objetivo de discutir a evolução do aprendizado de adultos na última década.

O título do relatório global criado a partir do encontro ressalta a importância de um olhar mais amplo para o aprendizado adulto: *Educação para a cidadania: empoderando adultos para a mudança*. O grupo sugeriu novas abordagens para a aprendizagem:

> À medida que as economias e sociedades mudam, a aprendizagem ao longo da vida precisará se estender muito além de simplesmente responder às necessidades do mercado de trabalho. [...] **Em vez de ser reativa ou adaptativa (em relação às mudanças nos mercados de trabalho, na tecnologia ou no ambiente), a educação de adultos deve ser repensada em torno da aprendizagem que seja verdadeiramente transformadora.** Sabemos que a natureza do emprego pode mudar drasticamente ao longo de uma única vida. A vida cívica e política também está mudando rapidamente e requer flexibilidade, pensamento crítico e habilidade de aprender.[5]

O aprendizado ao longo da vida, por muito tempo, foi vinculado ao desenvolvimento profissional realizado prioritariamente em ambiente formal. Os últimos anos mostraram que a complexidade e as oportunidades do mundo requerem que todo lifelong learner[6] seja também um lifewide learner,* alguém que aproveita todos os espaços da vida para se

---

* *Lifewide* é uma expressão de difícil tradução para o português. O termo se refere ao aprendizado que acontece "ao largo" da vida, em todos os ambientes e espaços possíveis, confrontando o aprendizado formal com o informal. No decorrer do livro, manterei a expressão em inglês.

desenvolver. ==Aprendemos nas conversas, no trabalho, nas viagens e no simples gesto de observar outras pessoas.==

Mesmo nos últimos anos, o reconhecimento desse tipo de aprendizado tem sido um desafio. Em português, por exemplo, a expressão "informal" traz uma conotação negativa para o tipo de aprendizado proposto. Esse termo é frequentemente associado com algo de menor qualidade ou mesmo ilegal. Embora saibamos que muito do nosso aprendizado ocorre nesse ambiente, não temos o hábito de valorizar e "formalizar" o aprendizado informal. Ao reconhecê-lo como um canal de desenvolvimento importante, incentivamos a busca de novos tipos de aprendizado que estão mais disponíveis e próximos. Os caminhos tradicionais continuam relevantes, mas não são suficientes para a complexidade em que vivemos.

No mundo pós-pandemia, experimentamos três fenômenos que têm exigido novos olhares para a aprendizagem. Em primeiro lugar, há o crescimento exponencial do volume de informações produzidas, desafiando nossa capacidade de filtrar e compreender. Temos acesso diário a conteúdos que aparecem e são substituídos com a mesma velocidade. Como dar conta de tanta informação utilizando o método educacional clássico?

Além disso, o uso crescente de redes sociais tem causado danos claros para o aprendizado. Perdemos o controle de nossa atenção e está cada vez mais difícil nos concentrarmos em conteúdos mais longos ou profundos.

Finalmente, vivemos uma relação paradoxal com nossa vida profissional. Ao mesmo tempo que existe uma onda de insatisfação crescente com os empregos, o trabalho – como a esfera por meio da qual interagimos com o mundo e o transformamos – ocupa um papel fundamental na construção da nossa personalidade. Essa contradição tem gerado cansaço e insatisfação.

Vamos entender um pouco mais cada um desses vetores e como eles demandam mudanças na aprendizagem.

CONTEÚDO INFINITO

Olhei para minha mesa de cabeceira e me assustei. Estava horrível. Cheguei mais perto, me agachei e comecei a contar. Quarenta e três. Era essa a quantidade de livros divididos entre as duas pilhas no topo do móvel e nas fileiras que lotavam o nicho inferior.

Lembro-me de que na última arrumação, já há uns três anos, prometi para mim mesmo que só deixaria no quarto os que estivessem na lista dos mais desejados. Tenho uns oitocentos livros espalhados em duas salas aqui em casa, sem contar os digitais. De tempos em tempos, reorganizo tudo em um aplicativo e aproveito para doar alguns e me reconectar com outros.

A minha mesinha de cabeceira é um espaço diferente, menos organizado. A escolha dos livros que ficarão por lá é mais emocional e orgânica. Levo para o quarto autores e autoras dos quais eu não quero correr o risco de me esquecer na agitação da vida. Textos que, acredito, são mais relevantes. Nesse rol de leituras, também estão livros de ficção pelos quais simplesmente me apaixonei a partir de dicas de amigos, do texto da contracapa ou da história de quem os escreveu.

Posso dizer que o móvel de madeira ao lado da minha cama é quase uma extensão do meu cérebro, uma espécie de prótese cognitiva que deveria ampliar minha memória de maneira mais confiável. Mas o excesso de itens nesse repositório pessoal (sem contar a bagunça) me fez perceber que o método não estava funcionando.

Tenho certeza de que esse dilema não é só meu. Vejo diversas pessoas se queixando de que adquirem mais obras do que conseguem ler. Arthur Schopenhauer, filósofo alemão famoso por sua visão pessimista do mundo, teria dito que "comprar livros seria bom se também pudéssemos comprar o tempo para lê-los: mas, em geral, a compra é confundida com a apropriação do seu conteúdo".[7]

Quando queremos um livro, muitas vezes acreditamos na magia de que a simples posse já permitirá que o conteúdo seja transferido para nosso cérebro. Já me vi fazendo isso. Comprei diversos títulos cuja probabilidade de leitura era mínima. O que eu queria era ter o texto "perto de mim", em uma expectativa inocente de que a proximidade traria conhecimento.

Entretanto, durante a arrumação, fui acometido por diversos sentimentos, ao manusear livros de cuja existência não me lembrava. Senti culpa por ter me esquecido de obras que fizeram meus olhos brilharem quando as comprei. Remorso por saber que havia a mesma quantidade de títulos no meu Kindle (e não vou nem considerar as centenas de artigos baixados nos meus aplicativos de leitura). Sensações ruins que, de alguma maneira, se sobrepuseram ao prazer e à curiosidade que impulsionaram a aquisição dos exemplares.

Enquanto reestruturava e fazia seleções, fui formulando teorias para justificar as várias razões que me levaram a acumular tantos livros.

Em primeiro lugar, a publicação de conteúdo, hoje, é gigantesca. Não vou colocar dados e exemplos aqui, porque sei que, antes mesmo de este livro estar impresso, eles estariam defasados. Ainda estamos entendendo como a inteligência artificial impactará a produção e o consumo de conteúdos. A minha hipótese é que, com máquinas gerando textos, áudios e vídeos em moto-contínuo, o volume potencial é infinito.

Há ainda uma facilidade viciante de acesso a conteúdos publicados. Todos estão disponíveis nas mais diversas plataformas em formatos inter-cambiáveis. O artigo está escrito e você prefere ouvi-lo? Basta um clique. O caminho contrário é igualmente fácil. Achou muito longo e quer só um resumo em um breve parágrafo escrito? Sem problemas. E, ao final da sua leitura, ou escuta, o algoritmo identifica outros textos de seu interesse para continuar o jogo de sedução digital que conhecemos tão bem.

Finalmente, existe uma pressão crescente para consumirmos mais conteúdo. As redes sociais, em especial, exercem um papel ardiloso na destruição de nossa autoimagem de aprendizes: somos eternos devedores. Você cumpre sua meta de leitura por mês? Tem publicado suas reflexões para seus colegas? Já se conectou às tecnologias mais recentes? Assiste aos vídeos da sua área com regularidade? Assina newsletters de inovação?

No momento da arrumação, me perguntei também se o fortaleci-mento do conceito de aprendizado ao longo da vida, tema do meu livro *Lifelong learners*, não era mais um estímulo a essa pressão por consumo de conteúdo. Quando escrevi uma obra sobre o poder do aprendizado contínuo, será que deixei claro o que queria dizer com "**contínuo**"? Será que dei a entender que "ao longo da vida" quer dizer todos os dias, "sem pausa"?

A abundância de conteúdo, aliada à facilidade de acesso e à pressão para o consumo constante, gera uma sensação de estar sempre em atraso e um receio de não dar conta das demandas da vida. Esse sentimento não nos motiva. Temos a impressão de que somos incapazes de navegar pelo mar de informação existente e acabamos nos perdendo no pouco tempo que temos para a prática do aprendizado intencional.

Tanto quanto o excesso de conteúdo, me preocupa a ocupação do nosso tempo com atividades que atrapalham o aprendizado – intencional ou incidental – sem que sequer percebamos.

O VÍCIO DO SÉCULO

Reflita sobre as perguntas abaixo:

1. Com que frequência você tem dificuldade para parar de usar as redes sociais, mesmo quando pretende parar?
2. Com que frequência pessoas próximas dizem que você deveria reduzir o tempo que passa nas redes sociais?
3. Com que frequência você deixa de realizar tarefas importantes (trabalho, estudos, família) porque estava usando redes sociais?
4. Com que frequência você usa redes sociais para aliviar sentimentos negativos, como estresse, ansiedade ou tristeza?
5. Com que frequência você se percebe planejando antecipadamente o tempo que passará nas redes sociais?

Se você quiser saber sua pontuação, estas são as respostas possíveis:

→ Nunca (1 ponto)
→ Menos que semanalmente (2 pontos)
→ Semanalmente (3 pontos)
→ Diariamente (4 pontos)

Esse questionário se baseia na versão reduzida da Escala de Uso Compulsivo da Internet,[8] chamada de CIUS. Quanto mais próximo dos vinte pontos – máximo da escala –, mais problemático é seu uso com internet e redes sociais.

Talvez você seja uma das poucas pessoas no planeta que não têm o hábito de passar seus dias (e noites) em *feeds* infinitos, consumindo assuntos supérfluos. Mas como é sua relação com o uso do celular? O que você sente ao descobrir que saiu de casa sem ele ou quando é forçado a ficar algumas horas sem contato direto e instantâneo com o mundo?

Se o nível de ansiedade nessa situação é alto, talvez você tenha *no-mofobia*. Trata-se de uma condição psicológica caracterizada por medo ou ansiedade de ficar sem acesso ao celular ou desconectado da rede móvel, já reconhecida pela Organização Mundial de Saúde (OMS).[9]

A palavra "nomofobia" é um neologismo formado pela junção de elementos do inglês "*no-mobile-phone phobia*", que significa literalmente "fobia de ficar sem telefone celular". Embora o termo inclua "fobia", alguns especialistas sugerem que se trata mais de um transtorno de ansiedade relacionado ao uso excessivo de dispositivos móveis.

Dentre os principais sintomas dessa condição, destaca-se a intensa ansiedade ou pânico que surge quando a pessoa se vê sem acesso ao celular. O corpo responde a esse estresse com diversas manifestações físicas: a respiração se altera, tremores e sudorese se manifestam, acompanhados de uma sensação de agitação e desorientação. Não é incomum, também, que a pessoa experimente um aumento significativo da frequência cardíaca. O mais contraditório é que esses fenômenos ocorrem apesar do fato de que o uso intenso do celular está associado a níveis mais baixos de bem-estar psicológico, como mostram outras pesquisas.[10] Poderíamos continuar listando os males do trio internet, redes sociais e celular aqui: vícios em apostas e jogos on-line, em compras descontroladas e em pornografia são alguns exemplos disso.

Não estou demonizando o uso dessas tecnologias, mas apontando um desafio que a sociedade busca superar hoje: nossos comportamentos estão sendo moldados pelas práticas on-line. E, o que é pior, nossa forma de aprender também.

Estamos nos acostumando a estímulos cognitivos contínuos, minúsculos e rasos que estão apodrecendo nosso cérebro, como propõem os experts de linguagem da Universidade de Oxford. Desde 2004, essa renomada instituição escolhe uma expressão que reflete o *ethos*, o humor ou as preocupações do ano e tem potencial duradouro como termo culturalmente significativo. O trabalho dos linguistas não é criar a expressão, mas captá-la a partir do uso corrente por parte da sociedade.

Em 2024, a expressão foi *brain rot*, ou apodrecimento cerebral, descrito pelo time do projeto como "a suposta deterioração do estado mental ou intelectual de uma pessoa, especialmente vista como resultado do consumo excessivo de material (hoje, principalmente conteúdo on-line) considerado trivial ou pouco desafiador".[11]

Essa expressão foi cunhada e utilizada principalmente pelas gerações Z e Alpha, de acordo com o time de linguistas de Oxford. Porém, cientistas de outras áreas identificaram o fenômeno de maneira semelhante, por meio de imagens e análises psicológicas e psiquiátricas. Um estudo, publicado com o título traduzido "O cérebro on-line: como a internet pode estar mudando nossa cognição",[12] buscou identificar danos na capacidade de atenção, na memória e na cognição social, que significa a capacidade do cérebro humano de processar, interpretar e reagir a interações sociais, tanto no mundo real quanto no ambiente digital.

Na palavra dos autores, "de modo geral, as evidências disponíveis indicam que a internet pode causar **alterações tanto agudas quanto duradouras** em cada uma dessas áreas da cognição, o que pode se refletir em **mudanças no cérebro**",[13] ainda que indiquem a necessidade de estudos contínuos.

Eu acrescento a tudo isso um aspecto sociológico e cultural do consumo de conteúdo on-line: vivemos em bolhas. A polarização nos coloca em grupos com pensamentos e referências muito semelhantes aos nossos. Os algoritmos vencem sua batalha pela nossa atenção ao oferecerem conteúdos semelhantes aos que identificam como compatíveis conosco, minimizando o contato com o novo e o diferente, elementos fundamentais para o aprendizado incidental.

Cérebros em deterioração consumindo conteúdos ruins: esse é o risco que corremos se não atuarmos de maneira deliberada na nossa interação com o mundo, seja ele on-line ou presencial.

O PARADOXO DO NOVO MUNDO DO TRABALHO

Lembro-me claramente de quando ouvi pela primeira vez a expressão "novo normal" em 2020, logo no início da pandemia de covid-19. Para mim, a velocidade com que essa expressão viralizou estava relacionada ao nosso desejo de tentar retornar a um mundo mais previsível. Nosso cérebro investe boa parte da sua energia em garantir a nossa sobrevivência no ambiente em que estamos. Quanto menor a previsibilidade, maior o esforço. Achar que teríamos mais uma vez um ambiente *normal* gerava uma esperança acalentadora.

Nos anos seguintes, começamos a entender que os períodos de previsibilidade seriam mais curtos, sobretudo no ambiente profissional. Trabalhar em casa era um caminho que deveríamos ter trilhado há muito tempo. Os profissionais que tinham essa possibilidade passaram a se perguntar como eles aceitavam o modelo anterior, com tanto investimento de tempo no deslocamento para o escritório. Mais do que isso, a flexibilidade e a qualidade do trabalho híbrido pareciam uma evolução muito aguardada no mundo do trabalho. Empresas identificaram oportunidades de redução de custos e se desfizeram de parte de seus escritórios, diminuindo o valor dos aluguéis corporativos no mundo todo.

Com o fim da pandemia, começaram novos questionamentos: qual é o real impacto do trabalho híbrido na produtividade? Como criar cultura em um ambiente puramente on-line? É possível confiar em profissionais que nem se dão o trabalho de ligar a câmera durante a reunião? Enquanto escrevo este livro, o movimento atual é em direção a um ambiente híbrido, com mais dias presenciais do que remotos. O pêndulo mudou. E não sabemos onde estará nos próximos anos.

As mudanças e os questionamentos no mundo do trabalho reacenderam questões antigas e aumentaram o incômodo das pessoas com o modelo atual. Os dilemas são diversos: excesso de reuniões, falta de confiança de ambos os lados e uma dificuldade incrível de separar vida pessoal e profissional. Como resultado, vivemos um momento em que nossas escolhas profissionais estão sendo questionadas.

Ano após ano, os resultados das pesquisas de institutos como o Gallup[14] escancaram o incômodo dos trabalhadores com seus empregadores. Historicamente, mais da metade dos empregados está buscando novas oportunidades o tempo todo, e apenas 1/3 demonstra-se engajado com sua empresa, seu chefe ou sua função.

A revista *Harvard Business Review* publicou um estudo que aponta que os colaboradores estão reavaliando o que é importante para eles.[15] A questão da saúde mental no emprego tornou-se um problema sério e crescente. Enquanto empresas tentam melhorar a "experiência dos colaboradores" para aumentar o engajamento e reduzir o ciclo de demissões, os profissionais tentam descobrir o papel do trabalho em sua vida.

É importante evidenciar aqui a distinção entre trabalho e emprego. No primeiro caso, falamos de uma escolha de vida: como você vai aplicar seus talentos para se manter e impactar a sociedade. O emprego, por outro lado, é circunstancial. Ele reflete o espaço que você escolheu ou conseguiu para aplicar o seu trabalho.

O grande paradoxo está no fato de que, como eu disse antes, embora continuemos insatisfeitos com o emprego, o trabalho ocupa um espaço muito expressivo na construção de nossa personalidade. Derek Thompson, jornalista da revista *The Atlantic*, propõe a hipótese de que estamos substituindo a religião pelo trabalho. Enquanto o número dos que se declaram ativamente religiosos diminui, muitas pessoas esperam que o trabalho substitua o que a igreja provia: comunidade, propósito e autorrealização.[16]

Thompson batizou esse fenômeno de *workism*. Uma tradução direta para o português seria trabalhismo, mas, no Brasil, essa expressão está diretamente vinculada a uma visão política. O jornalista propõe outro olhar. Ele define o termo como "a crença de que o trabalho é não só necessário para a produção econômica, mas também a peça central do nosso propósito e da nossa identidade".[17] Com isso, segundo o estadunidense, diversas etapas da vida moderna acabam sendo dirigidas por nossas demandas e expectativas profissionais.

Há milhares de anos, o trabalho era o mesmo durante longos períodos – caçar, coletar, pescar e guerrear. Com as estradas de ferro e os telégrafos, as distâncias diminuíram, e novos modelos de negócio e operação foram estabelecidos. A partir deles, definimos a estrutura de carreira que conhecemos hoje, com uma hierarquia que deve ser conquistada sob o risco de você se sentir (ou ser percebido como) falhando em sua vida profissional.

Nos tempos atuais, o trabalho não pode ser só um trabalho, tampouco a carreira apenas uma carreira. Buscamos uma vocação na vida, esperamos um chamado irresistível. Para muitas pessoas, isso pode ser verdade – não há nada de errado em adorar o que você faz. Mas muitas outras se converteram a um culto à produtividade e ao desempenho, no qual qualquer um que não achar sua vocação perfeita vai desperdiçar sua vida. Fundou-se uma nova religião, que mantém trabalho, carreira e desempenho profissional acima de outros aspectos fundamentais da nossa existência. Em resumo:

dependemos do trabalho para definir nosso lugar na sociedade, mas não gostamos do que estamos fazendo com nossa vida profissional.

Existem algumas mobilizações em busca de equilíbrio. O movimento da semana de trabalho com quatro dias está ganhando espaço relevante. A 4 Day Week Global tem realizado pesquisas em todo o mundo mapeando os ganhos dessa mudança, incluindo produtividade, engajamento e redução da rotatividade.[18]

Gosto muito da abordagem do escritor e jornalista italiano Simone Stolzoff, autor do livro *The Good Enough Job: Reclaiming Life From Work* [O trabalho bom o suficiente: resgatando a vida do trabalho]. Ele também usa o termo *workism*. Aliás, ele se declara um *workist* em recuperação:

> Ao longo da minha vida, quis ser jornalista, designer, advogado, diplomata, poeta e atleta dos San Francisco Giants. Passei minha carreira procurando uma alma gêmea vocacional, um emprego que não apenas pague as contas, mas seja um reflexo único de quem eu sou.[19]

O fenômeno é estudado com mais frequência nos Estados Unidos, mas também percebo sua presença por aqui. É muito difícil dizer quem somos sem descrever a nossa profissão. O resultado é que acabamos investindo tempo e energia no trabalho e não deixamos espaço para outras atividades na vida. Ou mesmo para buscar essas atividades. Stolzoff faz o convite:

> Assim como um investidor se beneficia ao diversificar seus investimentos, nós também nos beneficiamos ao diversificar nossas fontes de identidade e significado. O significado não é algo que nos é concedido. É algo que criamos. E, como qualquer ato de criação, requer tempo e energia – o tempo para investir em atividades fora do trabalho e a energia para realmente fazê-lo.[20]

Esse é meu ponto principal quando decidi escrever este novo livro. Estamos em um momento do mundo em que estamos mergulhados em mudança e novos conteúdos e, ao mesmo tempo, não temos os elementos básicos para conduzir nosso aprendizado.

O TRINÔMIO DO APRENDIZADO INTENCIONAL

Aprender é uma atividade desafiadora para o adulto.

Falaremos mais para frente das diversas potencialidades que nosso cérebro oferece para o desenvolvimento ao longo da vida. Contudo, é inegável que o *Homo sapiens* veio equipado com um sistema neurológico mais adaptado ao aprendizado que ocorre nas duas primeiras décadas de vida. Nosso cérebro veio preparado para isso. Como adultos, o aprendizado contínuo é possível, mas demanda energia e foco.

Por isso, a maioria de nós ainda está se habituando ao ambiente de mudanças aceleradas descrito anteriormente. Temos habilidade instalada para nos adaptarmos, mas ainda estamos descobrindo a melhor forma de acessá-la. Não se discute mais que o aprendizado deve ocorrer de maneira cotidiana, como a atividade física e outros cuidados com a saúde. Mas a dificuldade que temos em criar uma rotina que inclua aprendizado está associada ao impasse de concatenar as três dimensões necessárias para que ele ocorra: **tempo**, **motivação** e **energia**.

O **tempo**, ou a falta dele, pode parecer o aspecto mais óbvio. O aumento da complexidade e da competitividade no ambiente profissional nos faz trabalhar mais horas, e com isso sobram poucos momentos no dia para aprendermos. Essa é a parte simples da explicação. No entanto, a maneira como avaliamos a passagem do tempo é maleável, varia de acordo com a pessoa e com a atividade realizada. E, para boa parte da população, a pandemia alterou a percepção de tempo. Um estudo recente com trabalhadores remotos apontou que 50% dos participantes identificaram distorções na maneira como notavam o transcorrer do tempo. Para 65% do grupo estudado, era difícil separar dias úteis de finais de semana.[21] O impacto dessa mudança é psicológico.

A percepção de indisponibilidade de tempo está associada a sintomas diversos, como depressão, aumento de estresse e ansiedade.

Essas são algumas das razões pelas quais muitos têm notado menos **motivação** para aprender. Trata-se de um componente fundamental do aprendizado autodirigido. É muito difícil nos dedicarmos a aprender algo novo sem sentir um real desejo de mudar e melhorar. A tal da motivação intrínseca, aquela que acontece de dentro para fora, tem uma relação direta com a autonomia. Para aprender, o primeiro passo deve ser nosso. Uma vez iniciado o processo, a experiência vivida nos retroalimenta. Porém, a dificuldade reside justamente em dar o primeiro passo.

Algoritmos tentam nos tornar seres inanimados, que não precisam de motivação própria e desperdiçam horas em vídeos e conteúdos que não nos interessam. Ficamos presos na expectativa de que o próximo post seja incrível. De maneira subliminar, somos expostos a temas da moda, que aparecem e desaparecem em uma cadência definida por um mercado sedento por vender cursos, livros e conteúdos on-line. Nossa navegação provê as empresas com dados que são utilizados com precisão para conquistar nossa atenção e minar nossa autonomia.

Tempo e motivação são elementos essenciais, mas não suficientes. Adquirir habilidades e conhecimento cansa.[22] Literalmente. O gasto calórico durante o aprendizado varia de acordo com a intensidade de esforço e a duração. De modo geral, estima-se que gastamos de 1 a 2 calorias por quilo por hora de dedicação. Uma leitura de duas horas pode demandar 100 ou 200 calorias.

No mundo pós-pandemia, me acostumei a terminar o ano fazendo a mesma pergunta para as pessoas com quem interagia em dezembro: "Você também está exausto?". O cansaço de cada participante em uma reunião ou palestra atravessava a tela do meu computador de maneira brutal. O novo normal não chegava nunca. Ou talvez já tivesse chegado.

A falta de disposição tornou-se uma queixa universal (juntamente com o crescimento do *burnout* e de uma relação confusa com o trabalho). De acordo com a Gartner, empresa especializada em pesquisas e mapeamento de tendências, o mundo pós-pandemia trouxe um novo tipo de cansaço, a *change fatigue*, ou a fadiga da mudança.[23]

Por isso, **energia** é o terceiro elemento do trinômio do aprendizado. Já me peguei muito motivado para mergulhar em assuntos novos, mas não consegui juntar disposição suficiente para dar conta de começar uma conversa mais profunda ou de assistir a uma palestra em vídeo. Sabemos o que acontece se quisermos desafiar o cansaço: nosso cérebro age e derruba o livro da nossa mão ou nos apaga no meio do mais emocionante vídeo do TED que estivermos vendo.

Reunir **tempo**, **motivação** e **energia** para aprender é algo desafiador nos tempos atuais. Os três elementos são fundamentais para o aprendizado intencional, aquele em que paramos outras atividades da nossa vida para ter um momento dedicado ao aprender.

Achar equilíbrio na vida para parar e aprender com foco é algo muito importante e desejável. Meu primeiro livro foi inteiramente dedicado a auxiliar esse processo, e continuo acreditando em sua efetividade como método.

O contexto atual demanda mais aprendizado e dificulta a busca de tempo, motivação e energia. Isso foi mais um estímulo para que eu escrevesse este livro. Como incluir ainda mais momentos de aprendizado em nossa vida? Estamos expostos a oportunidades de crescimento o tempo todo. Foi dessa forma que nossa espécie se desenvolveu por dezenas de milhares de anos.

No entanto, o aprendizado incidental – uma subcategoria do aprendizado informal – é ativado quando temos um olhar direto e intencional para nossa vida. A finalidade desta obra é ajudar você nesse processo. E o primeiro passo é compreender um pouco melhor o que é o aprendizado incidental.

Uma das características deste livro é o grande número de referências, conceitos, dicas e provocações. Para ajudar na sua leitura e na aplicação das ideias apresentadas, incluí ao final dos capítulos uma tabela de resumo com sugestões práticas.

Como base para organizar as informações, utilizei o próprio CEP+R:

→ **Conteúdo (C):** um brevíssimo resumo das ideias principais de cada capítulo.
→ **Experiência (E):** atividades para vivenciar o aprendizado incidental em sua vida.
→ **Pessoas e Redes (P+R):** indicações de pessoas e grupos que podem apoiá-lo no aprofundamento do conteúdo.

Essas tabelas são convites à ação – pontos de partida para transformar a leitura em prática e expandir seu aprendizado para além destas páginas.

CEP+R: Por que aprender é cada vez mais necessário (e difícil)?

C - Conteúdo

→ Vivemos três fenômenos que dificultam o aprendizado: **excesso de informação, vício em redes sociais e paradoxo do trabalho**

→ O **trinômio do aprendizado intencional** (tempo, motivação e energia) está cada vez mais difícil de equilibrar

→ O *brain rot* (apodrecimento cerebral) é o fenômeno de deterioração mental causado pelo consumo excessivo de conteúdo superficial

→ O **lifewide learning** – aprendizado em todos os domínios da vida – é uma resposta necessária a este cenário de complexidade crescente. Ele pode ser potencializado por meio do aprendizado incidental

E - Experiência

→ **Faça um detox digital de 24 horas** e observe como você lida com a ausência de estímulos constantes

→ **Anote durante uma semana insights** ou aprendizados que surgiram em momentos inesperados (conversas casuais, trajetos etc.)

→ **Avalie seu trinômio:** crie uma escala de 1-10 para seu tempo disponível, motivação e energia para aprender – qual é seu ponto fraco?

P+R - Pessoas + Redes

→ **Simone Stolzoff** – autor que questiona o culto ao trabalho (*workism*), propondo mais equilíbrio entre vida profissional e pessoal

→ **Instituto de Aprendizagem ao Longo da Vida da UNESCO** – rede de pesquisadores dedicada a promover oportunidades de aprendizagem durante toda a vida, com foco na educação de adultos e nas formas não formais e informais de desenvolvimento

→ **Crie grupos com colegas** que buscam um tipo complementar de aprendizado e compartilhe dificuldades e oportunidades de mudança

CAPÍTULO 2

O QUE É APRENDIZADO INCIDENTAL?

Se eu fosse um pouco mais corajoso (e inconsequente), este livro se chamaria *Lifewide learners: o poder do aprendizado incidental*, e não o inverso. Cheguei a aventar essa possibilidade. Afinal, formaria uma dupla perfeita com meu primeiro livro.

Dois motivos me fizeram buscar outro caminho.

O mais pragmático é que esse título atrapalharia muito a divulgação do livro. Digo isso por experiência própria. Todo autor que conheço tem o costume de buscar as próprias publicações ao visitar livrarias – eu não sou diferente. Quando não encontrava o meu livro exposto, me dirigia a um funcionário da loja e perguntava se a obra estava disponível.

— Qual é o nome do livro?

— *Lifelong learners.*

— Pode soletrar ou dizer o nome do autor?

— Conrado Schlochauer.

— ...

Quase sempre recebia um olhar com uma mistura de súplica e cumplicidade irônica. Não bastava o nome do livro ser complicado?

O segundo é porque, no fundo, o livro é mais sobre aprendizado incidental do que sobre lifewide learning, esse conceito que tanto me representa.

Em tradução livre, a expressão significa "aprendizado em todos os domínios da vida". O conceito, proposto pela Unesco, amplia os caminhos para o aprendizado e

> coloca uma tônica mais acentuada na complementaridade das aprendizagens formal, não formal e informal, lembrando que uma aquisição de conhecimentos útil e agradável pode decorrer, e decorre de fato, no seio da família, durante o tempo de lazer, na convivência comunitária e na vida profissional cotidiana.[1]

Em resumo, a fala acima diz respeito ao aprendizado que ocorre no dia a dia de cada um de nós, em especial no tempo que se passa fora da escola. A Unesco tem considerado o lifewide learning um caminho para o que chama de justiça epistêmica, ou seja, para a promoção de equidade no acesso, na produção e na valorização do conhecimento. Se o aprendizado não se dá só no ambiente escolar formal, aumenta o número de pessoas que podem aprender e ensinar.

O lifewide learning pode acontecer de duas formas.

A primeira é **intencional**. Por exemplo, quando me matriculei em um curso de palhaço, há alguns anos, fiz uma escolha de aprendizado deliberada e focada: queria aumentar minha criatividade. Entretanto, ao longo do tempo, percebi que estava aprendendo mais sobre outros aspectos da minha personalidade do que sobre meu processo de geração de ideias. Eu fazia terapia à época, e uma vez o analista falou: "Conrado, o curso de palhaço está dando de dez a zero nas nossas sessões. Você tem se descoberto tanto por lá!".

Essa é a segunda forma pela qual o lifewide learning ocorre, sem nossa escolha consciente. O aprendizado incidental é um subproduto natural de atividades que uma pessoa realiza por outros motivos, como disse no primeiro capítulo. Ele acontece enquanto tocamos nossa vida. Dentre as possibilidades do lifewide learning, valorizo muito esse caminho porque ele pode ocorrer o tempo todo, a partir das escolhas que fazemos e da forma como interagimos com o mundo. É sobre essa parte que falaremos neste livro.

A definição de aprendizado incidental é tão simples que, ao pensar na estrutura do livro, ponderei se de fato seria necessário um capítulo inteiro para explicá-lo. A American Psychological Association trabalha com uma acepção um pouco mais extensa. Segundo o grupo, o aprendizado incidental é aquele que "não é premeditado, deliberado ou intencional e que é adquirido como resultado de alguma outra atividade mental, possivelmente não relacionada".[2]

Em princípio, não haveria o que acrescentar. É algo natural do ser humano.

Na convivência com os filhos, esse tipo de desenvolvimento ocorre o tempo todo. Quando minha filha mais velha entrou como atleta federada no time de vôlei do clube do qual somos sócios, ela era reserva. Durante uma competição, percebi que, nos pedidos de tempo, ela corria para distribuir garrafinhas de água para as atletas que estavam em quadra naquele momento. Voltando para casa, puxei um papo sobre essa atitude. Questionei se não seria melhor ela ficar atenta à fala da técnica, para ouvir os comandos e demonstrar vontade de jogar. A resposta dela foi: "Pai, neste momento, para o time, é muito mais importante quem está na quadra escutar os comandos e poder se hidratar. Ela me vê treinar, sabe quando tenho que entrar".

Tóin! Bem na minha cabeça.

Além do orgulho que senti ao constatar a maturidade da pequena atleta de 13 anos, esse papo me fez parar e pensar no que estava por trás das minhas palavras. Elas refletiam uma vontade egoica de ver minha filha jogar como titular, sem também pensar no time ou no resultado do jogo. A verdade é que a resposta dela me permitiu parar para entender (e mudar) algumas atitudes.

É disso que estamos falando. Uma conversa de pai e filha se transformou em espaço de reflexão. Em princípio, a relação parece bastante simples: acontece alguma coisa e você aprende. Entretanto, o que realmente acontece na nossa mente quando experimentamos momentos de aprendizado incidental? Do ponto de vista evolutivo, por que ele existe? Existem características de personalidade que o potencializam ou inibem?

Para responder a essas questões, deparei-me com um desafio. O mundo da aprendizagem é objeto de estudo de pesquisadores de diversos campos de conhecimento: educação, psicologia, sociologia, recursos humanos, neurociência, sociologia, ciências do comportamento e filosofia, entre outros. Dentro de cada um desses campos, há subdivisões. Para estudar esse fenômeno sob a ótica da psicologia, podemos falar, por exemplo, de psicologia da aprendizagem, psicologia do desenvolvimento, psicologia experimental e psicologia cognitiva.

É muito comum que esses campos de conhecimento não conversem entre si. A dificuldade vai além: os termos e as expressões utilizados são diferentes. No meu doutorado, vivi essa cisão quando descobri que o *Handbook of Educational Psychology*, um manual clássico de psicologia educacional, não compartilha nenhum autor com o *Handbook of Adult and Continuing Education*, outra grande referência, mas da área de educação de adultos.

Conheci a expressão "aprendizado incidental" a partir das publicações e pesquisas de Victoria Marsick e Karen Watkins, ambas da área da educação de adultos e da aprendizagem corporativa. O campo de estudo e o olhar das duas professoras estão muito relacionados ao ambiente corporativo.

Investigo esse tema pela lente da psicologia cognitiva. Os autores e as referências a que recorro vêm dessa área. Daí minha surpresa quando comecei a estudar o assunto, há alguns anos, e não achei nenhuma menção a aprendizado incidental entre os autores e textos clássicos. Com um pouco de pesquisa, compreendi que, no mundo da psicologia, o olhar é diverso: o fenômeno sobre o qual estou me debruçando é estudado e relatado a partir de um campo muito maior (e mais complexo), denominado **aprendizado implícito**.

Quando pensei em escrever este livro, aprofundei-me na pesquisa. Foram semanas de prazer e preocupação. Adoro mergulhar em assuntos que me desafiam, e, acredite, a aprendizagem implícita está nessa categoria. A apreensão veio pela complexidade do olhar científico e acadêmico sobre o assunto. A cada momento me perguntava o que seria de fato útil para quem estivesse lendo.

Depois de ler algumas dezenas de artigos e livros, entendi por que considero importante ampliar a compreensão sobre o que acontece na nossa mente durante o aprendizado incidental. Esse olhar mais profundo é parte do que proponho neste livro.

Meu objetivo aqui é ajudar cada um a revelar os aprendizados que acontecem todos os dias na nossa vida e que muitas vezes não reconhecemos. Nas empresas, falamos de aprendizado *on the job*, aquele que acontece no dia a dia, mas não sabemos muito bem como potencializá-lo. A abordagem que proponho está baseada em dois pilares: **aventurar-se um pouco mais**, explorando caminhos menos óbvios e padronizados, e **observar e refletir com maior profundidade** sobre a experiência vivida, desvendando e explicitando o aprendizado que estava implícito.

Pensando nisso, concluí que compreender o tema de modo mais aprofundado é um primeiro passo importante. Sem esse entendimento, continuaremos vinculando o aprendizado a uma prática estritamente consciente, intencional e, quase sempre, inspirada no modelo que vivemos na escola. Entendi que explicar um pouco do funcionamento da mente e do cérebro durante o aprendizado incidental é imprescindível. É a única maneira de deixar claro que a alternativa que apresento está baseada na forma como a ciência descreve o aprendizado humano, que ocorre há milhares de anos, muito antes da criação da escola ou da escrita. O aprendizado implícito é uma capacidade que, embora disponível para todos nós, é pouco colocada em prática. É difícil pensar em aprendizado ao longo da vida sem dar atenção a esse fenômeno.

Ponderei o desafio de condensar, de maneira simples e interessante, o que conhecemos sobre o assunto. No fim das contas, decidi escrever o capítulo.

A EVOLUÇÃO DA MENTE HUMANA

A Frida é a sexta moradora da minha casa. É uma labradora típica: tão carinhosa quanto carente. Ela divide o tempo entre a busca de comida e a de carinho. A alimentação aqui em casa é regrada. Contando com a falta de cuidado dos humanos durante as refeições, ela tenta quebrar a rigidez buscando um petisco extra embaixo da mesa. Nos outros momentos, ela nos encara, com aquele clássico olhar sofrido, sempre de baixo para cima.

Com uns 2 anos, ela aprendeu alguns caminhos para ganhar sua dose de carinho. Começa apoiando a cabeça na coxa, imóvel. Você está sentado e sente um peso no seu colo, é a Frida. Normalmente já é bem-sucedida com essa manobra. Se começamos a fazer um cafuné e paramos, ela enfia o focinho úmido embaixo do nosso braço e redireciona a mão para continuarmos com o chamego. Impossível resistir. Cada vez que paramos, ela repete o truque, em um ciclo contínuo em que quase sempre sai vitoriosa.

Podemos dizer que ela **aprendeu** a ganhar sua dose de mimo? Sim, podemos.

Toda espécie viva que se movimenta para buscar alimento conta com alguma forma de aprendizado. Mesmo os mecanismos mais primitivos de desenvolvimento são fruto de milhões de anos de processo evolutivo.

Qual é a diferença entre o aprendizado humano e o de outros animais? Pozo, meu eterno mestre e um dos grandes pesquisadores no mundo da psicologia cognitiva, propõe alguns caminhos que nos diferenciam.[3]

Um deles está relacionado à comparação entre a aprendizagem **associativa** e a **construtiva**. A primeira refere-se a um tipo de aprendizado que ocorre a partir da identificação dos padrões do meio ambiente. Ela se confunde com o que pode ser chamado também de aprendizado estatístico. É como se agíssemos levando em conta as probabilidades ao nosso redor. Por exemplo, no caso da Frida, eu tinha o costume de lhe dizer "boa noite" quando a levava para a área de serviço, antes de apagar a luz e fechar a porta. Hoje, basta me despedir que ela já se dirige para sua cama. O mesmo vale para um "com licença". Abnegada, ela se levanta e sai de onde está. Isso é aprendizagem associativa.

A aprendizagem construtiva, em contrapartida, demanda uma postura mais ativa. No lugar de um processo reprodutivo e estático, ela é criativa, dinâmica e se baseia no acesso a conhecimentos prévios. Mentalmente, somos capazes de construir objetos, de criar o mundo ao nosso redor e de ter novas ideias. Acima de tudo, temos a faculdade de identificar nossa própria imagem.

A espécie humana é capaz de experimentar ambas as formas de aprendizado. Contudo, a construtiva nos é exclusiva.

Outro modo de identificar a diferença entre o aprendizado humano e os demais é por meio da comparação entre **aprendizado implícito** e **explícito**. De maneira geral, essa categorização refere-se à consciência do processo. Somos a única espécie capaz de identificar quando e como estamos aprendendo, em especial na vida adulta. Embora seja um atributo que nos garantiu a capacidade de nos adaptarmos à realidade que nós mesmos criamos e transformamos, o aprendizado implícito muitas vezes é desconsiderado ou tratado como algo menos importante. Reconhecer sua relevância e, acima de tudo, aumentar nossa consciência de quando ele ocorre são atitudes que podem potencializar muito o nosso aprendizado ao longo da vida.

Aprendizado implícito*

Apresento, a seguir, uma lista com sequências de letras. Faça uma leitura calma e concentrada de cada um dos itens antes de avançar para o parágrafo seguinte:

→ FUGI	→ LAFE
→ HOLA	→ DAFE
→ DOLI	→ LABU
→ GAHU	→ GOFO
→ HUBO	→ HELO

Agora veja as palavras a seguir com a mesma calma. Durante a leitura, tente identificar quais delas poderiam fazer parte da lista anterior. Neste momento, não tente adivinhar quais regras ou critérios estão por trás da escolha.

1. DAGE	7. HAEF
2. HEWA	8. LATOD
3. FIU	9. DALU
4. LUFI	10. OBHA
5. HOBE	11. ULOD
6. GHUA	12. GOBU

* Para não ficar interrompendo o texto com referências a cada frase, quero dizer que a explicação conceitual de aprendizado implícito se baseou, principalmente, nas pesquisas e nos escritos de Juan Ignacio Pozo, Maria Isabel da Silva Leme, Scott Kaufman e Alex Cleeremans, além dos autores citados no texto.

Escreva em um papel as palavras da lista 2 que você acredita que poderiam estar na lista 1 e confira o resultado na nota de rodapé.*

Se você tem um estilo de pensamento parecido com o meu, deve ter ficado algum tempo na primeira lista tentando identificar quais são os padrões (palavras com quatro letras, por exemplo). É difícil fazer o que o exercício pede: ler a lista deixando o cérebro atuar de maneira mais livre.

Esse comportamento é fruto, entre outras coisas, da nossa formação escolar. Fomos programados para identificar as regras e premissas por trás dos dados que nos são apresentados. Achar a resposta sem saber explicar o caminho percorrido não faz qualquer sentido.

Protocolos como esse funcionaram como base para a realização de estudos acadêmicos sobre a aprendizagem implícita. Esse é um domínio desafiador para os pesquisadores da área. Como identificar quando uma pessoa está aprendendo de maneira implícita se a condição para que isso ocorra é justamente o desconhecimento do próprio aprendiz?

A solução veio com atividades como a que você experimentou há pouco. Se as pessoas acertassem as respostas em uma proporção superior ao acaso (ou chute) e não soubessem explicar o porquê das escolhas, poderíamos dizer que houve aprendizagem implícita. O objetivo era verificar se os participantes eram capazes de identificar as *gramáticas artificiais* de cada lista.

Esse assunto carrega uma complexidade científica e acadêmica enorme. Há anos, diversos cientistas de diferentes áreas buscam convergência para explicar de que maneira a aprendizagem implícita coexiste com a explícita.

Arthur Reber é considerado um dos pioneiros no assunto. Sua obra clássica, *Implicit Learning and Tacit Knowledge*[4] [Aprendizado implícito e conhecimento tácito], que define o conceito de aprendizado implícito, é a grande referência até hoje – mesmo tendo sido publicada em 1993. Se você procurar por Reber na internet, vai descobrir sua personalidade dupla. Na abertura do seu site, ele se delata:

---

* As sentenças corretas são 1, 4, 5, 9 e 12. A "gramática" para a construção delas é a seguinte: a estrutura ser formada por consoante, vogal, consoante e vogal, nessa ordem. Todas as vogais são aceitas, mas apenas as consoantes B, D, F, G, H e L podem ser utilizadas.

Passei mais de cinquenta anos vivendo duas vidas paralelas. Em uma, sou um jogador semidegenerado, viciado em pôquer, apostador de corridas de cavalos e especialista em *blackjack*; na outra, sou um cientista especializado em Psicologia Cognitiva e temas relacionados às neurociências, às origens da consciência e à filosofia da mente.[5]

Mais à frente, conclui:

Mas, com o tempo, esses dois caminhos da minha vida se entrelaçaram. Muito do que sabemos sobre a psicologia humana pode nos dar insights sobre jogos de aposta, especialmente o pôquer, e, claro, muito do que sabemos sobre o pôquer pode nos ajudar a entender a psicologia humana.[6]

Essa personalidade excêntrica e genial foi responsável por iniciar toda uma linha de pesquisa sobre o aprendizado implícito. Reber define esse fenômeno como "a aquisição de conhecimento que acontece independente das tentativas conscientes para aprender na ausência de conhecimento explícito sobre o que se adquiriu".[7]

A aprendizagem implícita fez parte do processo evolutivo que permitiu que nossos ancestrais compreendessem as variações do ambiente. Embora seja um tipo de aprendizado presente em diversas outras espécies, continua sendo parte fundamental do nosso processo de crescimento: é a primeira forma de aprendizado que experimentamos.

Bebês aprendem a andar, falar e agir de acordo com regras sociais por meio da aprendizagem implícita. Essa forma de nos desenvolvermos traz vantagens evolutivas por ser mais robusta (preservada mesmo quando ocorrem lesões ou disfunções cognitivas permanentes), duradoura (menos propensa à interferência de outras tarefas) e econômica (do ponto de vista cognitivo).

De acordo com Pozo, essa categoria de aprendizado seria "um mecanismo especialmente eficaz para gerar representações estáveis, duradouras e generalizáveis do ambiente, um traço essencial de toda boa aprendizagem".[8] Em síntese: o processo de aprendizagem implícito mostrou-se adequado para que, do ponto de vista da economia cognitiva, o *Homo sapiens* interagisse com um ambiente que se manteve relativamente estável por dezenas de milhares de anos.

Para concluir nossa compreensão do fenômeno, vou apelar para outro pesquisador: Merlin Donald, mais uma grande referência no tema da evolução da mente humana. Ele também tem uma vida dupla, embora menos polêmica do que a de Reber. Além de ser neurocientista cognitivo, tem formação em Filosofia. Destaco esse olhar duplo porque, no campo da Aprendizagem, valorizo muito abordagens que se complementem e que não tenham a pretensão de explicar o fenômeno a partir de um só domínio. Além disso, o conceito de um tipo de aprendizado que ocorre sem nossa consciência pode se beneficiar de um olhar filosófico, como veremos mais à frente.

Ainda na análise da nossa evolução, Donald propôs um modelo de construção da mente humana que enfatiza a coevolução do cérebro e da cultura. Para ele, foram três grandes transformações cognitivas até chegarmos à maneira como funcionamos atualmente. Os primeiros hominídeos tinham a capacidade de perceber as variações no ambiente e agir com base nelas. Eles já eram capazes de aprender como utilizar algumas ferramentas ou mesmo de compreender a lógica social de seu bando, mas não conseguiam refletir sobre a forma como adquiriram essa habilidade. Eram dotados de uma *mente episódica*, orientada de maneira intuitiva e centrada no aqui e agora.

Com o aparecimento do *Homo erectus*, há aproximadamente dois milhões de anos, surge a *mente mimética*. Ela se destaca pela capacidade de reprodução de comportamentos ou expressões faciais. Tais habilidades permitiam que as emoções e os estados mentais fossem exteriorizados, embora ainda de modo conectado ao presente e ao contexto imediato. Essa é a mente que possibilita que um jovem primata aprenda a quebrar nozes observando a mãe. Assim, é possível perceber o início do processo de ensino–aprendizagem entre membros da mesma espécie, ocorrendo de modo social e não verbal.

Para muitos pesquisadores, a revolução cognitiva da espécie humana se deu quando começamos a andar eretos e usar ferramentas. Contudo, uma perspectiva mais recente sugere que a vida em comunidade foi a condição que demandou outra evolução da mente humana. Sem novos mecanismos de comunicação, seria muito difícil constituir e disseminar acordos inerentes à vida de cada comunidade. Em outras palavras, a construção de uma cultura comum demandou novas formas de transmissão de conhecimento, superiores e mais sofisticadas do que as vocalizações e os gestos disponíveis aos nossos antepassados como forma de comunicação.

Além da evolução neurológica, foram necessárias mudanças fisiológicas, como o ajuste das cordas vocais, para permitir a emissão de fonemas de maior complexidade. Essas mudanças demandaram uma *mente simbólica*. Ela está associada à invenção da linguagem, processo por meio do qual nossa espécie começou a utilizar representações figurativas e manifestações artísticas. Surgida provavelmente entre quarenta e sessenta mil anos atrás, essa mente passou a permitir a concepção de ideias ou objetos, mesmo quando eles não estivessem presentes ou visíveis, algo impossível para outras espécies.

A grande evolução ocorre com o início e a disseminação da linguagem escrita. A partir daí, deixamos de depender da memória para compartilhar o conhecimento. Nesse ponto, passamos a ter acesso a novas operações mentais, como questionar, construir e explicar o que acontece conosco e com nossa cultura. Essa é a *mente teórica* ou *epistêmica*. Ela foi a condição fundamental para a construção da nossa sociedade do conhecimento. Embora tenha se consolidado no último século, seu início se deu em paralelo à invenção da escrita pelos sumérios, em torno de 3000 a.C.

Julguei importante apresentar o progresso da nossa mente para destacar que a capacidade cognitiva que temos hoje é fruto de um processo evolutivo. Partimos do aprendizado implícito, com as mentes episódica e mimética, para o explícito, com as mentes simbólica e teórica. Essa questão é fundamental para nossa conversa aqui.

Alguns pesquisadores defendem uma hierarquização nos aprendizados. Por ter sido o último a surgir, o aprendizado explícito, visível, teria maior valor para o *Homo sapiens* do século XXI.

Jerome Bruner foi um dos líderes da Revolução Cognitiva, movimento dos anos 1950 que enfatizou a importância do estudo da mente, em contraposição ao olhar behaviorista, que se concentrava apenas nas reações comportamentais observáveis a estímulos e respostas, ignorando os processos mentais internos. Ele foi um grande defensor do aprendizado intuitivo na escola, considerado por ele mais holístico. Bruner se preocupou com o fato de a escola desconsiderar o aprendizado não explícito na avaliação do conhecimento dos alunos.

É comum crianças no início do letramento em Matemática acertarem o resultado de uma conta sem saber exatamente como chegaram a ele. Muitas vezes duvidamos da capacidade das crianças, a menos que elas nos descrevam o caminho de aprendizado. Quando meu filho fala "Pai, vai na minha, a resposta é 34", minha reação é ignorar o aprendizado implícito. Minha resposta é algo como "Deixe de preguiça e escreva todas as etapas".

Refletir sobre o caminho que nos levou à solução do problema e compreender os algoritmos utilizados nos traz vantagens cognitivas. Esse processo metacognitivo aumenta a probabilidade de o aprendizado ser consolidado na memória de longo prazo, tornando mais fácil acessar esse conhecimento diante de situações semelhantes no futuro.

Entretanto, os dois tipos de aprendizado não são mutuamente excludentes. É possível estimular a intuição e o que Bruner chamou de "aprendizado por descoberta" e, ao mesmo tempo, convidar para uma reflexão sobre o processo. **Mesmo quando não percebemos, estamos aprendendo e nos beneficiando disso.** Acreditar nisso é fundamental para aproveitar as oportunidades do aprendizado incidental. Você já reparou que muitas vezes repassamos a posição das teclas, digitando no ar, para lembrar uma senha ou um telefone? Como o nosso cérebro memoriza fisicamente a localização dos números? Alguém treina isso conscientemente? Não conseguimos explicar por que sabemos, mas sabemos que sabemos.

Esse tipo de aprendizado é parte constituinte da nossa formação: dependemos dele desde os primeiros anos de vida. Diferentemente do que acontece com outras espécies, nós nascemos com uma estrutura neurológica incompleta. Nos primeiros anos de vida, somos absolutamente dependentes de adultos para nossa sobrevivência. Só iniciamos o processo de emancipação por meio do aprendizado implícito.

No próximo capítulo, entenderemos o porquê.

C - Conteúdo

→ O **aprendizado incidental** acontece como efeito secundário de atividades realizadas por outros motivos, enquanto o **aprendizado** implícito ocorre sem a consciência de que estamos aprendendo

→ **A mente humana evoluiu em quatro estágios:** a mente episódica (primitiva), a mimética (reprodução de comportamentos), a simbólica (linguagem) e a teórica (escrita)

→ Embora o aprendizado explícito seja mais valorizado socialmente, o implícito tem vantagens evolutivas: é robusto, duradouro e cognitivamente econômico

E - Experiência

→ **Observe sua própria gramática artificial** – perceba quando você segue padrões ou regras que não consegue explicar (como quando digita sem olhar o teclado)

→ **Experimente ensinar algo** que você domina, mas que nunca estudou formalmente – note as dificuldades em explicitar seu conhecimento tácito

→ **Identifique um aprendizado recente** que ocorreu sem você perceber, como uma rota que memorizou ou uma gíria que incorporou

→ Compare **experiências** de aprendizado escolar com aprendizados da vida – quais foram mais duradouros e por quê?

P+R - Pessoas + Redes

→ **Arthur Reber** – pioneiro nas pesquisas sobre aprendizado implícito, jogador e apostador

→ **Victoria Marsick e Karen Watkins** – pesquisadoras pioneiras do aprendizado incidental e informal no ambiente de trabalho, autoras de *Informal and Incidental Learning in the Workplace*

→ **Juan Ignacio Pozo** – referência em psicologia cognitiva e processos de aprendizagem

→ Escolha uma pessoa próxima e faça um check-in ou check-out semanal de aprendizado. Mande uma mensagem com suas intenções cedo na segunda-feira, e na sexta-feira, no final do dia, compartilhe os aprendizados.

CAPÍTULO 3

EXPLORAÇÃO ABERTA: COMO ALIMENTAR O SEU CÉREBRO

Por algum motivo que não me lembro, eu e a Dani decidimos voltar da maternidade sozinhos, após o parto da nossa primeira filha, Olívia. É muito presente a cena da minha entrada em casa, com o bebê-conforto no braço e aquela insegurança que só pais estreantes conhecem. Queríamos que os primeiros momentos em casa fossem especiais, e foram.

Coloquei a bebê em cima de um sofá vermelho e fiquei uns segundos observando seu sono, absolutamente apaixonado. Aos poucos, fui me recuperando do estresse da primeira viagem de carro com uma recém--nascida (cada solavanco me causava arrepios).

O que mais me marcou nesse dia foi o silêncio. Dani e eu conversamos pouco nesses primeiros momentos. Para nossa sorte, a Olívia ficou dormindo boa parte do tempo. Lembro de passar essas horas meio no automático, andando de um lado para o outro enquanto tentava achar alguma coisa útil para fazer.

O tempo todo, um único pensamento na minha cabeça: e agora?

No hospital, tivemos 72 horas de apoio incessante. Médicas, o pessoal da enfermaria, nossa família, amigos... Estávamos sempre acompanhados. De repente, dezoito minutos de carro depois, éramos só nós três.

Passados quinze anos, com mais dois filhos, acho que estamos acertando mais do que errando. Eu me orgulho das pessoas que Olívia, Alice e João estão se tornando. Tivemos muito apoio ao longo desse período e sou grato à rede de cuidado que construímos.

Ser pai e mãe, para ambos, é um dos principais papéis da nossa vida. Minha esposa, formada em Pedagogia, tem uma vocação maternal incrível. Ela tem uma capacidade única de pensar no que é melhor para a formação dos três, desconsiderando o trabalho que o caminho escolhido trará para nós dois. Tenho muita sorte de poder observá-la e aprender com ela todos os dias.

Essa preocupação não nos é, a mim ou à Dani, exclusiva: é uma marca da nossa cultura e, em muitos aspectos, uma característica da nossa espécie. Preparar os mais novos para a vida em sociedade – seja ela qual for – é uma das principais funções de adultos humanos. Afinal, nossas crias nascem absolutamente dependentes de cuidados para sobreviver: elas chegam ao mundo incapazes de se alimentar ou se proteger sozinhas. Nesse ponto, não diferem dos filhotes de algumas outras espécies. Basta imaginar a cena de pássaros recém-nascidos no ninho, sem penas, com o bico aberto, aguardando a comida. Ainda não possuem a capacidade de voar, buscar alimentos ou se proteger de predadores.

Os bebês da espécie humana, contudo, se deparam ao longo da vida com um desafio mais multifacetado do que aquele com o qual um passarinho tem que lidar, por exemplo. Nossos filhos precisam crescer e aprender a se adaptar a nichos consideravelmente mais complexos. Nicho é uma maneira ampla de se referir ao ambiente em que vivemos, considerando aspectos físicos e culturais. Cada um contém suas próprias regras de convivência, idiomas, alimentação, vestimentas e outras práticas sociais. Esse é um dos motivos da complexidade do desenvolvimento humano, como falamos no capítulo anterior.

O DESENVOLVIMENTO DO CÉREBRO NA INFÂNCIA

Sou fã da dra. Lisa Feldman Barrett, uma das mais respeitadas personalidades do mundo na área de emoções e afeto. Pesquisadora brilhante, psicóloga e neurocientista, ela é professora da Northeastern University e está hoje no top 1% dos cientistas mais citados no seu campo de estudo. Lembro-me claramente de quando Nira Bessler – parceira na nõvi e revisora técnica dos meus dois livros – me mandou uma citação da Lisa e falou: "Isso aqui tem tudo a ver com o que você está estudando". Ela não tem ideia do quanto estava certa!

O que me encanta na dra. Barrett é sua incrível capacidade de divulgar teorias e pesquisas sobre o cérebro humano de maneira fluida e provocativa. No livro *Seven and a Half Lessons About the Brain* [Sete lições e meia sobre o cérebro],[1] ela utiliza essa habilidade para nos ajudar a entender que parte do que se fala sobre o assunto não reflete a visão mais atual dos cientistas. De cara, desfaz a ideia, amplamente divulgada, de que nosso cérebro tem três partes distintas – cérebro reptiliano, límbico e neocórtex. Como escreve Lisa, pesquisas mais recentes demonstraram que o principal órgão do nosso sistema nervoso não se construiu dessa forma, em "camadas".

O cérebro humano, na verdade, funciona como **uma rede integrada**. São 128 bilhões de neurônios conectados, com a função principal de gerir o gasto de energia do nosso corpo. Todas as ações coordenadas por esse órgão têm o objetivo principal de garantir, considerando o ambiente em que vivemos, o uso otimizado dos nossos recursos, regulando o consumo de nutrientes, a distribuição de oxigênio, a temperatura corporal e os períodos de descanso.

Ela também relativiza a famosa discussão sobre *nature* (natureza) × *nurture* (criação). Esse dilema contrapõe o que seria mais importante para o desenvolvimento de uma criança: o ambiente em que ela foi criada ou a carga genética recebida dos pais? A ciência aponta que nossa formação depende de ambos, tanto de fatores biológicos como de fatores sociais.

Quando nascemos, possuímos mais neurônios do que precisamos. É nosso contato com o ambiente e com as pessoas que reforça as conexões mais utilizadas, inibindo as demais. Esse mecanismo, chamado de *tuning* e *pruning*,* faz com que o cérebro se autorregule, aumentando a qualidade das conexões entre as áreas mais presentes na vida das crianças.

Crianças humanas vivem um padrão de desenvolvimento peculiar, que demanda tempo e atenção dedicada. Além disso, é um processo custoso, tanto para a sociedade – que deve dispor de pessoas e comida aos mais jovens – como para o indivíduo. O desenvolvimento neurológico requer um alto investimento de energia. Uma criança de 4 anos direciona 60% das calorias consumidas para o seu cérebro. Adultos precisam de apenas 20%.

A necessidade de adaptação a nichos culturais complexos é um dos principais motivos pelos quais precisamos de cerca de duas décadas de apoio até alcançarmos amadurecimento e independência. Para que esse processo seja viável, é fundamental que comunidades se estruturem de maneira a poder oferecer segurança, alimentação e educação aos membros mais jovens. No primeiro ano de vida, não temos a capacidade de controlar as funções mais básicas responsáveis pela gestão de nossa energia corporal. Não sabemos o que é fome, frio ou sono, e dependemos de um indivíduo mais experiente que nos ofereça todas as condições necessárias à vida.

A estrutura social deve prever um longo período em que cuidadores dediquem-se à criação e à formação dos mais jovens – e, quando digo "cuidadores", me refiro mais a uma rede de cuidado e apoio ampla do que especificamente às mulheres, às quais foi atribuído esse papel historicamente. Desde o início, eles atuam na forma como o cérebro das crianças se desenvolve, tanto por suas ações quanto pelo espaço oferecido para a conquista da autonomia.

No início, o papel é oferecer segurança, alimentação, afeto e referências. Essas são as condições necessárias para que o pequeno humano comece a construir, em sua mente, a sua identidade e a sua compreensão de como é o nicho em que vive. Nos anos seguintes, com alguma independência conquistada, os adultos continuam profundamente relevantes no processo. Devem expor os mais jovens a estímulos multissensoriais ainda mais

---

* Ajuste fino e poda, em tradução livre.

complexos, tão necessários para a criação de experiências e memórias significativas. A emancipação de cada um de nós depende disso.

As crianças, por sua parte, não são seres passivos. Elas contam com as características e as habilidades perfeitas para se beneficiarem do processo. O desenvolvimento infantil é complexo e multidisciplinar. Não pretendo me aprofundar aqui (nem tenho conhecimento para tal). Contudo, me interessa muito a mudança que ocorre em nosso processo de aprendizado ao longo da vida: a maneira como exploramos o mundo.

EXPLORAÇÃO ABERTA × EXPLORAÇÃO FECHADA

Com cerca de 1 ano, a criança possui algumas características inatas que facilitam seu aprendizado, como a curiosidade e a neofilia, o prazer pela busca do novo. Quem conviveu com crianças capazes de se locomover, mesmo apenas engatinhando, sabe do que estou falando. Elas estão o tempo todo buscando novidades, o que deixa os adultos em estado de atenção.

Esse tipo de exploração é uma característica humana, presente em toda a nossa vida. Mas, à medida que envelhecemos, muda a maneira como isso ocorre.

Para explicar esse processo, vou trazer o olhar de Alison Gopnik, outra pesquisadora incrível, professora de Psicologia da Universidade da Califórnia, em Berkeley. Ela dirige um laboratório especializado em aprendizagem e desenvolvimento cognitivo que tem como foco analisar a forma como as crianças compreendem o mundo ao seu redor. Já publicou mais de cem artigos em revistas acadêmicas e tem um vídeo no TED dedicado ao tema, com o título traduzido "O que pensam os bebês?".[2] Segundo ela, essas criaturas divinas são o departamento de pesquisa e desenvolvimento da espécie humana.

Eu entrei em contato com o trabalho de Alison por meio do podcast do jornalista Ezra Klein.[3] No episódio do qual a pesquisadora participou, o debate foi sobre o que leva um adulto a perder, ao longo da vida, a curiosidade descompromissada, uma das principais características da chamada mentalidade de iniciante.

Tive o cuidado de escutar a conversa entre Alison e Ezra com exclusividade e foco. Um ponto específico, logo no início, se destacou. Ao falar sobre a diferença entre crianças e adultos, a pesquisadora utilizou dois termos em inglês: *explore* e *exploit*. Embora as duas palavras tenham a mesma tradução em português – explorar –, o significado é totalmente diferente.

Explore tem a ver com a busca de novos conhecimentos, caminhos e possibilidades. Esse é o cérebro infantil. Quanto mais novidade ele conseguir absorver, maior será sua capacidade de interagir com o mundo. O termo *exploit*, por sua vez, está ligado à ideia de "tirar proveito de". Como adultos, buscamos fazer as melhores escolhas possíveis e tomar boas decisões com base nas experiências que adquirimos na etapa inicial da vida. É por isso que nossa infância/adolescência é tão longa. Precisamos desse período para construir um corpo de conhecimento suficiente para nossa sobrevivência em uma diversidade de nichos.

Vou utilizar neste livro a expressão "**exploração aberta**" para o primeiro caso (*explore*). Em contrapartida, usarei "**exploração fechada**" para me referir ao segundo (*exploit*).[*]

O podcast foi um convite para um mergulho nos artigos acadêmicos de Alison.[4] A partir deles, aprendi que o dilema *explore × exploit* está presente em diversos contextos, especialmente nas ciências da computação, no âmbito da inteligência artificial. Durante o processo de aprendizado de máquina (*machine learning*), esse dilema ajuda a definir em qual momento vale a pena parar de buscar novos conteúdos (exploração aberta) e começar a utilizar as conexões entre os dados já internalizados (exploração fechada).

Outro exemplo clássico para explicar a questão diz respeito à escolha de qual restaurante ir. Será melhor ir a um local novo (exploração aberta), em que você não tem certeza de que irá gostar da comida, do ambiente ou do atendimento, ou ir ao restaurante que já conhece (exploração fechada) e do qual sabe que sairá satisfeito?

---

[*] Alguns autores usam os termos "exploração" e "aproveitamento".

É importante destacar que a exploração fechada tem um valor importante, tanto para a evolução quanto para a aprendizagem. Os conhecimentos previamente adquiridos são essenciais para aprofundar assuntos do nosso interesse e garantir eficiência no uso dos nossos recursos cognitivos.

Sob a ótica da biologia evolutiva, Alison defende que crianças e adultos são criaturas distintas quando falamos da forma como abordamos o mundo. Não é uma evolução contínua, mas uma mudança de direção do tipo de exploração que realizamos.

No início da vida, nosso desenvolvimento ocorre por meio da exploração aberta, como já adiantei. Esses anos iniciais são fundamentais para o desenvolvimento do cérebro:

> Os primatas, em geral, e os humanos, em particular, dependem muitíssimo do aprendizado e têm uma infância muito mais longa e muito mais investimento em cuidados do que as galinhas, as borboletas ou as pulgas. **Em vez de ter alguns períodos sensíveis de plasticidade adaptados a domínios específicos, a mente humana precisa explorar a ampla e imprevisível gama de possibilidades, tanto em termos de ações possíveis quanto de hipóteses possíveis.** Poderíamos pensar nessa infância curiosa prolongada, com tipos particularmente poderosos de aprendizado, como uma espécie de período supersensível turbinado – um tempo protegido para extrair informações do ambiente por meio da exploração e imaginar até mesmo as hipóteses mais remotas e improváveis.[5]

De maneira geral, espécies com infância curta tendem a ter uma capacidade cognitiva menor. Podemos comparar filhotes de corvos e de galinhas. Os primeiros são conhecidos por sua inteligência, incluindo a capacidade de usar ferramentas e resolver problemas. Os pintinhos... Bem, os pintinhos são fofos, mas inteligência não é uma habilidade que se destaca na espécie. Eles precisam de apenas duas semanas para serem capazes de se alimentar e fugir de presas simples. Os filhotes de corvos, por outro lado, têm uma infância com pelo menos dois anos de duração. Essa é a diferença.

Para a criança, o processo de exploração aberta confunde-se com o brincar. São horas e horas em estado de fluxo, imersa em jogos e fantasias. Do ponto de vista adaptativo, esse gasto de tempo e energia não tem qualquer outro ganho objetivo que não seja o aprendizado.

O mais incrível é que, embora sejam aprendizes vorazes e velozes, as crianças carecem de funções executivas que acreditamos ser fundamentais para o processo do aprendizado adulto, como planejamento, organização, foco ou capacidade de tomada de decisão. Essas habilidades permitem que os indivíduos planejem, concentrem-se, lembrem-se de instruções e realizem várias tarefas simultaneamente.

O funcionamento do aprendizado infantil foge do padrão que nós, adultos, julgamos adequado. Nossos filhotes tendem a aprender de um jeito caótico. Esses pequenos seres instáveis, imprevisíveis e impulsivos são especialmente bons no tipo de aprendizado que envolve explorar e buscar informações sobre o mundo. As crianças fazem isso sem a intenção de aprender. Elas o fazem, portanto, de maneira incidental. Qual o motivo de deixarmos de aproveitar essa oportunidade de desenvolvimento depois de adultos?

POR QUE FICAMOS MAIS CARETAS?

Sempre gostei de conversar com pessoas mais velhas. Tenho admiração pela mistura de inocência e sabedoria que a vida longa propicia. Uma vez, antes de entrar na faculdade, fiquei algumas horas conversando com o avô de um amigo sobre carreira e escolhas de vida. Eu gostava dele. Era um senhor introspectivo, mas muito engraçado, em especial para um profissional da área contábil, como era o seu caso. Perguntei como tinha sido sua experiência na carreira, e ele me contou um pouco da sua rotina diária durante trinta e cinco anos, detalhadamente e até com certa animação na voz. Ele estava aposentado havia uns quinze anos. Senti que voltar a falar sobre seu trabalho trouxe, de alguma forma, um pouco de energia para ele.

— E você gostava do que fazia? — perguntei para ele em determinado momento da conversa.

— Odiava. Mas a vida é assim mesmo. Depois de um tempo, você se acostuma. Foram mais de três décadas com muita dedicação e pouco prazer.

Não esperava por essa resposta. O início da sua narrativa, cheia de causos, me levou a acreditar que ele gostava da profissão. Estava errado. Ao questioná-lo sobre o motivo de ele não ter buscado outro caminho profissional, ele deu uma risada e nem considerou responder minha pergunta.

Por que muitos de nós, quando nos tornamos adultos, reduzimos o espaço de exploração aberta em nossa vida? Por que ficamos menos aventureiros? Em que momento passamos a achar razoável, ou mesmo mais prazeroso, viver uma rotina hiperprevisível? Não percebemos que, ao vivermos dessa forma, estamos nos privando de lugares, pessoas e sentimentos que nem imaginamos que existem?

Ao longo dos anos, acumulamos vivências, conteúdos e experiências. Portanto, é natural que, a partir de determinada idade, optemos por utilizar o conhecimento já adquirido para fazer escolhas na nossa vida. Desenvolvemos opiniões, conceitos, e nos fixamos no que sabemos. A motivação para a exploração aberta diminui, e aumenta a percepção de que o esforço para buscar conhecimentos em outros nichos nem sempre vale a pena. Afinal, nosso cérebro não é um grande gestor do orçamento de nossos recursos? Com tanta informação armazenada, por que buscar mais? Com o tempo, ficamos mais acomodados e teimosos.

Alguns pesquisadores entendem que a mudança da exploração aberta para a exploração fechada é uma troca necessária, para aumentar a eficiência cerebral. Ao incrementarmos as funções executivas do cérebro, como mencionamos acima, teríamos um sistema cognitivo mais adaptado à sobrevivência em ambientes estáveis. Vivemos com base no que aprendemos nas duas primeiras décadas de vida.

Pessoalmente, tenho uma curiosidade insaciável. Vivo a glória e as dores dessa minha característica. Por um lado, estou sempre conectado com tendências e inovações; por outro, tenho muita dificuldade de ter foco e realizar tarefas rotineiras. Com esse meu jeito, muitas vezes não entendo pessoas que se fecham para as possibilidades e delícias que o desconhecido pode trazer.

Como falei no capítulo 1, acredito que essa receptividade ao novo é cada vez mais importante para compreender o que estamos vivendo (e imaginar o que pode estar por vir). Não adianta negar o impacto da inteligência artificial no mercado de trabalho, por exemplo. De maneira geral, o valor da exploração aberta está diretamente relacionado à dimensionalidade e à complexidade tanto do ambiente quanto das adaptações potenciais a ele. Quanto mais amplas e complexas forem as possibilidades, mais valiosa será a exploração aberta. Pensando no mundo atual, me parece que esse é o caso. Ele está cada vez mais amplo e complexo.

Vamos precisar de novas ferramentas e novos conceitos para dar conta dos desafios climáticos, geopolíticos, sociais e tecnológicos que enfrentamos. Sabe quem tem um pensamento adequado para propor novos caminhos? As crianças.

Alison Gopnik demonstra, por meio de pesquisas controladas conduzidas em laboratórios, que as crianças são superiores aos adultos em habilidades cognitivas importantes para os tempos atuais.[6] Elas são mais resilientes ao processo de busca, têm maior facilidade para propor novos usos para ferramentas existentes, são mais flexíveis em reimaginar conceitos existentes, entre outras coisas. É claro que lhes faltam conhecimentos profundos de domínios específicos para poderem gerar ideias que sejam realmente aplicáveis e transformadoras. Contudo, embora adultos tenham mais bagagem, falta a flexibilidade cognitiva que nos era tão natural na infância.

Temos uma visão fixa de como as coisas são e dificuldade de imaginar como elas poderiam ser. Em 1967, Joy Paul Guilford, psicólogo estadunidense dedicado ao estudo da inteligência humana, propôs um exercício simples para avaliar a capacidade de pensamento criativo.[7] O *AUT – Alternative Uses Test* [Teste de Usos Alternativos] pede que você pense, durante dois minutos, no maior número de usos possíveis para um objeto simples, como um clipe de papel, por exemplo. A lista criada é avaliada em termos de fluência, originalidade, flexibilidade e elaboração da ideia apresentada.

Se você quiser, pare a leitura um pouco e faça sua lista.

O normal é pensarmos em usos instrumentais: alfinete, suporte para cartões, extrator de chip de celular, brinco, gancho, organizador de fios etc. Quando propunha esse exercício em workshops, muitas pessoas corriam para procurar um clipe na mochila e ficar com ele na mão, imaginando soluções. Quanto mais concretas, melhor.

Contudo, as listas realmente criativas desconsideram o objeto como ele existe e imaginam outras possibilidades. E se ele tivesse 100 metros de altura? E se fosse transparente? E se fosse feito de algodão-doce?

Quando fazia esse comentário em aulas, os participantes sentiam-se enganados: "Mas isso podia?", perguntavam.

Com crianças, essa impossibilidade não existe. O faz de conta é muito mais natural, parte do dia a dia. Por isso, nas atividades que exigem uma busca ampla ou exploração aberta, as crianças se saem melhor. De maneira geral, elas demonstram ter uma vantagem significativa sobre os adultos quando precisam inferir hipóteses que têm uma estrutura abstrata de alto nível e incomum.

É importante destacar mais uma vez que, para que o desenvolvimento infantil ocorra de modo saudável, cuidadores desempenham um papel fundamental. Quando somos responsáveis pela formação de crianças, temos que atuar como curadores de nichos físicos e sociais. Lisa Barrett explica esse papel: "Pequenos cérebros se conectam aos seus próprios mundos. Cabe a nós criá-los – incluindo um mundo social repleto de instruções de conexão – para desenvolver esses cérebros de maneira saudável e completa".[8] Em outras palavras, ajudamos a exploração aberta das crianças ao oferecermos locais, pessoas e experiências que tenham algo a ser explorado.

O motivo pelo qual quis escrever este livro está relacionado à essência da citação acima. Cérebros grandes também se conectam aos seus próprios mundos. E me parece que, uma vez que escolhemos o nicho em que queremos viver, nos limitamos a ele e reduzimos a possibilidade de novas descobertas. Aceitamos, de maneira um pouco passiva, o *modus operandi* do nosso cérebro e nos damos por satisfeitos com a exploração fechada, que acontece no interior desse mundo já conhecido.

Isso não é mais suficiente. Precisamos retomar a exploração aberta para atualizar nossas referências e memórias o tempo todo. Nosso aprendizado ao longo da vida depende disso.

O CÉREBRO PREDITIVO

Desconhecemos mais uma característica do cérebro humano (são muitas, eu sei): ele é um órgão preditivo. Ele **cria** a nossa realidade confrontando nossas experiências passadas com a que estamos vivendo no presente. E faz isso sem a nossa consciência.

Como você sabe que uma banana é uma banana? Quando você observa uma penca em uma árvore, em uma propaganda ou sobre a bancada da sua cozinha, seu cérebro captura a imagem – antes de você perceber –, a confronta com experiências passadas armazenadas na memória e pressupõe que o que você vê é um conjunto de bananas.

A banana só é uma banana porque, em diversos momentos, pessoas lhe mostraram a fruta, contaram que esse é o nome dela, disseram para você experimentá-la, mostraram-na em um livro e assim por diante. Desde então, seu cérebro arquivou essa informação junto a outros metadados associados. É uma fruta doce, você tem que tirar a casca para comer, a amarela é mais gostosa do que a verde, entre outras coisas.

René Magritte, pintor surrealista belga, tem um famoso quadro chamado *A traição das imagens*.[9] A obra, que pode ser vista no Los Angeles County Museum of Art, consiste no desenho de um cachimbo sobre a frase "*Ceci n'est pas une pipe*". Em português, "Isto não é um cachimbo". O artista se diverte com o modo linear como nosso cérebro processa informação. O paradoxo da imagem e de sua negação escrita é o que gera a genialidade da obra. Quando olharmos para o conjunto, frase e imagem, vamos perceber a brincadeira e achar criativo. Entretanto, a maioria de nós terá muita dificuldade de deixar de ver o cachimbo como cachimbo.

Nesse mundo de conteúdo infinito, cansaço, pouca atenção, novas tecnologias e novas formas de pensar o trabalho, cachimbos deixaram de ser cachimbos. Não me refiro só à tarefa de identificar o que é real e o que foi criado por inteligência artificial. Isso é parte de um desafio enorme e crescente que a sociedade enfrenta. Concepções estáveis durante décadas começaram a ser questionadas e substituídas: modelos de trabalho, estrutura familiar, hierarquia, moda, cultura, liderança, produtividade... Esses são alguns poucos exemplos de conceitos que estão em transformação constante.

A dificuldade de muitos em acompanhar as mudanças está relacionada à intensidade e à velocidade com que elas acontecem. Quando pensamos em trabalho, pensamos em pessoas indo ao escritório ou à fábrica, durante

40 ou 44 horas por semana, de maneira presencial. Mas nem sempre é assim. Por exemplo, em determinado momento, minha consultoria tinha duas designers, que dividiam a função entre elas. Esse modelo funcionava perfeitamente para ambas. A Kathê montou um ateliê de cerâmica no Rio de Janeiro e a Fernanda morava em Paris, onde fazia seu mestrado. Muitos olhariam esse arranjo e pensariam *"Ceci n'est pas un travail"* [Isso não é um trabalho]. Mas sim, isso é um novo jeito de pensar o trabalho, em um formato que tem funcionado muito bem para todos os envolvidos. Além da autonomia e do tempo de que precisam, elas ganham a parceria e a possibilidade de trocar e criar em conjunto.

Retomando o que falamos anteriormente: cérebros adultos buscam otimizar nossa interação com o ambiente em que vivemos. Para isso, quando precisamos entender uma situação, tomar uma decisão ou resolver um problema, o caminho natural é buscar uma resposta pré-programada na memória, construída a partir dos conhecimentos adquiridos e das experiências vividas.

==Se não atualizarmos as nossas referências, teremos dificuldade crescente de compreender o que acontece à nossa volta. Podemos questionar se gostamos das mudanças ou se as aprovamos. Mas, para tal, precisamos entendê-las.== Por isso, para que o aprendizado ao longo da vida ocorra, me parece um caminho natural e necessário ampliar nossos nichos e buscar novos parâmetros. Quando éramos crianças, dependíamos de nossos cuidadores. E agora? Lisa Barrett nos ajuda a responder:

> As coisas são diferentes depois que você cresce. Pode conviver com todos os tipos de pessoas. Pode desafiar as crenças nas quais foi envolvido desde criança. Pode mudar seu próprio nicho. Suas ações de hoje se tornam as previsões do seu cérebro para amanhã, e essas previsões automaticamente direcionam suas ações futuras. [...] Como proprietário de um cérebro que faz previsões, você tem mais controle sobre suas ações e experiências do que pode imaginar, e mais responsabilidade do que talvez deseje. Mas, se você assumir essa responsabilidade, pense nas possibilidades.

Como a sua vida poderia ser? Que tipo de pessoa você poderia se tornar?[10]

Tudo o que está escrito nesses três primeiros capítulos tem a intenção de demonstrar que:

1. Aprendemos o tempo todo, às vezes de maneira intencional e outras de maneira incidental. O lifewide learner aproveita ambas.
2. Boa parte do tempo, o aprendizado ocorre de maneira implícita, sem nossa consciência.
3. O funcionamento do cérebro adulto privilegia a exploração fechada, quando buscamos compreender o mundo a partir do que vivemos.
4. Como nosso cérebro é preditivo, precisamos atualizar o repertório constantemente. Fazemos isso por meio da exploração aberta.

O convite que faço é exatamente este: retomar a exploração aberta e criar uma vida que o ajude a ser quem você quer se tornar, por meio do aprendizado incidental. Ele está disponível para todos nós e pode ser uma das grandes alavancas de seu crescimento pessoal e profissional. O lifewide learner entende que esse processo ocorre de maneira ativa, por meio de algumas escolhas, como a ampliação de olhares e de experiências aliadas à presença e reflexão. Explico um pouco mais no próximo capítulo.

C - Conteúdo

→ Exploração aberta (*explore*) é a busca curiosa por novidades; tendemos a recorrer menos a essa prática à medida que envelhecemos

→ Exploração fechada (*exploit*) é quando utilizamos conhecimentos já consolidados para tomar decisões, privilegiando a eficiência

→ À medida que crescemos, passamos a utilizar mais a exploração fechada – com isso, nos tornamos menos curiosos e perdemos oportunidades de aprender de maneira incidental

→ "Nicho" refere-se ao ambiente físico e cultural em que vivemos, com suas regras, práticas e características próprias – fundamental para o aprendizado incidental por ser o espaço onde as experiências ocorrem e moldam nossa visão de mundo

→ O cérebro preditivo cria nossa realidade conforme experiências passadas, precisando de novos estímulos para se atualizar

E - Experiência

→ **Realize o exercício AUT** (*Alternative Uses Test*): liste em 2 minutos todos os usos possíveis para objetos do dia a dia, como um garfo ou uma escova de dente, incluindo os mais absurdos e criativos

→ **Adote um dia de "mentalidade de iniciante":** aborde uma atividade cotidiana como se fosse a primeira vez que a realiza

→ **Visite um lugar comum** com olhar de explorador – uma feira, um supermercado ou um parque – e observe detalhes que normalmente passam despercebidos

→ **Experimente uma brincadeira de criança que você adorava** – observe como sua mente reage ao estímulo lúdico sem objetivo prático

P+R - Pessoas + Redes

→ **Alison Gopnik** – pesquisadora que descreve as crianças como o "departamento de pesquisa e desenvolvimento da espécie humana"

→ **Lisa Feldman Barrett** – neurocientista que estuda o desenvolvimento do cérebro e como criamos nossa realidade

→ **Um grupo de crianças em brincadeira livre** – observe como elas naturalmente praticam a exploração aberta

→ **Grupos de improvisação teatral ou musical** – pessoas que praticam deliberadamente o pensamento divergente e a exploração aberta

CAPÍTULO 4

O APRENDIZADO INCIDENTAL EM TRÊS ATOS

cordei às 10h30 ainda cansado. Era domingo, eu estava em um hotel havia cinco dias, conduzindo a convenção de líderes de uma empresa. Projeto grande, responsabilidade idem. As últimas setenta e duas horas tinham sido de foco total, quase o tempo todo dividido entre palco e preparação.

Eu estava feliz com o resultado, mas exausto. E a jornada não tinha acabado ainda. Na terça-feira, uma nova versão da convenção, dessa vez destinada à próxima camada de liderança. Mais 2 mil pessoas, agora em um ambiente híbrido, com parte do grupo envolvido de maneira remota e outra parte, presencialmente.

Para mim, domingo era o meio de uma longa semana. Dia de descansar e me preparar para o ensaio da segunda e a entrega da terça. Dia de dormir.

"Encontrei esse lugar bem legal para um brunch, o que acha? Estou indo para lá com a Ké e o Rafa. Vamos?"

Quando li essa mensagem, fiquei dividido. Parte de mim estava meio chateada com a perspectiva de ter que sair do quarto, o que não era meu plano. Outra, provocada.

O convite era do Rodrigo Martins, um grande amigo e sócio da Nuts, agência que estava coordenando toda a convenção. Se meu papel era importante, por estar no palco facilitando todo o evento, o dele era gigantesco. Ele era responsável por tudo, absolutamente tudo, o que acontecia ali. Desde o desenho das experiências, passando por logística, cenografia e convidados externos, até resolver a falta de água momentânea no banheiro do local da festa de encerramento (história real). Uma loucura.

E, mesmo com toda essa pressão, ele já estava de pé, programando uma saída.

"De lá, a gente pode alugar uma bike, andar na beira do Guaíba e ir para o Instituto Iberê Camargo. Tem uma exposição de fotos incrível, todas criadas com auxílio de inteligência artificial. Elas retratam a enchente que aconteceu em Porto Alegre em 1941. Você já foi lá? O prédio é lindo!"

Com o blackout do meu quarto fechado – nem sabia se estava sol ou não –, já tinha um plano de atividades para o domingo se apresentando para mim, por WhatsApp, cheio de empolgação.

Não queria ter que escolher. Sem muito esforço, dormiria mais umas horas, pularia o café da manhã e almoçaria no quarto. Mas agora eu tinha uma opção. E o pior: adorei o roteiro.

Acabei indo, mesmo chegando um pouco atrasado. Pulei o brunch para não ter que fazer aquela famosa corrida contra o tempo para conseguir pegar o que queria no buffet.

Cumprimos o plano como estava na mensagem: andamos de bicicleta à beira do Guaíba, vimos a exposição (incrível) e conversamos sobre o impacto da IA nas artes, durante um café ao lado do museu. O dia estava lindo. Sol e vento.

Este livro fala, de alguma forma, sobre essa decisão de ir ou não ir para o passeio. Mais do que isso, ele reconhece a energia e a crença necessárias para compreender que, mesmo diante do cansaço, ir é quase sempre a melhor opção.

Esse episódio aconteceu durante a escrita desta obra. Eu estava, portanto, mais conectado com meu próprio aprendizado incidental. Talvez seja esse o motivo pelo qual um momento tão simples tenha me feito refletir sobre nossas pequenas escolhas, e não só nos domingos em que acordamos com preguiça. O Rodrigo estava igualmente cansado, também iria trabalhar no dia seguinte, mas sua visão de como relaxar e se recuperar era diferente da minha naquele momento.

A busca de "um dia diferente" é uma decisão que dá trabalho. Escolher aonde ir, pesquisar possibilidades, ver as distâncias. Tudo isso requer a crença de que o esforço – de planejar e sair – vai valer a pena. Ficar no quarto, dormir mais um pouco e ver umas séries seria gostoso também. Eu não tinha dúvida do prazer inerente a um merecido descanso depois de dias trabalhando.

O passeio até poderia ser bom, mas as chances de que não fosse lá essas coisas também estavam ali, me encarando. Comida ruim, um passeio cansativo, o risco de queda da bicicleta... Eram muitas as potenciais inter-corrências. **É aí que entram a mente e o coração do aprendiz incidental. A vontade e a curiosidade de experimentar o diferente vencem a inércia que nos empurra para o sofá. Acabamos adquirindo uma mistura de vontade e coragem e somos movidos para novas vivências, mesmo as que trazem risco.**

"Risco" é uma palavra que merece ser analisada com calma. De acordo com o dicionário, ela tem uma definição negativa, referindo-se à probabilidade de perigo ou fracasso. Essa carga semântica remete à sua origem. A palavra veio do latim *resecum*, que significa "o que corta". Ela foi popularizada pelos navegadores espanhóis. Já no século XV, eles acrescentavam frases ou elementos gráficos nos mapas para indicar *riesgos*, ou seja, tudo aquilo que pudesse colocar a navegação em perigo, como recifes ocultos, pedras ou bancos de areia.

Com a evolução da linguagem (e do mundo), o termo "risco" passou a ter mais possibilidades de interpretação. Ele se refere também, por exemplo, à incerteza do resultado, à variabilidade de respostas possíveis associadas a determinada situação. No âmbito financeiro, por exemplo, o risco pode ser quantificado por meio do desvio padrão dos resultados esperados. Em resumo (muito simplificado): risco elevado quer dizer que podemos ter ganhos altos *ou* prejuízos altos. A variação ocorre tanto para cima como para baixo e pode ser calculada. No mercado de investimentos, os que olham mais para o lado superior dessa curva costumam ser chamados de arrojados. Os que têm postura inversa, de conservadores.

Um risco maior não significa necessariamente algo mais perigoso, mas sim um resultado menos previsível. Isso pode ser um problema em um momento em que o mundo privilegia tanto o que já foi experimentado e validado por outras pessoas. Boa parte do tempo, somos influenciados por ideias e comportamentos já "testados e aprovados", que nos são recomendados por desconhecidos por meio de uma lógica algorítmica ainda nebulosa.

Você já deve ter tido a experiência de buscar dicas de viagens em redes sociais. É quase instantâneo o redirecionamento do seu *feed* para propagandas e posts que falam exatamente da cidade ou do país que você pretende visitar. Eu gosto dessa curadoria da máquina e até a estimulo, interagindo com o conteúdo que acho bom. Nesse processo, no meio de dicas turísticas meio óbvias, acabo conhecendo museus, restaurantes e bairros interessantes.

Entretanto, me chama muito a atenção que a tônica das mensagens resida na absoluta padronização da experiência vivida em viagem. "O que visitar em três dias em Nova York", "Onde comer o melhor sanduíche de Fortaleza". Os roteiros prometem precisão e certeza, exatamente para minimizar seu risco. Pode ser o de perder tempo, gastar desnecessariamente ou deixar de ver **todos** os pontos turísticos do local visitado. O aspecto mais ridículo da banalização da experiência da viagem está nas dicas do melhor ângulo ou local para "tirar uma foto ótima" de determinado monumento. Isso me choca.

Na busca de perfeição e *likes*, vamos repetir a mesma imagem, com um olhar emprestado de alguém. Esse é um dos exemplos da falta de estímulo para nos arriscarmos. Copiamos filtros, ângulos e músicas, aceitando uma padronização que pode transformar nossa vida em um grande espaço de repetição e obviedades. Como viver uma vida que parece aventureira com o menor risco possível?

A ilusão do conforto é o tema de uma palestra excelente de Joey Camire,[1] designer da Sylvain, uma agência de inovação e design. Ele destaca que, de maneira geral, a sociedade de consumo tenta nos convencer de que merecemos bem-estar e comodidade o tempo todo. Camas gigantes, roupas extramacias, dentes hiperbrancos, tudo entregue no conforto de sua casa... Para Camire, esse movimento traz desvantagens importantes para os indivíduos. Uma delas é a atrofia de algumas habilidades (será que os aplicativos de relacionamentos vão deixar nossos traquejos sociais enferrujados, por exemplo?). Outra é desenvolvermos um forte apego à nossa *zona de conforto.*

Essa expressão, tão genérica quanto gasta, pode nos ajudar a entender por que muitas vezes preferimos evitar algumas atividades que poderiam nos trazer prazer. Dois pesquisadores da Duke University, Nona Kiknadze e Mark Leary, realizaram alguns estudos para tentar criar um corpo conceitual para essa área. Em um artigo publicado em 2018,[2] eles se mostram incomodados com a banalização do convite para "sairmos da zona de conforto". Isso é bom ou ruim? O que quer dizer, exatamente? Os autores arriscam uma primeira definição conceitual: zonas de conforto envolvem espaços psicológicos em que uma pessoa se sente segura e tem baixa ansiedade ao realizar determinadas atividades.

A decisão de sair desse espaço conhecido e confortável envolve avaliar se o incômodo associado a um tipo de comportamento compensa os possíveis benefícios. Em resumo, fazemos uma análise de risco das atividades que estão "fora da nossa zona de conforto".

A compreensão do que nos causa **ansiedade** e do que consideramos **benefícios** é a chave para entender nossa atual predileção por vidas mais lineares, menos expostas a riscos e, portanto, às oportunidades que só o acaso proporciona.

Minha tese central está relacionada à importância de mudarmos a forma como vivemos, observamos e refletimos sobre nossa vida. Acredito que existe um potencial de aprendizado escondido nas escolhas que fazemos, muitas vezes de maneira inconsciente. Mais do que isso, o verdadeiro aprendizado ao longo da vida é impossível sem trilharmos o caminho do aprendizado incidental e, portanto, do lifewide learning.

A pasteurização das visões de mundo reduz a diversidade de estímulos a que nos expomos e nos faz trilhar caminhos já percorridos por outros, com vivências e sentimentos preestabelecidos. Aceitamos, sem perceber, o convite para buscar a tal zona de conforto como um objetivo importante da vida. Com a abundância de informações existentes, o não saber, o desconhecido e o risco passam a gerar um nível de ansiedade que nos paralisa. Saciamos nossa sede de conhecimento com uma frase curta de um pensador qualquer – a depender do nosso tempo e da nossa paciência, nos dedicamos à leitura de um parágrafo. Habituamo-nos a gostar de explicações simples, pré-digeridas. O benefício? Uma sensação de controle improcedente em um mundo que se transforma de maneira cada vez mais rápida e errática.

É interessante perceber que, paradoxalmente, a busca de emoção é cada vez mais valorizada. Adoramos "participar" de uma aventura, mas preferimos fazê-lo à distância. Se possível, ao vivo e em 4K. É cada vez maior o número de programas que têm o objetivo de provocar nossas emoções. Sempre me pego ansioso para saber se alguém vai virar a cadeira para a cantora talentosa ou se o empreendedor ousado vai conseguir um novo sócio. Cortes, sonoplastia, pausas e palavras, além de um monte de outros elementos, são pensados para nos sensibilizar. Emoção gera audiência.

A questão é que não precisamos depender da ousadia de terceiros para ficar emocionados e dar novos significados e sabores para a nossa existência. Não podemos aceitar ser espectadores da vida dos outros. Ou pior, da nossa própria vida.

APRENDIZADO E VIDA

Quando comecei a escrever este livro, me senti pretensioso ao propor aprendizado por meio de uma mudança no estilo de vida. Como consequência, virei um observador aficionado da minha própria rotina. Quão aventureiro realmente sou? Quanto possuo da postura e do olhar que proponho aqui? A escrita desta obra foi muito mais sofrida e longa do que a da primeira exatamente por esse motivo.

Com o tempo, a auto-observação, a reflexão e conversas com outras pessoas, fui criando coragem. A cada dia fica mais clara para mim a pertinência do aprendizado incidental e da busca constante de novos (e inusitados) repertórios, inclusive no ambiente corporativo.

Não é exagerado dizer que este livro me transformou. Tive a sorte de ter sido estimulado, desde sempre, por uma vida com família, projetos, experiências e interesses que impulsionaram meu aprendizado e minha criatividade de diversas formas. Se eu fizesse um teste que avaliasse meu perfil de *abordagem da vida*, como aqueles perfis de tipo de investidor, com certeza eu seria considerado *arrojado*, de maneira geral.

Entretanto, ao longo do processo de escrita, foi ficando claro que eu estava vivendo um hiato, um longo período de muita exploração fechada e pouca exploração aberta. Meu perfil entrou momentaneamente em modo *conservador* sem que eu me tivesse dado conta.

Desde o lançamento do primeiro livro, em 2021, fiz quase duzentas apresentações sobre como ser um lifelong learner. Adoro falar em público e tenho a sorte de sentir prazer e desafio em cada palestra. Entretanto, parte de mim estava um pouco cansada de repetir as mesmas ideias. Em paralelo à vida de palestrante, criei a nõvi, uma empresa que cresce de maneira acelerada com projetos cada vez mais bonitos e complexos. Vivo também a transição dos meus filhos de crianças a adolescentes, fase que me encanta e demanda, exigindo tempo e presença. A repetição de conteúdo e a falta de tempo e energia são cruéis. E, como já falamos no capítulo 1, a vontade, por si só, não é suficiente para manter o aprendizado contínuo.

Habito o mesmo mundo que você – portanto, vivo preocupado com aquecimento global, extremismos políticos, conflitos transnacionais e a violência do meu bairro. Para mim, parecia natural e merecido um recolhimento à minha casa e a uma vida de menos estímulos, nos momentos em que não estava trabalhando. O desejo de sossego não trazia nada de errado. Exatamente como pensei naquele domingo, no quarto do hotel. Estava acomodado.

Com o tempo, e conversas com minha esposa, percebi que a inércia do *não fazer nada* era sedutora e perigosa. Notei que era menos "aventureiro" do que imaginava. Voltei a buscar experiências novas, exercitar olhares e dedicar mais atenção ao que me cerca e ao novo. A energia reaparece a cada escolha.

Não escalei o Everest nem tirei um sabático. As mudanças foram sutis e potentes ao mesmo tempo. Um pouco mais de arte, menos tempo no escritório e um olhar atento ao meu dia a dia. Tem sido muito valioso compreender que dedicar tempo para leituras, conversas com o time e visitas a eventos e museus é fundamental para o meu aprendizado.

Pôr à prova o caminho que proponho, antes de fazer a escrita, mesmo que de maneira imperfeita, deixou claro para minha alma de pesquisador que valia a pena lançar este livro. Importante dizer que continuo atento às necessidades de descanso e ao papel fundamental do ócio no lifelong e no lifewide learning. Relaxar, me exercitar, não fazer nada, namorar ou dormir bem são rotinas importantes para que nosso cérebro processe os novos aprendizados.

Talvez a analogia com o perfil de investidor não seja a melhor forma de avaliarmos como abordamos a vida. No contexto financeiro, um perfil arrojado, quando erra, pode perder recursos importantes e ter problemas mais sérios. Um aprendiz incidental é ousado por natureza e, mesmo assim, corre pouco risco. No limite, se você escolher mal e tiver uma experiência ruim, o pior que vai acontecer é perder tempo. Ainda assim, é provável que mesmo uma grande roubada gere algumas sacadas (ou, pelo menos, risadas).

O tipo de desenvolvimento que ocorre a partir das ideias que apresento aqui tem algumas vantagens para a prática do lifewide learning. O aprendizado incidental ocorre de modo contínuo e implícito, como já vimos nos capítulos anteriores. Exatamente por esse motivo, ele complementa os projetos de aprendizagem mais estruturados, como o método que proponho em *Lifelong learners*. Ou seja, mesmo que em determinado momento da vida você não tenha a disciplina para viver a rotina do aprendizado intencional, sua vida acontece de qualquer modo, com mais ou menos aventura, mas sempre diversa e cheia de oportunidades de crescimento.

Para a maravilhosa poeta polonesa Wislawa Szymborska, uma característica da nossa existência é que vivemos sem tempo de nos prepararmos. A gente aprende a viver enquanto vive, como ela descreve neste poema lindo:

A vida na hora

A vida na hora.

Cena sem ensaio.

Corpo sem medida.

Cabeça sem reflexão.

Não sei o papel que desempenho.

Só sei que é meu, impermutável.

De que trata a peça

devo adivinhar já em cena.

Despreparada para a honra de viver,

mal posso manter o ritmo que a peça impõe.

Improviso embora me repugne a improvisação.

Tropeço a cada passo no desconhecimento das coisas.

[...]

E o que quer que eu faça,

vai se transformar para sempre naquilo que sempre fiz. [3]

Essa é a nossa responsabilidade. O que quer que você faça vai se transformar no que você sempre fez. O caminho para o aprendizado incidental é de consciência e presença nas escolhas. Até nos fins de semana em que não fizer nada, que esse "não fazer nada" seja o que você realmente quer fazer.

No restante do livro, apresento alguns percursos para que você possa decidir como deixar o aprendizado incidental mais presente na sua vida. Como sempre, o que proponho aqui se baseia em três pilares fundamentais: na ciência, na minha experiência com tantos aprendizes adultos nos últimos trinta anos e na observação da maneira como meu próprio desenvolvimento ocorre.

Também vale destacar que aqui trago um pouco mais de arte, como poesias, citações de livros e cartas. Meu pedido: saboreie essas leituras com calma e presença. Talvez essas passagens possam parecer menos objetivas e propositivas do que as dicas de passo a passo presentes em alguns capítulos. Não se engane; deixe o aprendizado acontecer por caminhos menos óbvios. Você até pode não perceber, mas estará aprendendo.

No fundo, essa é a essência desta obra.

AS TRÊS FASES DO APRENDIZADO INCIDENTAL: DESPERTAR, EXPLORAR E TRANSFORMAR

Para viver o processo de mudança que apresento aqui, proponho três momentos para a inclusão do aprendizado incidental na sua vida: despertar, explorar e transformar.

O ponto de partida é **despertar** em você as possibilidades do lifewide learning e, ao mesmo tempo, compreender quais são as **posturas, habilidades e atitudes** de quem quer aumentar a intensidade e a consciência do seu aprendizado incidental.

Em seguida, é necessário **explorar**. Isso significa aumentar sua busca e exposição a novas ideias, experiências e sabores. O caminho mais óbvio para acordar o seu aprendizado implícito é provocá-lo a partir do **aumento de seu repertório**. Eu me refiro aqui a repertório de vida, da maneira mais ampla possível, e não (apenas) a novos conteúdos. Acredito que existem domínios próximos – como a arte, as tecnologias existentes ou mesmo pequenas viagens – que podem manter nosso aprendizado em movimento.

Para a etapa final, **transformar**, precisamos aproveitar esses novos estímulos e experimentações de modo pleno, por meio da **ampliação do nosso olhar**. De pouco adianta conhecer novos lugares, pessoas ou músicas se trouxermos um olhar antigo.

Em conjunto com a ampliação do olhar, existem dois aspectos fundamentais para a transformação das experiências em aprendizado: **atenção e presença** aliadas à nossa disciplina para **processar nossas experiências**, identificando o que o prazer, o encantamento e o desconforto trazem de estímulo para o nosso aprendizado.

Vamos a uma pequena explicação de cada uma dessas etapas antes de mergulharmos no processo, nos próximos capítulos.

DESPERTAR, OU A MENTE E O CORAÇÃO DE APRENDIZES INCIDENTAIS

Nosso desenvolvimento se baseia na interação com os ambientes em que vivemos e, como perceberemos, muitas vezes eles não são preestabelecidos, mas escolhidos e criados por cada um de nós. Temos muito mais responsabilidade com o que acontece *por acaso* em nossa vida do que imaginamos. É fundamental, portanto, entender a relação do aprendizado ao longo da vida com a forma como escolhemos interagir com o mundo, aumentando nossa exposição ao diferente e ao desconhecido.

Para atuar de maneira ativa nas escolhas, talvez o primeiro passo seja viver, em plenitude, a **agência pessoal**. Essa expressão esquisita refere-se à capacidade humana de agir e fazer escolhas que impactam sua vida. Ela é um dos pilares da teoria do psicólogo canadense Albert Bandura, de quem já falamos na introdução e falaremos mais adiante. Seu ponto de partida é simples: "As pessoas podem exercer influência sobre o que fazem".[4] Esse entendimento reconhece em cada um de nós a capacidade de atuar, intencionalmente, rumo às mudanças e adaptações necessárias para alcançar o futuro que desejamos. Agimos com foco tanto no propósito da ação como em seus efeitos, buscando uma autorregulação constante na interação com os ambientes em que vivemos. Alguns deles estimulam nossa autonomia, enquanto outros nos restringem.

Essa é a primeira característica do aprendiz incidental. Uma mistura de independência e ousadia que gera coragem para nos expormos às situações de riscos que relatamos anteriormente. Os desafios a que nos propomos podem ser gigantescos, ou tão pequenos que até nos envergonhamos de chamá-los de aventuras. Mas nossa vontade de agir é sempre fundamental.

Tamara Klink, escritora e navegadora solitária, tem uma forma especial de falar desse primeiro passo: "Esses que assistem pela primeira vez ao nosso voo solo acham que lutamos contra a distância, contra o ar, contra o mar. Eles jamais entenderão que o grande desafio foi, enfim, desatracar".[5]

Uma segunda característica fundamental para o despertar é a retomada da **exploração aberta** – e do prazer inerente a ela – em nossa vida. Ela é fundamental para a conexão ativa com as mudanças que ocorrem no mundo e em nós mesmos. Falaremos sobre os caminhos para se chegar a essa abordagem de aprendizado, incluindo o desenvolvimento da **curiosidade** e da **abertura à experiência** como características fundamentais.

Muitas vezes, consideramos tais traços características imutáveis. Se esse é o seu caso, vou pedir que reconsidere. Claramente algumas pessoas têm mais facilidade em buscar o novo e valorizar a curiosidade do que outras, mas cada um de nós pode aumentar sua própria capacidade de buscar, interagir e se divertir com o novo, como veremos. Além disso, me parece impossível interagir com as inovações tecnológicas ou os conflitos geracionais atuais sem abraçar a mudança como parte central da evolução da nossa sociedade e, portanto, de nós mesmos.

EXPLORAR, OU A BUSCA DE NOVOS REPERTÓRIOS

Arriscando ser repetitivo, vou recorrer mais uma vez à etimologia de uma palavra com o intuito de deixar claro do que estou falando. O vocábulo "repertório", do latim *repertorium*, significa "inventário" ou "catálogo". O termo deriva do verbo *perire*, que está relacionado ao ato de *descobrir* ou *encontrar*, e possui o prefixo *re*, que indica repetição.

Quando vivemos, vamos colecionando experiências, histórias e conhecimentos que nos servem de referência em nossas decisões sobre nossa vida. Essa é a base de dados que alimenta nosso processo de **exploração fechada** na vida adulta.

Nós gostamos ou não de ideias, pessoas ou alimentos a partir desse repertório que colhemos e organizamos na vida. O aprendizado incidental requer a renovação constante dessa tal base de dados. Daí minha escolha pelo uso da palavra "repertório": o aprendizado incidental depende de um processo de constante redescoberta e reencontro.

O primeiro repertório a ser renovado é o de seu **próprio mundo**. Sinto que muitas vezes estamos apaixonados pelo futuro sem entender o que está acontecendo no momento atual, do nosso lado. Gosto de me apresentar como presentista,[6] aquele que entende que existem muitos futuros no presente, mas que estão, como diz a tão repetida frase de William Gibson, muito mal distribuídos. Por isso, o primeiro repertório a ser complementado se refere ao que está acontecendo hoje, do nosso lado, mas que muitas vezes ignoramos ou negamos. Devemos vasculhar ativamente, sem paixões ou ódios, as mudanças na sociedade, no trabalho ou no comportamento dos mais jovens. Buscamos, aqui, **novos momentos**.

Meu segundo convite para a ampliação do repertório são as **viagens**. Grandes ou pequenas, para outros países ou dentro do seu bairro. Como falamos no capítulo 2, nosso aprendizado está muito vinculado à adaptação ao nosso nicho cognitivo. Este, por sua vez, está diretamente relacionado aos locais que frequentamos. Ter experiência com outras paisagens, cheiros e sabores é uma opção efetiva e afetiva de ampliar nossas referências. Nossa procura é por **novos espaços**.

Finalmente, as **artes** se apresentam, para mim, como as mais prazerosas e potentes formas de trazer emoções e insights que se transformam em ouro para aprendizes incidentais, especialmente em tempos de inteligência artificial. Elas oferecem algo único: a possibilidade de contato com **novas sensações**.

TRANSFORMAR: OLHARES, PRESENÇA E REFLEXÃO

De pouco adianta percorrermos novos repertórios se não mudarmos nossas lentes. Provavelmente, vivenciaremos o novo com uma perspectiva repleta de crítica e comparação com nosso repertório atual. Por isso, o aprendizado incidental demanda também a **ampliação de nossos olhares.**

Começamos com o **olhar para o nosso cotidiano**. Os aspectos mais banais do nosso dia a dia trazem provocações e encantos.

O aprimoramento do **olhar para os outros** é mais um aspecto a ser discutido para a evolução da nossa capacidade de desenvolvimento contínuo (e pleno). Esse tipo de aprendizado, chamado de social, é a forma mais natural e antiga de que a espécie humana dispõe para se desenvolver. Podemos influenciar o aprendizado social, que ocorre de modo contínuo e implícito, escolhendo as pessoas com quem estaremos e nos abrindo para a escuta de outras ideias e experiências.

O último olhar de que falaremos aqui é aquele que se volta **para si**. Vivemos um momento de supervalorização de testes que nos contam quem somos. Dos questionários de internet aos *assessments* corporativos, sempre buscamos externamente alguma referência que nos apoie a aumentar o nosso autoconhecimento. Contraditoriamente, muitas vezes não damos real atenção ao que fazemos, pensamos e sentimos, e isso nos afasta de entender em profundidade nossos desejos e nossas necessidades de aprendizagem. A proposta aqui é mudar esse *modus operandi*.

Além dos olhares, existem dois pares de competências que são fundamentais para o processamento de todas as experiências que nos impactam no dia a dia. Ambos estão relacionados ao lado intencional do aprendizado incidental e são essenciais nessa etapa de transformação.

O primeiro par, que, aliás, é o mais escasso, é o de **presença** e **atenção**. De pouco adiantará nos encantarmos com novas pessoas e ambientes se mal tivermos tempo para sorver o diferente com intensidade e verdade. Vivemos um momento de perda da capacidade de manter o foco no que ocorre à nossa volta. Existem, porém, alguns caminhos que podem ajudar aprendizes incidentais, retroalimentando a presença por meio do prazer pela descoberta. Chegaremos lá.

Finalmente, as práticas de **reflexão** e **processamento** – o segundo par – fecham o ciclo de transformação de vivências em aprendizados. Discutiremos um pouco mais sobre a vantagem de externalizar o aprendizado implícito. Aqui, porém, me refiro ao que chamamos de metacognição, ato de refletir sobre o próprio processo de aprendizado. Um momento estruturado para essa prática me parece um elemento que mantém todo o processo descrito acima em funcionamento, com verdade, sentido e prazer.

Quanto mais pesquiso, reflito e escrevo, mais grita na minha cabeça a certeza de que é muito difícil ser lifelong learner sem ser lifewide learner.

Vivenciar as três etapas que proponho aqui – despertar, explorar e transformar – é um caminho de crescimento contínuo para incluir o aprendizado incidental na sua vida. Há um aspecto fundamental nesse modelo: ele é cíclico, ou seja, nenhuma das etapas se encerra em si mesma. O *transformar*, quando ocorre de maneira plena, alimenta um novo *despertar*, e assim por diante.

Nas próximas páginas, vamos nos aprofundar em cada um dos elementos apresentados. Por meio de histórias, pesquisas, arte e algumas ferramentas, minha intenção é despertar em você o aprendiz incidental que está, provavelmente, subaproveitado em razão de algumas escolhas de vida – conscientes e inconscientes – que todos fazemos.

CEP+R: O aprendizado incidental em três atos

C - Conteúdo

→ O processo de aprendizado incidental tem **três etapas**: despertar, explorar e transformar

→ **Despertar** envolve cultivar a agência humana (nossa capacidade de agir), a curiosidade e a abertura à experiência para perceber oportunidades de aprendizado

→ **Explorar** se refere a aumentar a busca por novos repertórios por meio do zeitgeist, viagens e arte

→ **Transformar** requer ampliação de olhares, presença e reflexão para processar experiências em aprendizado

E - Experiência

→ **Faça um mapeamento** das decisões que tomou na última semana – identifique momentos em que a inércia venceu sua curiosidade

→ **Desafie uma "verdade"** que você considera estabelecida – busque argumentos e perspectivas contrárias ao que você acredita

→ **Crie uma "lista de coragem"** com experiências fora da sua zona de conforto que você gostaria de vivenciar – escolha uma para realizar no próximo mês

→ Pratique **a arte de dizer "sim"** – durante uma semana, aceite convites e oportunidades que normalmente recusaria (desde que sejam seguros)

P+R - Pessoas + Redes

→ **Albert Bandura** – psicólogo que desenvolveu a teoria da agência humana e autoeficácia

→ **Tamara Klink** – navegadora solitária que fala sobre a coragem de "desatracar" como principal desafio de qualquer jornada

→ **Wislawa Szymborska** – poeta que reflete sobre como aprendemos a viver enquanto vivemos

→ **"Amigos provocadores"** – aproxime-se de pessoas que desafiam seus limites, vivendo experiências que você normalmente evitaria

INTERLÚDIO

ALGUNS
FUNDAMENTOS
SOBRE APRENDIZADO

A o escrever dois livros relacionados à mesma temática – aprendizado –, você corre o risco de soar repetitivo aos leitores.

Para mim, é muito clara a diferença entre aprendizado intencional e deliberado tema do livro *Lifelong learners*, e aprendizado incidental. É igualmente evidente a importância de falar sobre as duas abordagens.

Logo no início deste projeto, entendi que eu deveria ser preciso na explicação dos assuntos. Minha esposa, assim que acabou de ler a primeira versão da introdução, me provocou: "Mas você está escrevendo de novo o mesmo livro?".

Conceitualmente, nunca tive dúvida de que estava me debruçando sobre um domínio que, embora parte do lifelong learning, traz uma perspectiva complementar. A questão, no início, era que ainda não tinha achado o caminho para deixar claras as diferenças entre uma abordagem e outra. Foram mais algumas semanas até terminar uma nova versão – muito próxima da que está no início do livro –, apresentar para a Dani e escutar, aliviado: "Agora ficou muito claro! Quero ler o resto".

Com a certeza de que estava propondo outro olhar, surgiu um novo desafio: o que fazer com quem não leu o primeiro livro? Como garantir que conceitos básicos e fundamentais – como a definição de aprendizagem, por exemplo – sejam compreendidos por todos que lerem **este** livro?

Como solução, decidi criar um anexo. A proposta era consolidar, em um breve texto, as concepções necessárias para quem estivesse lendo uma obra minha pela primeira vez. Ao terminar de escrever este texto de apoio, fiquei com pena de posicioná-lo no final do livro. Cá entre nós, tenho dúvidas de quantas pessoas realmente têm o interesse de consumir os anexos de um livro. Por isso, resolvi subverter um pouco o processo e colocar esta parte aqui no meio. Inspirado pela minha vivência musical, resolvi chamar este capítulo de interlúdio (muito melhor do que a ideia inicial, que era "anexo do meio").*

---

* Interlúdio é um termo muito utilizado em música clássica. É uma parte que tem a função de fazer a transição entre dois momentos de uma obra. Autores literários o utilizam também como recurso para propor uma reflexão ou pausa na narrativa principal.

Se você leu *Lifelong learners* ou é familiarizado com o tema, fique à vontade para pular este capítulo. Mas saiba que coloquei aqui algumas coisas novas, incluindo evoluções da minha abordagem. Portanto, se tem dúvida, fique. Acredito que as páginas seguintes podem tornar a sua viagem pelo resto do livro mais interessante e substanciosa.

Para que a sua escolha seja ainda mais tranquila, organizei o conteúdo por meio de perguntas.

1. O QUE É APRENDIZADO?

Estabelecer o que é aprendizado não é uma tarefa fácil. A resposta dependerá da especialidade de quem receber a pergunta. Um pouco mais à frente, apresento uma série de definições que, embora distintas entre si, são válidas e precisas.

Por isso, costumo dizer que é mais fácil começar a explicação estabelecendo o que **não** é aprender. Em resumo, a pura aquisição de conteúdo não é aprendizado. Ler um livro, assistir a uma aula ou ver um vídeo são atividades com *potencial* de gerar aprendizado, mas este só ocorre a partir da escolha e da ação intencional de cada pessoa. Considero importante ressaltar isso pelo fato de que, quando queremos nos desenvolver em algum assunto, o consumo de conteúdo é o primeiro passo natural, e muitas vezes considerado o único necessário. Não julgo essa atitude porque considero involuntária, uma resposta automática forjada a partir da nossa experiência escolar, que se baseia principalmente em matérias, memorizações e verificações.

Como disse, atividades focadas no consumo de conteúdo podem fazer parte do processo de aprendizado. Mas há um primeiro aspecto fundamental: aprender sempre envolve mudança de estado. É difícil dizer que aprendemos algo se não tivermos nos transformado de alguma forma.

A partir desse ponto de vista, e com a intenção de ter uma definição simples do fenômeno, esta é a forma como descrevo aprendizado no livro *Lifelong learners*:

> Aprendizado é a explicitação do conhecimento por meio de uma performance melhorada. Essa é minha definição. Aprendemos quando passamos por um processo que nos permite realizar algo de maneira melhor ou diferente do que fazíamos antes, seja por aquisição de uma nova habilidade ou pela mudança da nossa visão de mundo.
>
> Aprender é colocar conhecimento para fora, não para dentro. [1]

É importante dizer que a definição própria que apresento aqui não se pretende mais ou menos correta que as demais. Ela traz, porém, um elemento importante para a análise do nosso próprio processo: a simplicidade.

Também me parece necessário esclarecer a que me refiro quando digo "performance melhorada". Essa expressão pode ter um caráter excessivamente corporativo e pragmático: aprender a vender mais, falar melhor ou preparar apresentações. Desenvolver-se em atividades como essas é, sem dúvida, um sinal de melhoria de desempenho. Entretanto, meu olhar sobre o significado de performance é cada vez mais amplo.

Entendeu melhor uma questão política ou econômica que o ajudou em decisões importantes da vida? Performance melhorada!

Identificou algo que o fazia infeliz e tomou uma atitude para mudar isso? Performance melhorada!

Conseguiu fazer um novo tipo de risoto? Performance melhorada!

Descobriu uma maneira de utilizar inteligência artificial para planejar uma viagem? Performance melhorada!

Conectou-se com o ponto de vista de outra pessoa, aumentando sua conexão com ela e permitindo melhores trocas? Performance melhorada!

Com esses exemplos, o que pretendo é deixar claro que, inerente à definição, existe uma sutileza que deve ser valorizada e estimulada. Quando provocamos em nós mesmos uma mudança que nos faz interagir melhor com nosso ambiente interno e externo, estamos experimentando o aprendizado.

Definições de aprendizado

Jean Piaget – Filosofia da educação
A aprendizagem, no sentido mais amplo, é um processo adaptativo se desenvolvendo no tempo, em função das respostas dadas pelo sujeito a um conjunto de estímulos anteriores e atuais.[2]

Lev Vigotski – Psicologia
A aprendizagem é um processo essencialmente social, ocorrendo em um ambiente de interação entre pessoas.[3]

Juan Ignacio Pozo – Psicologia
A aprendizagem é um processo que produz uma mudança relativamente estável no modo de pensar, sentir e atuar do sujeito. Para que seja considerada aprendizagem, essa mudança deve ser produzida como consequência da experiência do sujeito em sua interação com o mundo que o rodeia.[4]

Carl Rogers – Psicologia
Por aprendizagem significativa entendo uma aprendizagem que é mais do que uma acumulação de fatos. É uma aprendizagem que provoca uma modificação, quer seja no comportamento do indivíduo, na orientação futura que escolhe ou nas suas atitudes e personalidade. É uma aprendizagem penetrante, que não se limita a um aumento de conhecimentos, mas que penetra profundamente todas as parcelas da sua existência.[5]

Paulo Freire – Pedagogia
Não há docência sem discência, as duas se explicam, e seus sujeitos, apesar das diferenças que os conotam, não se reduzem à condição de objeto um do outro. Quem ensina aprende ao ensinar e quem aprende ensina ao aprender.[6]

Peter Richerson e Robert Boyd – Biologia adaptativa
A aprendizagem é um dos muitos mecanismos adaptativos que permitem aos organismos adquirirem comportamentos localmente adaptativos sem esperar pela evolução genética.[7]

Tim Ingold – Antropologia
A aprendizagem não é uma transmissão de informação de uma geração para a próxima, mas é parte integrante do próprio processo de vida social através do qual cada geração passa a existir.[8]

Eric Kandel – Neurociência
Aprendizagem é o processo pelo qual adquirimos conhecimento sobre o mundo, enquanto memória é o processo pelo qual esse conhecimento é codificado, armazenado e posteriormente recuperado.[9]

2. O QUE É APRENDIZADO AUTODIRIGIDO (E POR QUE ELE É IMPORTANTE NO CONTEXTO DO APRENDIZADO INCIDENTAL)?

De maneira bem simples, aprendizado autodirigido é a capacidade de estruturar e realizar projetos de aprendizagem com autonomia e reflexão. Não deve ser confundido com autodidatismo, em que a pessoa aprende sozinha. O aprendizado autodirigido envolve autonomia na escolha dos objetivos e métodos, mas não necessariamente o isolamento.

Esse conceito começou a ser estudado na década de 1960, quando pesquisadores como Allen Tough começaram a perceber que muitas pessoas conduziam seu processo de aprendizagem sem seguir o modelo da educação tradicional, que pressupõe sempre precisarmos ter alguém mais experiente para nos indicar o quê, como e quando aprender.

A definição mais clássica é de Malcolm Knowles, pai da andragogia* e pesquisador do tema. É assim que ele descreve o fenômeno:

> [O aprendizado autodirigido] é um **processo** pelo qual indivíduos têm a **iniciativa, com ou sem ajuda de outros**, de **diagnosticar suas necessidades** de aprendizado, **estabelecer metas** e **identificar recursos humanos e materiais** para o aprendizado, escolhendo e **implementando estratégias de aprendizado** apropriadas e **avaliando o resultado** do seu aprendizado.[10]

Destaquei em negrito as palavras que definem quais são suas etapas e características. Na próxima pergunta, detalho um pouco os quatro momentos do processo.

O ponto principal da autodireção é a autonomia, que nos coloca em uma posição com a qual estamos pouco acostumados: a de fazer as escolhas relacionadas ao nosso processo de aprendizagem. A vivência com a prática educacional clássica nos mantém mais no papel de cumpridores das escolhas de outros (escolas, professores, RH). Nessa lógica, temos

---

* Andragogia é uma área de conhecimento que estuda o aprendizado do adulto. Segundo o próprio Knowles, trata-se da arte e ciência de ajudar o adulto a aprender.

pouca responsabilidade na definição do quê, como, onde, quando e com quem aprender. Como resultado desse processo, não desenvolvemos a habilidade de escolher, estruturar, executar e ajustar um projeto de aprendizagem contínua.

A relação de autodireção com o aprendizado incidental é ainda mais importante no contexto do lifewide learning. Como falaremos na sequência, o processo de exploração aberta – que envolve busca de repertório, ampliação de olhares, presença e reflexão – só ocorre a partir de nossa ponderação e ação. A autodireção, para o aprendiz incidental, se manifestará em sua capacidade de tomar iniciativa, fazer escolhas e se responsabilizar por elas. Não se trata de definir quais livros ler ou que cursos fazer, mas de quão diversa, provocativa, interessante e colorida sua vida vai ser. E do que você vai fazer com suas experiências.

3. QUAL MÉTODO VOCÊ APRESENTA NO LIFELONG LEARNERS?

No primeiro livro, eu detalho as quatro etapas de uma jornada de aprendizagem autodirigida. Como falei no início do capítulo, o foco lá foi o **aprendizado intencional**, aquele em que você define o tema e o caminho de maneira antecipada.

As etapas são as seguintes:

Escolha do tema

É o começo de tudo e, para mim, a parte mais importante. Temos muita dificuldade nesta etapa porque nossa vida escolar nos habituou a acreditar que essas escolhas devem ser feitas por outras pessoas, que julgamos mais preparadas do que nós. Sem a escolha de um projeto de aprendizagem que faça realmente sentido no nosso momento de vida, é muito difícil nos engajarmos. Acabamos deixando de priorizar nosso desenvolvimento e desistindo.

Por outro lado, se conseguirmos vincular a busca de aprendizado a uma necessidade ou vontade real, o projeto ocorre com naturalidade e prazer. Proponho um processo para você se "matricular" em um projeto de aprendizagem autodirigida.

Comece com um olhar amplo para dentro – seus desejos e suas necessidades – e para fora, para o mundo – como você pode interagir melhor com seu ambiente, com seu nicho? É a partir dessa comparação que começamos a identificar caminhos de aprendizagem que fariam sentido para você, neste momento de vida.

Dedique não mais do que dez minutos para construir uma lista de possibilidades. Uma dica extra é fazer esse exercício à mão, para evitar interferências. Volte às suas escolhas no dia seguinte e tente identificar o que faz mais sentido neste momento. Um bom critério de escolha é avaliar quais dos itens da lista podem efetivamente ser praticados nas próximas semanas.

Como última atividade, após a escolha, tente descrever o seu projeto a partir da frase "quero aprender como..." e coloque um verbo de ação na sequência. A minha intenção aqui é tirar seu olhar do conteúdo ou da matéria. Temas e assuntos são meios. A realização do processo ocorrerá por meio da ação, do conhecimento aplicado. O que nos move é a possibilidade de fazer algo diferente ou melhor.

Depois de ter escrito o livro, passei a propor que façamos isso de maneira rotineira, a cada três ou quatro meses. Com alguma prática e disciplina, é possível termos dois ou três projetos nos acompanhando. Finalmente, use o prazer como indicador do processo. Se está chato ou difícil demais, faça os ajustes ou troque de projeto.

CEP+R: a construção do seu portfólio de fontes de aprendizado

A partir da definição do tema do seu projeto, preconizo a construção de um portfólio amplo de possibilidades de aprendizagem. Para facilitar esse processo, estruturei – com o Alex Bretas, outro ativista do aprendizado autodirigido – o CEP+R. São quatro fontes de aprendizado, todas de igual valor, que convidam a um olhar amplo. São elas:

→ *Conteúdo*: em todos os formatos e estilos. Livros, artigos, podcasts, vídeos, aulas.

→ *Experiência*: vivências práticas que permitam a aplicação dos conhecimentos adquiridos, a geração de novos olhares e, em especial, a experimentação como parte fundamental do processo de aprendizado.

→ *Pessoas + Redes*: as mais promissoras fontes de aprendizado. Elas conectam todas as outras e são espaços de acolhimento, motivação e irrigação do nosso processo de desenvolvimento, por meio de dicas e trocas. Uma conversa bem escolhida aumenta o nosso portfólio de fontes de aprendizagem de maneira natural e instigante.

Gosto de deixar separado um tempo para a curadoria de CEP+R, sem a preocupação de consumo imediato. Acho importante fazermos uma lista grande, com mais fontes do que provavelmente acessaremos. Colocar um livro ou nome de pessoa no portfólio não cria uma obrigação. O processo de curadoria faz parte de um mergulho para entender o campo em que queremos nos desenvolver. Às vezes, passo meia hora só olhando as indicações bibliográficas de um artigo, para buscar novas fontes. A abundância e a disponibilidade de fontes nos ajudam na próxima etapa.

Aprendizado em ação

A terceira etapa é estabelecer uma rotina e colocar o aprendizado intencional como parte das suas atividades semanais. É impossível não fazer aqui um paralelo com atividade física: disciplina, escolha de horário e local, agenda bloqueada... Esses são alguns dos elementos que apoiam essa parte do aprendizado ao longo da vida. O aspecto intencional é muito presente nesta etapa. É de cada um de nós a decisão de achar lugar na vida para desenvolver um projeto de aprendizagem, de maneira contínua, prazerosa e frutífera. É também nesse momento de prática disciplinada que frequentemente ocorre a serendipidade – aqueles felizes acasos e as descobertas inesperadas. Ao criarmos espaço regular para nosso desenvolvimento, ampliamos as chances desses encontros fortuitos tão valiosos para o aprendizado incidental, tema central deste livro. A rotina intencional, paradoxalmente, é o que abre caminho para as conexões surpreendentes que tanto enriquecem nossa jornada de aprendizagem.

Evidências de aprendizagem

Um ponto importante de uma jornada de aprendizagem autodirigida é termos um ponto de chegada estabelecido. Isso pode ser definido no início do projeto ou escolhido ao longo do percurso. Você pode querer aprender marcenaria – objetivo muito amplo – ou escolher construir um móvel. Na primeira hipótese, que traz um olhar mais tradicional, o final do curso será a certificação. Na segunda, você só termina o processo com o objeto pronto.

Estabelecer um marco de performance claro ajuda a criar ritmo e compromisso com o projeto.

Correndo o risco de me repetir, quero destacar um aspecto fundamental sobre o aprendizado intencional e o incidental. Eles são complementares e podem coexistir. Ao mesmo tempo que vive um projeto de aprendizagem superfocado, com etapas preestabelecidas, você pode estar atento ao seu redor, buscando novos repertórios e absorvendo outros tipos de conhecimentos.

Termino aqui o interlúdio com a sensação de missão cumprida. Se você ainda não leu e quiser se aprofundar nos temas descritos, fica aqui o convite para a leitura do *Lifelong learners: o poder do aprendizado contínuo*. Mas saiba que as páginas anteriores são suficientes para você ter os conceitos mais importantes para o restante deste livro.

Vamos voltar a ele.

Despertar

O **Despertar** é o momento em que o indivíduo percebe que está constantemente aprendendo – e que pode fazer isso de modo mais intencional. É quando ele se reconhece como um agente ativo do próprio aprendizado, capaz de transformar experiências cotidianas em oportunidades de desenvolvimento. Falaremos da importância da agência humana, da curiosidade e da abertura à experiência como traços básicos para iniciar um processo de busca por novos nichos cognitivos.

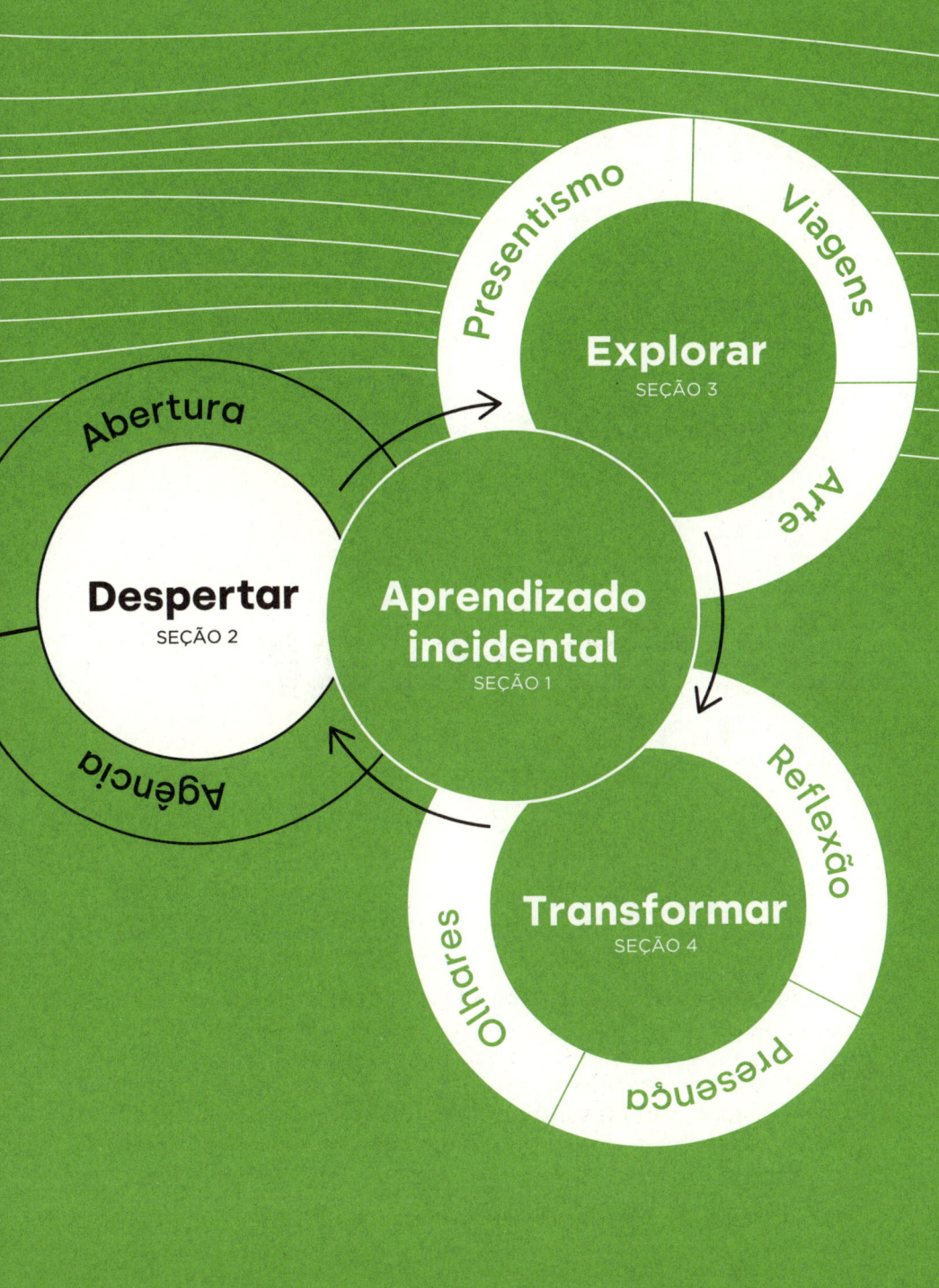

CAPÍTULO 5

COMO
INFLUENCIAR
SEU ACASO

"

Às minhas filhas, Olívia e Alice, e ao meu filho, João, todos concebidos e nascidos ao longo do período do doutorado, simplesmente por existirem."

Essa é a primeira frase da página de agradecimentos da minha tese. Em paralelo à pesquisa e à paternidade, vivi um momento profissional de muita intensidade, entre 2009 e 2012, intervalo em que tudo isso aconteceu. A conquista foi muito celebrada, mas não tive tempo de descanso. Ainda no ano da conclusão do curso, comecei o processo de negociação que culminou com uma fusão de empresas na qual me tornei um dos sócios-fundadores da maior consultoria de educação corporativa do Brasil.

Foram momentos desafiadores, repletos de outros tipos de aprendizados, que demandaram ainda mais energia, dedicação e tempo. Por isso, ao término da minha defesa e titulação, me afastei da pesquisa e do mundo acadêmico que tanto me encantavam. Sinto muita falta de momentos em que podia passar horas concentrado na pesquisa, na escrita e no pensar.

No fundo, acho que escrevo livros para poder bloquear longos períodos da minha agenda e retomar esse processo tão prazeroso sem culpa. Infelizmente, ainda preciso de uma justificativa interna e "objetiva" para investir tempo nesse tipo de atividade. Embora pregue isso todos os dias, ainda não cheguei ao equilíbrio que gostaria de estabelecer entre os momentos de aprender, de trabalhar, de estar com quem amo etc.

O doutorado, portanto, foi um momento desafiador para mim. Após uma graduação e um mestrado em cursos ligados à administração, o mergulho no mundo da psicologia foi como viajar para outro país, cujo idioma eu conhecia pouco. Lembro de uma conversa sobre aprendizado implícito com a minha orientadora em que eu, inadvertidamente, disse, todo empolgado: "Nesse contexto, as pessoas aprendem sem perceber, ou seja, aprendem de maneira inconsciente!". Com um pequeno sorriso no olhar, ela me respondeu, tentando respeitar minha animação: "Conrado, o aprendizado ocorre de maneira implícita, não inconsciente. Temos que ser cuidadosos com as palavras. Acredito que você não vai querer discutir o inconsciente em uma banca de doutorado do Instituto de Psicologia da USP".

Ao longo dos quatro anos, não considero que aprendi o *idioma* da psicologia de maneira fluida. No entanto, acho que o *dialeto* da psicologia cognitiva começou a ficar mais claro para mim. Talvez, a minha maior gratidão ao longo desse processo tenha sido conhecer e me aprofundar em dois grandes pesquisadores que continuam me ensinando a cada novo encontro, o espanhol Juan Ignacio Pozo e o canadense Albert Bandura.

Ambos me ensinaram, por meio de suas obras, o prazer da leitura profunda. Mesmo que às vezes de maneira desafiadora, eles sempre propuseram caminhos que me levaram (e levam) para muita reflexão, questionamento e mudança de olhar. O contato com eles me faz, a cada leitura, redescobrir e redefinir a minha prática de aprendizagem, ainda que tenha mais de trinta anos de trabalho e vivência nessa área.

No presente livro, Albert Bandura tem um papel especial. Como falei na introdução, foi a partir de um parágrafo dele que me senti instigado a escrever sobre o assunto que trago aqui. Por esse motivo, quero dividir um pouco mais alguns aspectos de sua teoria e de sua vida. Além de ser interessante, acredito que ela nos ajuda a compreender a importância do aprendizado incidental e, principalmente, o nosso papel para potencializá-lo.

Não seria errado dizer que o texto que você está lendo nasceu em uma seção de três páginas do *Lifelong learners*, para a qual dei o título "Um mundo de oportunidades". Nela, apresento de maneira completa a visão de Bandura, que tanto me encanta:

> A casualidade não implica falta de controle de seus efeitos. As pessoas podem fazer as coisas acontecerem, buscando uma vida ativa que aumente o número e o tipo de encontros fortuitos que terão. **O acaso favorece os inquisitivos e os aventureiros, que frequentam lugares, fazem coisas e exploram novas atividades. As pessoas também fazem o acaso trabalhar para elas, cultivando seus interesses, possibilitando crenças e competências.** [...] O autodesenvolvimento ajuda as pessoas a moldarem as circunstâncias de suas vidas. Essas diversas atividades proativas ilustram o controle da casualidade por meio da agência.[1]

Esse texto sintetiza de maneira quase poética o convite que venho fazendo neste livro: que sejamos mais *inquisitivos* e *aventureiros*.

UM PESQUISADOR QUE VIVEU SUA TEORIA

Albert Bandura, conhecido como Al por seus alunos e colegas, é uma grande referência, tanto pela sua contribuição para a ciência como pelo seu bom humor. Ele sempre gostava de lembrar que sua vida – como a de todos nós, acho que ele diria – é repleta de situações fortuitas que podemos influenciar para nos tornarmos quem queremos ser.

Ele nasceu em um pequeno povoado de quatrocentos habitantes, na província de Alberta, no Canadá. Lá, viviam muitos imigrantes da Polônia e da Ucrânia, países de origem de seu pai e de sua mãe, respectivamente. Os dois não frequentaram salas de aula, mas valorizavam muito a educação. O pai aprendeu quatro idiomas de maneira autodirigida.

A escola da Mundare, nome do vilarejo, era precária também. Com poucos professores e recursos, os alunos dependiam de suas próprias iniciativas para aprender. Bandura conta que uma vez a turma escondeu o único livro de trigonometria à disposição para reduzir o volume das lições de casa. Esse ambiente fez bem para a formação do futuro acadêmico: "O conteúdo da maioria dos livros didáticos é perecível, mas as ferramentas da autodireção nos servem por toda a vida".[2]

Ainda no ensino médio, Al era incentivado pelos pais a ampliar sua visão de mundo para além de sua cidade. Nessa fase, ele trabalhou nas férias em uma fábrica de móveis, aprendendo marcenaria, ofício que o ajudaria a pagar seus estudos universitários. No ano seguinte, foi trabalhar no gélido extremo norte do país, apoiando o trabalho de recuperação da Rodovia do Alasca. Seus colegas de trabalho eram fugitivos de credores, do alistamento militar ou de oficiais de prisões condicionais. O momento alto do mês era quando o lote de vodca feita de batata e açúcar ficava pronto no alambique ilegal construído pelo grupo. A diversidade de pessoas fez com que Bandura desenvolvesse seu olhar para a "psicopatologia da vida cotidiana".[3]

O início no campo da psicologia aconteceu por uma sequência inacreditável de acasos. Como trabalhava com marcenaria na parte da tarde, a faculdade ficava para o período matutino. Ele ia de carona com estudantes que tinham aula ainda mais cedo. Para matar o tempo, normalmente ficava na biblioteca. Um dia, alguém se esqueceu de devolver o catálogo dos cursos disponíveis, e Bandura o encontrou em cima de uma mesa. Resolveu folheá-lo e percebeu que existia um curso de psicologia que se encaixava bem no seu horário livre. Matriculou-se na matéria – e achou sua carreira.

Bandura gostava de dizer que conheceu sua esposa, Virginia Varns, em uma armadilha de areia.* Ele descreve o processo de modo irônico (e nada romântico):

> Buscando alívio de uma tarefa de leitura tediosa, um estudante
> de pós-graduação parte para um campo de golfe com seu amigo.

---

* Uma armadilha de areia (ou bunker) é um obstáculo em campos de golfe que consiste em uma área escavada e preenchida com areia.

Por acaso, eles se veem jogando atrás de duas golfistas atraentes. Em pouco tempo, as duas duplas se tornam um quarteto e, no curso dos eventos, uma das parceiras eventualmente se torna a esposa do golfista pós-graduando. [4]

Após se formar na Universidade da Colúmbia Britânica, Albert descobriu que a Universidade de Iowa era um dos melhores lugares para aprofundar seus estudos. Enfrentou o rigor do programa de doutorado e concluiu seu PhD nessa universidade em 1953. No ano seguinte, ingressou na Universidade Stanford, onde concluiu o que chamou de "odisseia surreal":[5] de um povoado do norte de Alberta até as palmeiras de Stanford em apenas seis anos.

Fez uma carreira de mais de meio século nessa que é considerada uma das mais influentes universidades do mundo. Foi lá que se tornou colega dos autores dos livros clássicos que tinha lido na faculdade. Desenvolveu pesquisas e estudos que culminaram na criação de novos caminhos para a psicologia cognitiva. Ele tinha a habilidade de criar experiências sólidas e práticas para validar e evoluir suas teorias.

Além de escrever, lecionar e pesquisar com dedicação e talento únicos, Bandura construiu sua vida buscando estímulos em diversas áreas. Fazia caminhadas frequentes nas montanhas da Califórnia, adorava a temporada de ópera de São Francisco e era frequentador assíduo dos vales de Napa e Sonoma, provando vinho de alguns dos melhores produtores do mundo.

Seu principal prazer estava na orientação de jovens estudantes, sempre com proximidade, exigência e bom humor. Laura Carstensen, colega de Al em Stanford, compartilha um caso que exemplifica sua personalidade:

> Lembro dele me contando sobre ter recebido um e-mail de um jovem estudante que havia perguntado a ele: "Você ainda está vivo?". Bandura respondeu: "Este e-mail está vindo do além". Vou me lembrar de Al como alguém humilde e gentil, sempre feliz em conversar, e invariavelmente generoso com seu tempo.[6]

A impressão que tive, conhecendo um pouco mais das suas histórias, é de que Bandura é um exemplo de um acadêmico que viveu sua teoria de verdade, como sujeito de sua própria pesquisa. Por isso coloquei sua história aqui: sua carreira, seu sucesso e seu impacto no mundo demonstram como nossa iniciativa e a vontade de buscar o diferente são fundamentais ao longo da vida. Ele agiu para que os acasos fossem parte importante de quem se tornou. Durante uma entrevista de 2012 para o *Inside the Psychologist's Studio*, ele relatou sua percepção sobre esse assunto.

> Uma boa parte de nossas escolhas, as mais importantes, é frequentemente determinada pelas circunstâncias mais triviais [...] A autodireção realmente me serviu muito bem durante toda a minha carreira. De certa forma, minha teoria psicológica é fundamentada na agência humana, **o que significa que as pessoas têm parte na determinação do curso que sua vida toma, e em muitos aspectos minha teoria é realmente um reflexo do meu próprio caminho de vida.**[7]

DESPERTANDO O APRENDIZADO INCIDENTAL: AGÊNCIA, AMBIENTES E AUTOEFICÁCIA

Todo esse bom humor é refletido também nas suas fotografias públicas. Se você fizer uma busca na internet, perceberá que ele está sorrindo na maioria delas. Bandura tem cara de gente boa, com quem você sentaria e bateria um papo. Contudo, não se deixe enganar por essa aparente leveza. Sua teoria é densa e extensa. É daquelas leituras que você vai conquistando aos poucos, com ajuda de outros acadêmicos que apoiam o processo de compreensão e internalização dos seus conceitos.

O esforço vale a pena: suas ideias são, além de profundas, lindas. Uma vez compreendidas, tornam-se simples. Para o olhar do aprendizado incidental, existem alguns aspectos de sua teoria social cognitiva que podem nos ajudar muito no processo de nos identificarmos como lifewide learners.

Considero que os três princípios a seguir, provenientes de sua ampla pesquisa, podem apoiar a busca do aprendizado incidental. São eles: a agência humana, isto é, nossa capacidade de agir; os tipos de ambientes em que vivemos; e as crenças de autoeficácia.

Antes de apresentá-los em detalhes, quero fazer um convite.

Vejo que muitos dos livros da minha área, atualmente, têm preferência por uma abordagem pragmática, com foco em dicas práticas – "os 10 caminhos do aprendizado ao longo da vida" e afins – em detrimento de uma perspectiva mais aprofundada, construída a partir de uma base teórica. Como você deve ter percebido, este livro é uma mistura das duas coisas. Bandura tinha o mesmo olhar. Ele acreditava que as pesquisas acadêmicas têm o papel de impactar as pessoas.

> A construção das teorias não é uma vocação para os fracos. [...] Fala-se muito da validade das teorias, mas, de maneira surpreendente, pouca atenção é dada à sua utilidade social. Por exemplo, se os cientistas aeronáuticos desenvolvessem princípios de aerodinâmica em testes com túneis de vento, mas não conseguissem construir um avião que pudesse voar, o valor da teorização seria questionado. As teorias são instrumentos predicativos e operacionais.[8]

No fundo, o que estou fazendo aqui é destacar a importância da parte mais estruturante do assunto e, em especial, fazer um convite para uma leitura mais atenta e aprofundada. Minha intenção é fazer você despertar para as oportunidades do aprendizado incidental na sua vida.

A AGÊNCIA HUMANA

Bandura descreveu a agência humana como uma das nossas capacidades mais fascinantes. O pesquisador acreditava que, como indivíduos, não somos simples espectadores do mundo, mas protagonistas ativos das nossas experiências. Para ele, somos organismos ambiciosos e proativos, capazes de antecipar e moldar o futuro por meio das nossas ações. Em resumo, quando saudáveis e atentos, fazemos as coisas acontecerem de maneira intencional, exercendo controle sobre a realidade, e não apenas reagindo aos eventos ao nosso redor.

A agência humana, segundo Bandura, tem quatro características principais que ilustram esse protagonismo. A primeira é a **intencionalidade**, a capacidade de agir deliberadamente, escolhendo os comportamentos que julgamos mais adequados para cada situação. A segunda é a **antecipação**, por meio da qual atuamos no presente a partir das perspectivas de resultados futuros. A terceira, a **autorreatividade**, mostra que não somos apenas planejadores, mas também reguladores e motivadores das nossas próprias ações, adaptando-nos quando necessário. Por fim, a **autorreflexão** nos permite examinar e avaliar nosso próprio funcionamento, o que nos ajuda a crescer e a nos ajustar ao longo do tempo.

Considero a agência o ponto de partida para o aprendizado incidental. A minha tese neste livro parte do pressuposto de que a vida que escolhemos levar pode aumentar ou reduzir a nossa possibilidade de desenvolvimento ao longo do tempo. Estou propondo, portanto, que façamos escolhas em relação aos ambientes em que queremos estar, aos grupos com que queremos conviver e aos nichos em que buscaremos crescimento. Reforço também que a presença e o tempo de reflexão sobre o que vivemos ajudam a transformar o viver em aprendizado contínuo.

Existe, porém, uma pergunta importante: eu acredito na minha agência humana? Considero-me capaz de interferir no ambiente que frequento e no meu comportamento iniciando projetos pessoais que promovam transformações e aprendizado? As pesquisas de Bandura deixam claro que a iniciativa de mudar depende de cada um de nós: "Quanto mais as pessoas exercem influência sobre os eventos de sua vida, mais elas conseguem moldá-los conforme seus desejos. Ao selecionarem e criarem ambientes que apoiem o que desejam se tornar, elas contribuem para a direção que sua vida toma".[9]

Há um aspecto importante a se destacar aqui. Embora a agência humana seja prevalente, é claro que existem diferenças consideráveis tanto em relação à complexidade dos ambientes em que se vive quanto à capacidade cognitiva e emocional para reagir a eles. Apresento esse ponto pelo receio de que esse fenômeno seja percebido como um atenuante das diversidades e dos privilégios que existem em nossa sociedade, na qual tudo é resumido a um simples "basta querer e agir". Sabemos que não é bem assim.

Contudo, todos temos a capacidade de intencionalmente agir e fazer escolhas a partir da perspectiva própria de melhora da nossa vida. Quanto mais nos percebermos capazes de interagir com nosso ambiente, maior a chance de ação e evolução.

OS TRÊS AMBIENTES

Bandura enfatiza que o ambiente em que vivemos não é apenas algo que nos molda passivamente, mas também algo que podemos interpretar, escolher e até criar. Ele descreveu três formas de relação com o ambiente. A primeira diz respeito aos **ambientes impostos**, aqueles nichos físicos e socioestruturais que simplesmente nos são dados, sem que tenhamos controle sobre sua existência. No entanto, o pesquisador canadense destaca que, mesmo nesses casos, temos liberdade para interpretar e reagir a eles de maneiras únicas.

A segunda forma dá conta dos **ambientes selecionados**. Bandura explica que o ambiente é, na verdade, uma coleção de possibilidades. Aspectos reforçadores ou punitivos não existem de modo concreto até que os escolhamos ou nos envolvamos com eles. É nessa seleção que exercemos nosso poder de decisão.

Por fim, há os **ambientes criados**, talvez a demonstração mais evidente da agência humana. Nesses casos, diz Bandura, as pessoas "criam as naturezas de suas condições para servir aos seus propósitos".[10] Eles não existem por si sós, ou seja, dependem de nossa capacidade de transformar o mundo ao nosso redor para atender a objetivos de mudança e desenvolvimento próprios.

O que me encanta na maneira como Al propõe a interação com ambientes é a quantidade de possibilidades que temos à nossa disposição. Falamos, no capítulo 3, da importância dos nichos em que as crianças nascem e aos quais são expostas pelos seus cuidadores. Somos responsáveis por ajudar os mais novos no processo de interpretação e seleção dos ambientes. Temos, ainda, a possibilidade de potencializar a criação de ambientes, incentivando o brincar e valorizando o faz de conta.

A abordagem proposta acima em relação aos ambientes enfatiza o papel dos adultos na criação de seus *próprios ambientes*. Em essência, o convite é para que assumamos a curadoria dos ambientes em que nos encontramos, adotando uma postura ativa diante daqueles que nos são impostos. Quão consciente você é em relação à escolha dos nichos em que vive?

CRENÇAS DE AUTOEFICÁCIA

Um aspecto determinante da agência humana é a convicção de que somos capazes de realizar nossas intenções. Bandura dá uma nome a esse sentimento: autoeficácia percebida. Ele a descreve como "as crenças nas próprias capacidades de organizar e executar os cursos de ação necessários para alcançar determinados objetivos".[11] Dizendo de outra forma, é a percepção que temos, antes de agir, de que somos ou não capazes de executar uma tarefa. Será que consigo correr determinada distância? Falar em público? Pintar um quadro?

Quando nos sentimos confiantes no sucesso de determinada ação, é mais provável que a realizemos. Bandura explica o fenômeno desta forma:

> As pessoas guiam a própria vida com base em suas crenças de eficácia pessoal. [...] Essas crenças influenciam os cursos de ação que escolhem seguir, o esforço que colocam em determinados empreendimentos, o tempo que perseveram diante de obstáculos e falhas, sua resiliência diante da adversidade, se seus padrões de pensamento são autossabotadores ou autocapacitantes, o nível de estresse e depressão que experimentam ao lidar com demandas ambientais desafiadoras e o nível de realizações que alcançam.[12]

As crenças de autoeficácia estão sempre contextualizadas e dirigidas a tarefas específicas. Ao acreditarmos na nossa capacidade de realização, aumentamos a probabilidade de sucesso. No contexto deste livro, o aspecto mais relevante está relacionado à crença de que somos responsáveis e capazes de viver uma vida com novos estímulos, experiências, olhares, e com a presença necessária para que o aprendizado incidental seja notado.

Uma pergunta que poderia surgir é: como desenvolver a crença de autoeficácia? Bandura descreveu quatro fontes principais, cada uma contribuindo de maneira única para a forma como percebemos nossa capacidade de realizar tarefas e alcançar resultados:

1. **Experiência própria**: realizar tarefas com sucesso reforça a crença na própria eficácia, enquanto fracassos a enfraquecem. É a fonte mais direta e influente, pois se baseia nos resultados das próprias ações. Para corredores, a segunda maratona parece muito menos impossível do que a primeira.

2. **Experiência vicária**: observar outras pessoas executando tarefas pode influenciar nossas crenças, especialmente se percebemos essas pessoas como semelhantes a nós. Isso demonstra a capacidade humana de aprender pelo exemplo e pela observação.

3. **Persuasão verbal**: palavras de encorajamento ou críticas, especialmente vindas de pessoas respeitadas, moldam nossas percepções de capacidade. O reconhecimento verbal pode fortalecer ou abalar a confiança em nossa eficácia.

4. **Estados fisiológicos e afetivos**: níveis de estresse, dores físicas ou emoções intensas podem ser interpretados como sinais de vulnerabilidade, reduzindo a crença na eficácia. Gerenciar essas condições ajuda a fortalecer a autoconfiança.

Quer aumentar sua crença na própria capacidade? Realize até mesmo as atividades que causam medo a você. Observe pessoas que você admira, cerque-se de quem pode motivá-lo e fique atento ao seu corpo e à sua mente. Esse é o caminho.

Os três conceitos – agência humana, ambientes e autoeficácia – refletem, quando concatenados, a visão otimista de Bandura sobre a capacidade humana de influenciar seu destino e aprender de maneira incidental. O canadense compreende (e ressalta) que o acaso exerce um papel importante na construção da nossa vida. Suas ideias – obtidas e validadas por meio de experimentos – enfatizam a **agência humana** e, portanto, nos colocam como responsáveis por decisões que aumentarão ou diminuirão a chance de vivermos a vida que nos aproxima de quem queremos ser.

Ao mesmo tempo, ele declara que os **ambientes** ou **nichos** em que vivemos não são determinísticos na definição de quem somos/seremos. Ao propor que parte dos ambientes é **criada** ou **selecionada**, ele demonstra mais uma vez que as nossas escolhas determinam o curso de nossas vidas. Mesmo nos ambientes impostos, temos a possibilidade de influenciá-los, escolhendo a maneira como interagimos com eles e os interpretamos.

Finalmente, ao apresentar o conceito de **crenças de autoeficácia** e, principalmente, ao propor caminhos para o seu desenvolvimento, Bandura nos convida mais uma vez à ação. Para o aprendizado incidental, em especial, acredito que as duas primeiras fontes – experiência própria e de outros – são as mais relevantes e, justamente por isso, são as que abordaremos aqui. A única maneira de perceber o impacto que a busca de novos repertórios e olhares pode ter em cada um de nós é por meio da vivência real.

No fundo, este livro é uma versão longa e menos óbvia da terceira fonte – a persuasão verbal.

O QUE VOCÊ QUER SER AGORA QUE CRESCEU?

Eu estava ouvindo o podcast do *Papo de segunda*, em um domingo de manhã, quando um dos participantes, o filósofo Chico Bosco, mencionou uma clássica frase de Nietzsche, durante seu comentário sobre o longa brasileiro *Marte Um*.[13] Ele falou sobre "como se tornar o que se é", um questionamento filosófico importante que foi objeto de reflexão do pensador alemão.

Na hora não entendi o porquê, mas essa frase me pegou. Parei o podcast e fui para o Google pesquisar um pouco mais. Filosofia não é uma área que domino e exatamente por isso me empolguei para conhecer um pouco mais da obra de Nietzsche. Entrei em uma espiral de aprendizagem e estou nela até hoje.

Um dos primeiros textos que li foi o do professor Wanderley Ferreira Jr., chamado "Nietzsche, o caminho para tornar-se o que se é".[14] A leitura não é fácil, mas é encantadora. Ela me abriu a mente e o coração para a maneira quase agressiva com que Nietzsche provoca o modelo educacional clássico.

Especificamente, um parágrafo chacoalhou minha cabeça.

> Na chamada sociedade do conhecimento repete-se como um mantra a necessidade da educação continuada e permanente, que infelizmente visa mais *adaptar* o indivíduo às necessidades do deus mercado, em vez de humanizá-lo no sentido de sua maior autonomia no pensar, no fazer e no agir com senso de responsabilidade social. As pedagogias do *aprender a aprender* subjacentes à sociedade do conhecimento consideram que a educação deva preparar os indivíduos para se *adaptarem* a uma sociedade em acelerado processo de mudança.[15]

O autor questiona de maneira brilhante não só a essência da definição de aprendizagem que proponho, mas boa parte da lógica inerente ao aprendizado ao longo da vida e ao aprendizado autodirigido, tão importantes na minha prática e na minha visão de mundo. Será que o papel da aprendizagem deve ser simplesmente nos adaptarmos ao mundo em que vivemos ou podemos tentar transformá-lo?

O que achei mais interessante é que isso não me incomodou: fiquei encantado com o convite para um novo olhar para o papel da aprendizagem. Considero a visão de Wanderley complementar ao que penso – e ainda mais questionadora e sofisticada em relação ao meu ponto de partida. Mais do que isso, a provocação que o professor propõe tem um especial valor para as ideias que trago nesta obra.

No aprendizado **intencional**, a **escolha** do que aprender é uma parte essencial do processo. A andragogia, campo de estudo voltado ao aprendizado de adultos, enfatiza que a *necessidade de aprender* é um princípio fundamental para o desenvolvimento humano após a infância e a adolescência. É muito difícil nos atermos a um projeto de aprendizagem que não esteja relacionado a um desejo ou uma demanda real de cada um de nós. Por isso, o primeiro passo é a definição do que queremos aprender, mesmo que isso seja alterado ao longo do percurso.

Esse início se beneficia muito de uma abordagem objetiva, concreta. Especificamente, percebo, muitas vezes, que o *fazer* amplifica e esclarece o desejo embutido no *saber*. Essa abordagem, embora eficiente, traz um olhar pragmático e utilitarista para o processo de aprendizagem, como a citação anterior aponta. Às vezes, precisamos dessa objetividade, especialmente no domínio laboral. **Entretanto, me recuso a reduzir o aprendizado ao longo da vida a uma busca contínua por novas habilidades que nos tornem melhores profissionais.** Foi nesse sentido que me conectei com a provocação de Wanderley.

Se, no aprendizado intencional, a escolha se dá a partir do que **queremos fazer** melhor e diferente, no aprendizado incidental esse caminho é mais difuso e complexo. A busca se dá a partir do desejo de nos tornarmos quem queremos ser.

As escolhas de aprendizado **incidental**, como tenho falado aqui, estão relacionadas à maneira como optamos por viver nossa vida. Nosso crescimento – pessoal e profissional – ocorre a partir de uma postura questionadora, que busca o novo e o diverso com mais presença e reflexão no dia a dia.

Quem queremos ser? Essa é a pergunta que direciona e potencializa o aprendizado incidental. A busca dessa forma de desenvolvimento vai além do que queremos fazer ou executar pragmaticamente: essa reflexão nos conduz a uma transformação mais subjetiva e sutil.

Peço ajuda mais uma vez ao professor Wanderley.

> Não há um caminho pronto, traçado de antemão pelas doutrinas, religiões ou morais, que pudesse nos levar a nós mesmos; o caminho para tornar-se o que se é precisa ser reinventado a cada instante, em meio à contingência, à gratuidade e aos acasos inerentes à vida, [...] o tornar-se o que se é exige uma invenção e não uma descoberta, uma conquista e não uma realização, exige um criar-se a si mesmo como o artista cria sua obra.[16]

A escolha de quem queremos ser é uma questão profunda e fundamental para o aprendizado incidental. A resposta, contudo, pode começar a ser construída de maneira simples.

O ponto de partida talvez seja uma análise da sua vida hoje. Quanto ela representa suas escolhas e vontades? O que você gostaria de mudar?

Um segundo passo é compreender como suas escolhas, e os ambientes decorrentes delas, influenciaram a forma como você chegou até aqui. Esse diagnóstico deve ser feito à luz da agência humana, ou seja, reconhecendo o seu papel na seleção e na criação dos seus nichos.

A investigação pode se dividir nos diversos domínios da sua vida, de maneira independente. Seu trabalho está como você quer? Você ocupa seu tempo livre da maneira como gostaria? Como estão seus relacionamentos pessoais? Essa reflexão leva a uma escolha de mudanças e novos caminhos. É aí que o aprendizado incidental ocorre.

Às vezes o processo nasce de uma vontade de fazer algo *diferente*. Pode ser cantar em um coral, fazer uma viagem, escolher outra carreira ou retomar o contato com amigos. Esses chamados, em essência, ocorrem a partir do desejo de mudança na forma como ocupamos nosso tempo.

Em outros momentos, o processo é inverso: uma transformação acontece e precisamos nos adaptar.

Minha paternidade trilhou esse último caminho. Meus filhos nasceram e a certidão de nascimento me tornou, burocraticamente, um pai. Mas como aprender esse ofício? Claramente, não é por meio de um curso.

"A vida ensina." Essa é uma resposta possível. No final das contas, a vida sempre ensina. Mas como influenciar na qualidade do percurso? Por meio de escolhas conscientes, presença, atenção e uma busca contínua por mais saber e mais experiência.

Isso é parte do despertar do aprendizado incidental. Reconhecer a agência humana, a escolha e a criação de ambientes, bem como a crença de que somos capazes de influenciar o acaso.

Se pudesse conversar pessoalmente com cada leitor, eu retomaria aqui um pedaço da citação que inseri no final do capítulo 3, de Lisa Barrett, e faria estas perguntas novamente: "Mas, se você assumir essa responsabilidade, pense nas possibilidades. Como a sua vida poderia ser? Que tipo de pessoa você poderia se tornar?".[17]

C - Conteúdo

→ **A agência humana** representa nossa capacidade de influenciar ativamente nossas vidas – reconhecer esse poder é o ponto de partida para qualquer mudança, pois nos permite criar, selecionar e modificar ambientes que favoreçam nosso desenvolvimento

→ Existem três tipos de **ambientes**: os impostos (dados), os selecionados (escolhidos) e os criados (construídos intencionalmente por nós mesmos), e somos responsáveis por escolher como interagimos com eles

→ **As crenças de autoeficácia** influenciam escolhas, esforços, perseverança e resiliência diante dos desafios

→ O acaso favorece os inquisitivos e aventureiros que cultivam seus interesses e suas competências

E - Experiência

→ **Identifique os três ambientes em sua vida** – quais você apenas aceita, quais escolhe frequentar e quais criou ativamente

→ **Pratique expandir sua autoeficácia** assumindo um pequeno desafio que acredita ser capaz de realizar, mas nunca tentou

→ **Faça um "inventário de acasos"** – liste encontros fortuitos e coincidências que moldaram sua vida e reflita sobre o que os tornou possíveis

→ **Crie ativamente uma condição** para que o acaso favoreça você – frequente um novo ambiente, participe de um evento diferente ou inicie uma conversa com um desconhecido

P+R - Pessoas + Redes

→ **Carol Dweck** – psicóloga que pesquisa como as crenças sobre nossas próprias capacidades influenciam ações e resultados

→ **Friedrich Nietzsche** – filósofo que reflete sobre "como se tornar o que se é"

→ **Grupos de networking interdisciplinar** – comunidades que reúnem pessoas de diferentes áreas, aumentando as chances de encontros fortuitos e cruzamentos inesperados

CAPÍTULO 6

CURIOSIDADE E ABERTURA À EXPERIÊNCIA

uerido pai,

Estou escrevendo esta carta no dia 8 de fevereiro, um dia após a partida de Santiago (Cabo Verde), e pretendo aproveitar a chance de encontrar algum navio voltando para casa em algum lugar próximo ao Equador. A data, no entanto, mostrará isso sempre que a oportunidade surgir. Vou agora começar a partir do dia em que deixei a Inglaterra e dar uma breve descrição do nosso progresso.

Zarpamos, como você sabe, no dia 27 de dezembro e tivemos a sorte de ter, desde então até o momento, uma brisa favorável e moderada. Descobrimos mais tarde que escapamos de uma forte tempestade no Canal, outra na Madeira e outra na costa da África. Mas ao escapar da tempestade, sentimos suas consequências: um mar agitado. Na baía da Biscaia havia uma longa e contínua ondulação, e o sofrimento que passei com o enjoo foi muito, muito além do que eu poderia imaginar. Eu acredito que você esteja curioso com isso. Vou compartilhar toda a minha experiência adquirida a duras penas. Ninguém que tenha estado no mar por apenas vinte e quatro horas tem o direito de dizer que o enjoo é desconfortável. O verdadeiro sofrimento só começa quando você está tão exausto que um pequeno esforço faz surgir uma sensação de desmaio.

[...]

No dia 16, chegamos a Porto da Praia, a capital de Cabo Verde, e lá permanecemos durante vinte e três dias, ou seja, até ontem, dia 7 de fevereiro. [...] Ninguém, a não ser uma pessoa apaixonada por história natural, pode imaginar o prazer de passear sob cacaueiros em um emaranhado de bananeiras e pés de café, e um número infinito de flores selvagens. E esta ilha, que me proporcionou tanto aprendizado e prazer, é considerada o lugar mais desinteressante que talvez toquemos durante nossa viagem. [...] É totalmente inútil tentar descrever a paisagem. Tentar explicar a total discrepância de uma vista tropical para alguém que nunca saiu da Europa seria tão proveitoso quanto explicar cores a um homem cego." [1]

Esse é um trecho de uma carta de um filho para seu pai. O ano era 1831, e o jovem pesquisador inglês, de 22 anos, havia acabado de conhecer os encantos das florestas tropicais. Logo nas primeiras semanas, embriagou-se com a natureza. A primeira parte de uma longa viagem durou algumas semanas e, como ele descreve, não foi fácil. Entretanto, a beleza magnética com que se deparou naqueles lugares desconhecidos e as sensações novas que a experiência lhe proporcionou fizeram com que todo o mal-estar da jornada pela costa da África fosse compensado.

Seu nome era Charles Darwin.

O texto que abre este capítulo descreve o início da jornada do Beagle, embarcação britânica de levantamento hidrográfico. A viagem foi uma parte fundamental da história do pesquisador e serviu de base para a criação da sua teoria da evolução, mas poderia não ter acontecido. O ambiente em que Darwin nasceu e viveu contava com elementos que incentivavam o olhar científico, mas não uma vida de aventura e experiências.

Darwin nasceu em Shrewsbury, uma pequena cidade no interior da Inglaterra. Veio ao mundo em uma família tradicional, rica e populosa – era o quinto de seis filhos. Teve uma infância feliz, embora sua mãe tenha falecido quando ele tinha 8 anos. Criado pelas irmãs mais velhas, repleto de amigos, desde cedo adorava ler e escutar música. Seu pai era um médico bem-sucedido, parte da alta sociedade de sua província, o que proporcionava uma tranquilidade financeira para a família.[2]

Cresceu em um ambiente em que a ciência e o livre-pensamento sempre estiveram presentes. Seu avô, Erasmus Darwin, além de médico e poeta, era inventor. Criou, entre outras inovações, uma carruagem que era estável mesmo em alta velocidade. Autor do livro *Zoonomia*,[3] que teorizava sobre evolução ou, como ele chamava, sobre a transmutação das espécies, Erasmus foi uma importante inspiração para o neto – ainda que não tenham se conhecido.

Robert Darwin, seu pai, acompanhou de perto a formação dos dois filhos homens. Charles foi retirado mais cedo da escola local da cidade e matriculado, com o irmão, na Escola Médica de Edimburgo. Não gostava de Medicina e, talvez por causa disso, criou um percurso de aprendizado paralelo e próprio. Além de ter se conectado muito com a abordagem científica utilizada para interpretar a natureza, expandiu seus interesses em história natural. Estudou geologia e a embriologia de invertebrados. Aprendeu taxidermia com um escravo alforriado.

Darwin, depois de ser exposto a cirurgias reais, abandonou o curso após três anos. Seu pai não gostou da decisão e o matriculou no Christ's College, em Cambridge, outro importante centro de conhecimento mundial. O patriarca passou a ter um novo objetivo para o futuro profissional do seu filho Charles: carreira religiosa, dentro da Igreja Anglicana.

Mais uma vez, Darwin mostrou autonomia para identificar oportunidades de aprendizagem que fizessem sentido para ele. Navegava com dificuldade nos temas obrigatórios – matemática, letras e teologia –, mas tinha tempo para se dedicar a outros de seu interesse, como história natural, botânica e geologia. Entretanto, o estudo não era sua única atividade em Cambridge.

> Eu frequentava um círculo apreciador de esportes, que incluía alguns rapazes simplórios e dispersos. Costumávamos jantar juntos à noite, embora tais refeições incluíssem homens de caráter mais elevado, e às vezes bebíamos também, com direito a cantos alegres e jogo de cartas. Sei que deveria me envergonhar dos dias e noites passados assim, mas como alguns de meus amigos eram muito agradáveis e nos sentíamos todos extremamente bem-humorados, não posso deixar de rememorar esses tempos com muito prazer.[4]

Além disso, conectou-se com pensadores e obras que foram fundamentais para a construção de sua obra principal.

Ao voltar para Shrewsbury, recebeu o convite para a viagem que mudou sua vida. Teve que buscar a aprovação de seu desgostoso pai, pois dependia dele financeiramente. Convenceu-o e partiu para cinco anos de uma experiência pouco provável para um jovem inglês do século XIX. Desenvolveu a habilidade de observar, registrar e catalogar. Ainda durante a viagem, escreveu cartas para amigos cientistas com conceitos que começaram a fazer seu nome no mundo da história natural.

Mais uma vez, aproveitou sua experiência para um aprendizado muito mais amplo. Conviveu com um grupo extremamente diverso no navio, no qual embarcaram 75 homens e meninos. Viveu uma insurreição política em Montevidéu, maravilhou-se com um concerto na Tasmânia, nadou em lagunas de corais nas Ilhas Cocos, presenciou um terremoto em Concepción, no Chile, e observou, estupefato, o céu dos Andes.

Voltou outra pessoa.

A experiência foi tamanha que foram necessários mais de vinte anos para que a teoria fosse finalmente publicada. Uma mistura de obsessão com falta de coragem.

A história de Darwin é fascinante. Não só pelo impacto de suas ideias para o mundo moderno e para a ciência, mas, principalmente, por sua ousadia de abandonar a tal zona de conforto. Ele vivia em uma situação tão cômoda, financeiramente, que não precisava trabalhar. Esse privilégio, inclusive, foi o que garantiu que ele tivesse tempo e recursos para fazer as experiências que o levaram às conclusões de sua teoria. Poderia ainda seguir uma carreira religiosa, aproveitar a herança da família e usufruir uma vida tranquila.

Entretanto, ao ser convidado para a viagem, identificou a oportunidade que a exposição a lugares tão diferentes poderia trazer para a sua pessoa e o seu pensamento. Ele não tinha ideia da importância que Galápagos teria na sua vida, talvez nem conhecesse as ilhas antes da viagem, mas teve a coragem e a agência de fazer a escolha, convencer o pai e viver dos 22 aos 27 anos embebedando-se de experiências e transformando-as em conceitos e hipóteses.

A partir da leitura dos últimos parágrafos do seu diário, pode-se dizer que ele voltou encantado. Não pela viagem em si, mas pelo explorar.

> Em conclusão, parece-me que nada pode ser mais enriquecedor para um jovem naturalista do que uma jornada por países distantes. Ela tanto aguça quanto, em parte, sacia aquele desejo e anseio que [...] um homem experimenta mesmo quando todos os sentidos corporais estão plenamente satisfeitos. A animação provocada pela novidade dos objetos e a possibilidade de sucesso o estimulam a uma atividade aumentada.[5]

Cativa-me, em especial, sua descrição das habilidades de um apaixonado por experiências.

> Mas desfrutei tão profundamente da viagem que não posso deixar de recomendar a todo naturalista – embora ele não deva esperar ser tão afortunado em relação a seus companheiros quanto eu fui – a aproveitar todas as oportunidades e partir em viagens por terra, se possível; senão, em uma longa viagem marítima. [...] Do ponto de vista moral, o efeito deveria ser ensiná-lo a ter paciência bem-humorada, desprendimento, o hábito de agir por conta própria e de tirar o melhor de cada situação.
>
> Em suma, ele deveria partilhar das qualidades características da maioria dos marinheiros.[6]

TRAÇOS PSICOLÓGICOS E MOTIVAÇÃO

Dentre as diversas características de Darwin, duas se destacam para mim: sua *abertura à experiência* e a *curiosidade* com que aproveitou os diversos lugares que visitou. Essas características são especialmente importantes para nossa viagem por aqui. Juntamente com a agência humana, elas incentivam comportamentos essenciais para o aprendizado incidental. Mais do que isso, o interesse genuíno pelo novo torna-se ainda mais crucial em um mundo onde o impensável vira realidade a cada semana.

Os dois termos são semelhantes, em uma primeira leitura. Porém, ao nos aprofundarmos em cada um deles, identificamos diferenças importantes e complexas. Compreender em profundidade e distinguir conceitos psicológicos relacionados à personalidade humana sempre foi um desafio para mim. Por sorte, compartilho essa dificuldade com muitos estudiosos.

O processo de mapear científica e sistematicamente a personalidade humana se iniciou no século XIX, com um cientista chamado Sir Francis Galton, coincidentemente primo de Charles Darwin. Algumas décadas depois, ao redor de 1930, dois psicólogos americanos, Gordon Allport e Henry Odbert, deram continuidade ao trabalho inicial de Galton e avançaram com essa linha de pesquisa chamada de hipótese lexical. Essa abordagem propõe que características de personalidade importantes para uma comunidade são codificadas e passam a fazer parte da linguagem social, evoluindo ao longo do tempo.[7] As palavras surgem no uso diário da população a partir da necessidade de distinguir seus integrantes.

Uma boa (e desafiadora) forma de identificar os traços de personalidade existentes seria catalogar todos os adjetivos que a sociedade utiliza para qualificar seus membros. Onde achar essas palavras? No dicionário.

Gordon e Henry toparam o desafio. Recorreram ao clássico dicionário Webster e identificaram 19.953 adjetivos que pudessem descrever características humanas. Na sequência, fizeram uma categorização que culminou com a identificação de quatro grandes agrupamentos: 1) traços de personalidade, que são mais estáveis nas pessoas; 2) estados de humor, temporários e variáveis de acordo com contextos e momentos de vida; 3) julgamentos sociais; e 4) características físicas.

Ao longo do tempo, a primeira categoria – traços de personalidade – despertou maior interesse da comunidade científica, e o trabalho nesse campo evoluiu. Nos anos 1980, as pesquisas direcionaram-se à identificação de tipos comuns. A validação das descobertas e hipóteses deu-se por meio da construção de escalas específicas. Nesse caminho, diversos pesquisadores[8] chegaram, de maneira independente, a um grupo de cinco traços de personalidade comuns que passaram a ser conhecidos como os *Big Five*. São eles:

1. **Abertura à experiência** (*openness*): curiosidade intelectual, interesse por novas ideias e experiências;

2. **Conscienciosidade** (*conscientiousness*): autodisciplina, responsabilidade e organização;

3. **Extroversão** (*extraversion*): sociabilidade, assertividade e tendência a buscar interações sociais;

4. **Amabilidade** (*agreeableness*): gentileza, empatia, cooperação e preocupação com o bem-estar dos outros;

5. **Neuroticismo** (*neuroticism*): ansiedade, instabilidade emocional e propensão ao estresse.

Para o aprendizado incidental, a *abertura à experiência* – ou apenas abertura – é o traço mais relevante. Como você pode ver, a curiosidade é parte de sua definição, ou seja, quem apresenta alta *abertura* é naturalmente mais curioso.

Em essência, o que isso quer dizer? Como interpretar a diferença e a a hierarquia entre ter abertura e ser uma pessoa curiosa?

Traços psicológicos são, em princípio, mais definitivos. Durante muito tempo, não se sabia exatamente como eles se desenvolvem. Ainda há certo consenso de que, após os 30 anos, existe menor probabilidade de grandes alterações. Contudo, isso não quer dizer que somos reféns dos nossos traços. Devemos ter consciência deles e experimentar atitudes que nos sejam menos naturais para que nossos comportamentos não ocorram de maneira automática, não intencional. É precisamente nessa busca intencional por mudança no próprio jeito de agir que a agência humana é requerida.

Mas, ao contrário do que se possa pensar, os atributos de personalidade não ocorrem de modo categórico – como se uma pessoa pudesse ser *apenas* aberta ao novo ou *apenas* fechada a ele, por exemplo –, mas em uma escala contínua. Estatisticamente, cada traço de personalidade apresenta uma distribuição normal na população (aquele clássico formato de sino, ou curva de Gauss). Isso significa que algumas pessoas apresentam determinado traço em um grau muito baixo, outras em um grau muito elevado, enquanto a maioria está em um nível intermediário. Além disso, esses traços podem variar conforme o contexto: ambientes e momentos específicos da vida influenciam a maneira como os externalizamos.

A **curiosidade**, por outro lado, é um **estado motivacional**. Ela pode ser definida como o desejo de explorar o novo, o incerto, o complexo e o ambíguo.[9] É natural, portanto, imaginar que pessoas com maior *abertura à experiência* sejam mais propensas a buscar novidades com maior frequência. No entanto, a curiosidade não é exclusividade desse grupo.

Esse é o motivo pelo qual acho relevante compreendermos um pouco de cada conceito. Com eles, ampliamos nossa exposição ao diverso e ao novo e, como consequência, multiplicamos as chances de encontros fortuitos com pessoas, ideias e experiências.

ABERTURA À EXPERIÊNCIA: O PONTO DE PARTIDA

A *abertura à experiência* se caracteriza pela disposição – muitas vezes acompanhada de entusiasmo – para explorar uma ampla variedade de ideias, sentimentos e atividades, demonstrando curiosidade intelectual, imaginação e receptividade a novas experiências e perspectivas. Pessoas que têm esse traço marcante são *early adopters*,* aquelas que adoram identificar e incluir novos comportamentos, tecnologias ou ideias em sua vida. Elas apresentam também um interesse intelectual diverso.

É interessante notar que o tipo de experiência para a qual estamos abertos também é diferente para cada pessoa. Alguns podem gostar

---

* *Early adopters* é um termo utilizado para se referir às pessoas que são as primeiras a experimentar novos produtos, tecnologias e comportamentos.

mais de arte e outros, mais de aventuras ao ar livre. Nos instrumentos que buscam fazer a mensuração de nossos atributos pessoais, como o NEO-Pi-R, a abertura às experiências é avaliada em seis subcategorias.

O primeiro tipo de abertura relaciona-se à **fantasia**. Está associado àquelas pessoas imaginativas que adoram criar histórias e mergulhar em seus pensamentos. Existem os que têm abertura à **estética**, que demonstram interesse especial por arte e beleza. Normalmente, esses indivíduos são mais conectados a outras formas de arte, como música e literatura. Há também os que demonstram abertura aos **sentimentos**. Como o próprio nome sugere, são pessoas que valorizam e se dedicam a experiências emocionais. A abertura às **ações**, o quarto tipo, está mais relacionado ao perfil clássico que imaginamos nessa categoria. Quem a possui gosta de mudanças na rotina, de conhecer novos lugares, e mostra disposição para buscar o novo e o diferente. O penúltimo tipo tem abertura para **ideias**. Apresentam curiosidade intelectual e interesse por novos conceitos. Finalmente, existem as pessoas que são abertas a **valores**. São os questionadores, com interesse em examinar e discutir questões sociais, políticas ou religiosas.

Ao ler as descrições, é provável (e esperado) que você tenha se identificado com alguma delas e achado outras estranhas. As pessoas demonstram níveis de abertura diferentes em cada uma dessas categorias. Portanto, não se pode dizer que alguém é ou não é aberto a experiências apenas por ter um pouco mais de ousadia e interesse em novidades.

A abertura à experiência é um traço amplo que, de alguma forma, está presente na maioria de nós. Existem evidências fortes de que ela tenha um caráter hereditário.[10] Ao mesmo tempo, sabemos que os estímulos do processo de formação têm pouco impacto no desenvolvimento desse traço. Gêmeos que viveram na mesma família em ambientes semelhantes apresentam níveis diferentes dessa característica.

De maneira geral, o comportamento varia na infância e na adolescência e, normalmente, mantém-se estável após os 30 anos. As pesquisas[11] realizadas para compreender exatamente como acontecem as alterações e o desenvolvimento ao longo da vida não apresentam resultados conclusivos ou consensuais. Algumas relatam um aumento da qualidade da seleção de novidade por parte de adultos com mais de 50 anos. Outras relatam declínio da abertura à experiência ao longo da idade.

Enquanto as discussões acadêmicas ocorrem e novas pesquisas são feitas, vivemos uma mudança de paradigma na lógica do envelhecimento. Há poucas décadas, as alterações ao longo da vida apresentavam um menor grau de novidade ou desafios para adultos. Eram deles as referências de comportamento e os valores aceitos na sociedade, em um processo de replicação contínuo. Os novos tempos inverteram esse processo. Hoje, os mais idosos devem se adaptar às mudanças da sociedade e recebem uma carga de estímulos muito maior.

Os pesquisadores ainda não identificaram caminhos claros para o aumento desse traço de personalidade, mas existem algumas possibilidades.

Uma abordagem que tem se mostrado promissora, pesquisada desde o início da década passada, está associada ao uso de psicodélicos, em especial a psilocibina. Um estudo do National Institutes of Health (NIH)* realizado em 2011 com 52 pessoas identificou o aumento da *abertura à experiência* após a ingestão, em ambientes controlados, de cogumelos que contêm o princípio ativo.[12] As mudanças nos comportamentos relacionados a esse traço psicológico ocorreram logo após o uso e mostraram-se presentes mesmo um ano após a experiência.

Mas o que acontece se a *abertura à experiência* for pouco presente na minha personalidade (e eu não quiser experimentar cogumelos mágicos)?

Existem outras intervenções que promovem estímulos cognitivos. Uma pesquisa realizada com adultos de 60 a 90 anos demonstrou incremento da *abertura* após trinta semanas participando de um treinamento cognitivo envolvendo sudoku e palavras cruzadas, por exemplo.[13]

Outros caminhos pesquisados incluem assuntos que abordaremos aqui, como a busca por atividades culturais e até mesmo exercícios físicos.[14]

O ponto comum para a expansão da abertura está relacionado à importância do explorar na vida das pessoas. Embora não haja uma categorização nas pesquisas do tipo de exploração necessária, o caminho para

---

* Órgão responsável pelo desenvolvimento de pesquisas médicas nos Estados Unidos.

o desenvolvimento está claramente conectado com o que denominamos *exploração aberta*, no capítulo 3. Há uma percepção de que a exposição a situações novas que convidem as pessoas a irem além do limite das experiências anteriores aumenta a *abertura à experiência*. Se a atividade for cognitivamente estimulante, melhor ainda. Um exemplo disso é que um novo trabalho ou o término de um relacionamento geram aumento da abertura à experiência. São situações que naturalmente demandam exploração e adaptação à novidade.

Em contrapartida, o início da formação de uma família, com casamento e filhos, tende a reduzir a exploração aberta. Pesquisas apontam que esse período da vida pode diminuir a *abertura à experiência* dos adultos envolvidos, uma vez que a atenção e a energia estão direcionadas ao núcleo familiar.[15] Sinto isso na minha história. Sem um esforço consciente de busca pelo novo, os papéis de pai/mãe e parceiro/parceira podem nos convidar a trilhar uma vida mais monótona, influenciada pela expectativa de comportamento estabelecida na sociedade. Resistir – achando espaço para experiências – é possível, importante e agradável.

Embora traços de personalidade exerçam uma grande influência no seu comportamento e tenham uma tendência à estabilidade ao longo da vida, eles não definem quem você é. Imagine, por exemplo, que você seja uma pessoa muito introvertida. Esse fato não é uma sentença de isolamento social. A consciência dessas características pode se transformar em uma alavanca para buscar, fora da zona de conforto, comportamentos que nos levem a nos tornarmos quem queremos ser.

Bill Gates, reconhecido pela sua introspecção, é um bom exemplo. "Eu acho que introvertidos podem se sair muito bem", ele disse certa vez.

> Se você for esperto, pode aprender a obter os benefícios de ser introvertido, que podem ser, digamos, estar disposto a se isolar por alguns dias e pensar sobre um problema difícil, ler tudo o que puder e se forçar muito a pensar fora da caixa. Então, se você conseguir pensar em algo, se quiser contratar pessoas, deixá-las empolgadas e construir uma empresa em torno daquela ideia, é melhor aprender o que os extrovertidos fazem [...].[16]

O mesmo vale para a *abertura à experiência.*

Pode ser que a busca empolgada pelo novo não seja algo natural na sua personalidade. Você adora sua rotina e a sensação de conforto que tem ao frequentar restaurantes que já conhece, viajar para os mesmos lugares e falar com pessoas familiares. Tal sentimento não define seu comportamento o tempo todo. Provocar-se e questionar-se é o caminho para retomar o processo de exploração aberta e ampliar sua exposição ao acaso e ao aprendizado incidental. Acredite: em um mundo em transformação acelerada, desenvolver a abertura à experiência se tornará indispensável - não só para acompanhar as mudanças, mas para protagonizá-las.

Desenvolver um estado de maior curiosidade promove o aumento das explorações abertas e pode ser a estratégia mais natural para se tornar uma pessoa que buscará experiências. Para isso, temos uma segunda tarefa: entender o que quer dizer ser curioso e por que essa habilidade se tornou tão importante nos últimos anos.

CURIOSIDADE: A MOTIVAÇÃO PELO NOVO

De acordo com o Fórum Econômico Mundial, a curiosidade é a principal alavanca para o desenvolvimento contínuo. Em seu famoso relatório *Future of Jobs*,[17] uma pessoa curiosa é descrita como aquela que naturalmente busca informações e experiências para crescimento constante. Na lista de habilidades mais relevantes para a adaptação aos trabalhos do futuro, aprendizado ao longo da vida e curiosidade aparecem em quinto lugar.

Faço a seguinte leitura dessa escolha: muitos estudiosos do futuro do trabalho reconhecem a impossibilidade de se prever, com exatidão, quais serão as habilidades realmente necessárias nos próximos anos e décadas. A partir dessa premissa, a capacidade de aprender e um interesse autêntico pelo novo parecem representar o caminho ideal para permitir a adaptação ao desconhecido.

A definição clássica de curiosidade relaciona-se à busca por assuntos e experiências em diversos campos. Sua motivação ocorre de maneira intrínseca, alimentada pelo prazer que o processo de buscar e descobrir proporciona.

Tradicionalmente, a academia mensurava o nível de curiosidade de uma pessoa por meio de escalas contínuas. Acredito que, após a leitura sobre abertura à experiência, você já deve imaginar que a análise não é tão simples assim.

Um dos pesquisadores que propuseram uma visão mais abrangente do tema foi Todd Kashdan, especialista no assunto desde que concluiu seu doutorado na George Mason University. Sua pesquisa relacionou-se à criação de um instrumento para avaliar a curiosidade a partir de uma perspectiva mais ampla. (Acho que já está claro: psicólogos adoram um instrumento de mensuração.)

Todd faz diversos questionamentos sobre as abordagens em voga. De início, se contrapôs à percepção comum de que a curiosidade está sempre relacionada a um sentimento positivo, a uma deliciosa e prazerosa busca por novidades. Para o cientista, ela pode trazer também emoções angustiantes, ao promover uma busca ansiosa que ocorre como resposta à frustração de não saber.

Seu trabalho mais reconhecido foi identificar, a partir das diversas escalas existentes, quais são as dimensões da curiosidade. Após realizar uma pesquisa[18] com milhares de pessoas, ele chegou a estes cinco elementos:

Exploração prazerosa (*joyous exploration*): é a dimensão mais próxima da descrição clássica de curiosidade. Refere-se ao prazer pela descoberta de novas experiências e informações. As pessoas com essa dimensão elevada são naturalmente abertas à experiência e à busca por aprendizado e oportunidades de crescimento. Mais do que isso, elas vinculam qualidade de vida ao próprio progresso pessoal.

Sensibilidade à privação (*deprivation sensitivity*): diz respeito ao impulso de resolver lacunas de conhecimento ou reduzir a frustração de não saber algo. Quem apresenta um *score* alto nesta dimensão passa horas, de maneira obstinada, tentando resolver um problema. Para esse grupo, os momentos bons estão mais relacionados ao desenvolvimento do próprio potencial do que à busca de experiências. Enquanto a *exploração prazerosa* é motivada pela vontade de consumir experiências, a *sensibilidade à privação* é um movimento de fuga da ansiedade.

Tolerância ao estresse (*stress tolerance*): refere-se à nossa capacidade de lidar com o desconforto inerente ao confronto com o novo. Sabe aquela ansiedade de conhecer alguém novo ou ir para um lugar pela primeira vez? Quem apresenta essa dimensão elevada lida muito bem com essa sensação.

Curiosidade social (*social curiosity*): vincula-se ao comportamento de pessoas interessadas no que os outros pensam e fazem. Sim, essa categoria está um pouco relacionada à fofoca, mas destaca-se principalmente pelo desejo legítimo de saber o que os outros estão pensando ou fazendo, de maneira explícita ou indireta.

Busca por emoções (*thrill seeking*): está relacionada à tendência de buscar experiências novas, emocionantes, intensas ou arriscadas. São pessoas que gostam de receber atenção social e veem a busca do prazer como um elemento importante de uma vida bem vivida. Essa dimensão traz riscos relacionados ao abuso de drogas, apostas ou sexo.

Um aspecto importante do trabalho de Kashdan é o entendimento de que todos temos um pouco de cada dimensão. Elas não são tipos de curiosidade, mas elementos do seu comportamento que refletem como você lida (ou não) com a busca do novo. Dentre as diversas abordagens existentes, essa me agrada pelo vínculo direto com as práticas da aprendizagem incidental e pelo fato de que navegamos pelas dimensões de acordo com contextos, formados por elementos como companhias, estágio da vida e motivação.

A partir da compreensão das dimensões, é possível traçar caminhos para o desenvolvimento de cada uma delas e, com isso, aumentar a sua motivação para estimular a curiosidade em seu dia a dia. Alguns de nós teremos mais facilidade do que outros para isso, com a abertura à experiência como traço de personalidade. Entretanto, todos podemos (e precisamos) buscar ativamente uma postura mais inquisitiva e curiosa.

MINHA JORNADA COM A CURIOSIDADE

A curiosidade sempre foi um aspecto marcante da minha alma de aprendiz. Sou daquelas pessoas que fazem cursos focados em diversos temas, desde revelação de fotografia em preto e branco, passando por palhaçaria e impressão 3D, até diversos tipos de culinária. Sou estimulado pela novidade e pela chance de descobrir algo escondido em pessoas, textos e lugares.

Recentemente, descobri que essa minha fome pelo novo não ocorre por acaso. Durante a escrita do livro, fiz alguns dos testes de domínio público que analisam os *Big Five*,[19] e em todos o traço mais marcante da minha personalidade foi a *abertura à experiência*. Em alguns deles, o resultado foi 100/100.

Ainda assim, sou muito conservador em diversos aspectos. Fiquei décadas indo ao mesmo barbeiro e odeio trocar o lado da cama. Entretanto, é claro que a minha curiosidade não alimenta só meu aprendizado ao longo da vida. Ela está por trás de outras características. Algumas boas – como criatividade – e outras questionáveis – como um excesso de entusiasmo que às vezes me leva à frustração e à dificuldade de manter o foco.

Posso dizer que parte do conteúdo e das histórias deste livro veio dessa característica. Eu vivi, na pesquisa para esta obra, a máxima que proponho como base do aprendizado incidental: o acaso favorece os aventureiros. No contexto da escrita, fui aventureiro do conhecimento. Tive um período de preparação para o livro, no qual fui anotando fontes, ideias e insights que apareciam na minha vida. Quando comecei a escrever, tinha quase duzentas referências para me inspirar.

Um exemplo está no capítulo 12. Nele, falaremos sobre um conceito incrível, o de *infraordinário*. Eu me deparei com essa ideia, proposta por um escritor francês genial chamado Georges Perec, em um daqueles escritos em letras pequenas que ficam ao lado de uma obra nos museus. A exposição, no caso, era da fotógrafa Vivian Maier, outra presença aqui no livro.

O percurso – desde o primeiro contato com o conceito até a decisão de incluí-lo aqui – mostra outra importante característica da curiosidade: uma obstinação quase incontrolável. Para mim, ela é semelhante à necessidade de satisfazer uma coceira. É difícil controlar a mente em um estado de curiosidade.

No caso de Perec, foi assim: eu tive o interesse de me aproximar e ler o texto. Adorei já na hora e tirei uma foto. Uns dias depois, fui para a internet, pesquisei sobre o autor, achei o artigo original, li, busquei outros livros... Eu me envolvi no processo de uma forma que naturalmente incentivou meu aprendizado e aumentou minha motivação, outra característica recém-descoberta sobre a curiosidade. Pesquisadores espanhóis, em colaboração com equipes da Austrália e da Finlândia, fizeram um trabalho[20] importante propondo a busca por novidade ("*need for novelty*"*) como um dos elementos fundamentais da motivação humana, ao lado dos clássicos autonomia, competência e pertencimento. No ambiente corporativo, a rejeição – ou a minimização – da novidade costuma refletir a dificuldade em lidar com a ambiguidade e a insegurança – dois elementos cada vez mais presentes no cenário atual.

Narrei parte de minha experiência na escrita deste livro para deixar claro o quanto a curiosidade potencializa o aprendizado incidental. Como falamos neste capítulo, podemos influenciar intencionalmente o nível de curiosidade com que encaramos nossa vida. A dúvida é como fazer isso.

Na posição de um facilitador de aprendizagem, meu olhar está sempre direcionado a propor caminhos para o desenvolvimento humano. Eu já escrevi um capítulo sobre curiosidade em outra obra. Ao fazer novas pesquisas para este livro, enfrentei a mesma dificuldade que tive no primeiro. As dicas para aumentar a curiosidade são muito simplistas: "faça mais perguntas", "mude sua rotina" ou "treine seu olhar para o diferente". De fato, acho que essas sugestões funcionam mais nos textos do que na vida real.

Tenho a percepção, entretanto, de que é possível estimular o comportamento curioso. Como falamos no início do capítulo, o traço *abertura*

---

* O conceito dialoga diretamente com a abertura à experiência e a curiosidade, mas foca especificamente a necessidade humana de vivenciar experiências inéditas ou que desviam da rotina diária.

à experiência determina seu ponto de partida, mas não define seu ponto de chegada.

Compreender e expandir os comportamentos propostos por Todd Kashdan pode ser uma boa alternativa.

→ Expanda sua **exploração prazerosa** acreditando na chance de se apaixonar por uma atividade que você ainda não conhece. Deixe aberta a possibilidade de o inusitado ser bom e, principalmente, não transforme cada desconforto vivido em um argumento para ficar em casa na próxima vez. O julgamento mata a curiosidade.

→ Identifique em qual área de sua vida está presente a **sensibilidade à privação**, aquela necessidade urgente (e muitas vezes ignorada) de entender com mais clareza ou profundidade algum assunto. Em outras palavras, incomode-se com sua ignorância em assuntos que são importantes para você.

→ Aumente sua **tolerância ao estresse**, identificando a origem do incômodo com situações novas e dando pequenos passos fora da zona de conforto. Não há pressa nesse caminho, mas há intencionalidade.

→ Converse com estranhos e aumente sua **curiosidade social**. Vou a muitos eventos, todos os anos, e sempre tenho preguiça de dar aquele "oi" para um desconhecido no *coffee break* ou em uma dinâmica proposta pelo facilitador. Eu luto contra essa minha tendência e já conheci pessoas interessantes até lavando as mãos no banheiro.

→ Finalmente, faça tudo isso com a intenção de expandir sua **busca por emoções**. É muito difícil incluir a curiosidade na sua vida e aumentar sua *abertura à experiência* se você não identificar prazer nesse processo.

Para apoiar seu desenvolvimento, trago mais duas sugestões simples. A primeira é: escute-se e observe-se.

No capítulo 11, abordaremos caminhos para a autopercepção de maneira específica, mas vou adiantar um pouco aqui. À medida que envelhecemos, a tendência natural é nos contentarmos com a *exploração fechada*. Com isso, reduziremos nosso nível de *abertura à experiência* e viveremos uma vida mais previsível. Pare um pouco e analise o que você fez de atividades e experiências diferentes nos últimos seis meses. Que pessoas, lugares, comidas, tecnologias ou conversas foram estranhamente diversas e interessantes? Se o número for baixo, vale a pena pensar em uma abordagem mais intencional para colocar o novo na sua vida.

E não vai ser fácil, no primeiro momento. A sedução de ficar em casa e não correr riscos é grande. O objetivo da curiosidade é tornar a busca do novo um processo natural, trazendo experiências positivas e boas lembranças. Com isso, você terá argumentos para dialogar com a sua voz interior que fica dizendo algo como: "Jura? Cinema em uma quarta-feira? Depois vamos a um restaurante que você não conhece? Você já ouviu falar de iFood e Netflix?". Reabastecido com memórias, prazeres e aprendizados surgidos de experiências diversas, você consegue retrucar (para si mesmo): "Mas daquela vez foi tão bom...".

Acho importante deixar claro que não estou propondo aqui forçar uma agenda cheia, mesmo quando estamos cansados ou morrendo de vontade de ficar quietos em casa. Culpa e pressão extra geram estresse e angústia. Entretanto, tenho a impressão de que podemos intercalar os momentos de mais "aventura" com os momentos de ócio e repouso, especialmente quando percebemos que a escolha de ficar em casa está relacionada a uma inércia comportamental.

Outro ponto relevante diz respeito à definição do que é diferente ou não, do que é aventura ou não. A referência deve ser pessoal. Em um mundo tão centrado na opinião (e nos *likes*) de terceiros, podemos diminuir o valor de viver uma experiência que é nova para nós, mas óbvia para muitos. O que importa aqui não é o que vai postar ou contar para seus amigos, mas as sensações e os insights que viver algo novo provoca em você.

Meu convite é apostar um pouco mais nas oportunidades do acaso. De tempos em tempos, eu e a Dani, minha esposa, fazemos uma competição de atividades sociais e culturais. Quem marcar algo diferente primeiro no mês ganha pontos. É um jeito bobo – os pontos não valem nada – mas funcional de nos forçarmos a fazer coisas diferentes, mesmo na loucura do dia a dia. Sem esse estímulo, é muito fácil passarmos meses em uma vida tomada pela mesmice. As roubadas aparecem? Claro, mas garanto que em uma proporção muito menor do que as boas surpresas. E você? Como anda sua rotina de estímulo à curiosidade? Você tem acompanhado as inovações da sua área? Tem se conectado com desafios e pessoas de outras áreas da sua empresa? Está atento às mudanças que acontecem no mundo? Criar rituais que exponham você ao novo é essencial para o aprendizado contínuo.

A segunda dica é: leia o resto do livro.

CEP+R: Curiosidade e abertura à experiência

C - Conteúdo

→ **Abertura à experiência** é um traço de personalidade que inclui várias dimensões: fantasia, estética, sentimentos, ações, ideias e valores

→ **A curiosidade** é um estado motivacional que pode ser desenvolvido mesmo por quem tem menor abertura à experiência

→ Existem **cinco dimensões da curiosidade**: exploração prazerosa, sensibilidade à privação, tolerância ao estresse, curiosidade social e busca por emoções

→ Embora um traço de personalidade tenha um componente genético, ele pode ser desenvolvido por meio de experiências e escolhas deliberadas e é fundamental para o lifewide learning

E - Experiência

→ **Faça o teste dos Big Five** para identificar seu nível de abertura à experiência (você pode usar testes gratuitos on-line)

→ Durante uma semana, anote **situações que despertaram ou bloquearam sua curiosidade.** Ao final, identifique padrões: o que o abre? O que o fecha?

→ **Amplie sua exploração prazerosa** experimentando algo novo em uma área que você normalmente evita (arte, tecnologia, culinária etc.)

→ **Desenvolva sua curiosidade social** iniciando uma conversa com um desconhecido em um ambiente seguro (pode ser em outra área de sua empresa ou em eventos ou cursos)

P+R - Pessoas + Redes

→ **Charles Darwin** – exemplo de como a curiosidade e abertura à experiência podem transformar radicalmente a vida de alguém

→ **Todd Kashdan** – pesquisador das dimensões da curiosidade e como desenvolvê-las

→ **Grupos de pessoas com interesses compartilhados** dentro de sua empresa – uma ótima forma de integrar e remover silos corporativos é utilizar a curiosidade comum como elemento de conexão

Explorar

Nesta etapa, **Explorar**, aprofundamos o aprendizado incidental por meio de três caminhos complementares. A conexão com o presente nos permite captar aprendizados sutis ao prestar atenção ao cotidiano. A busca por novos espaços físicos, seja em viagens ou pequenas explorações, amplia nossos referenciais e desafia percepções. Por fim, a arte atua como catalisadora de insights, estimulando a sensibilidade e novas formas de ver o mundo.

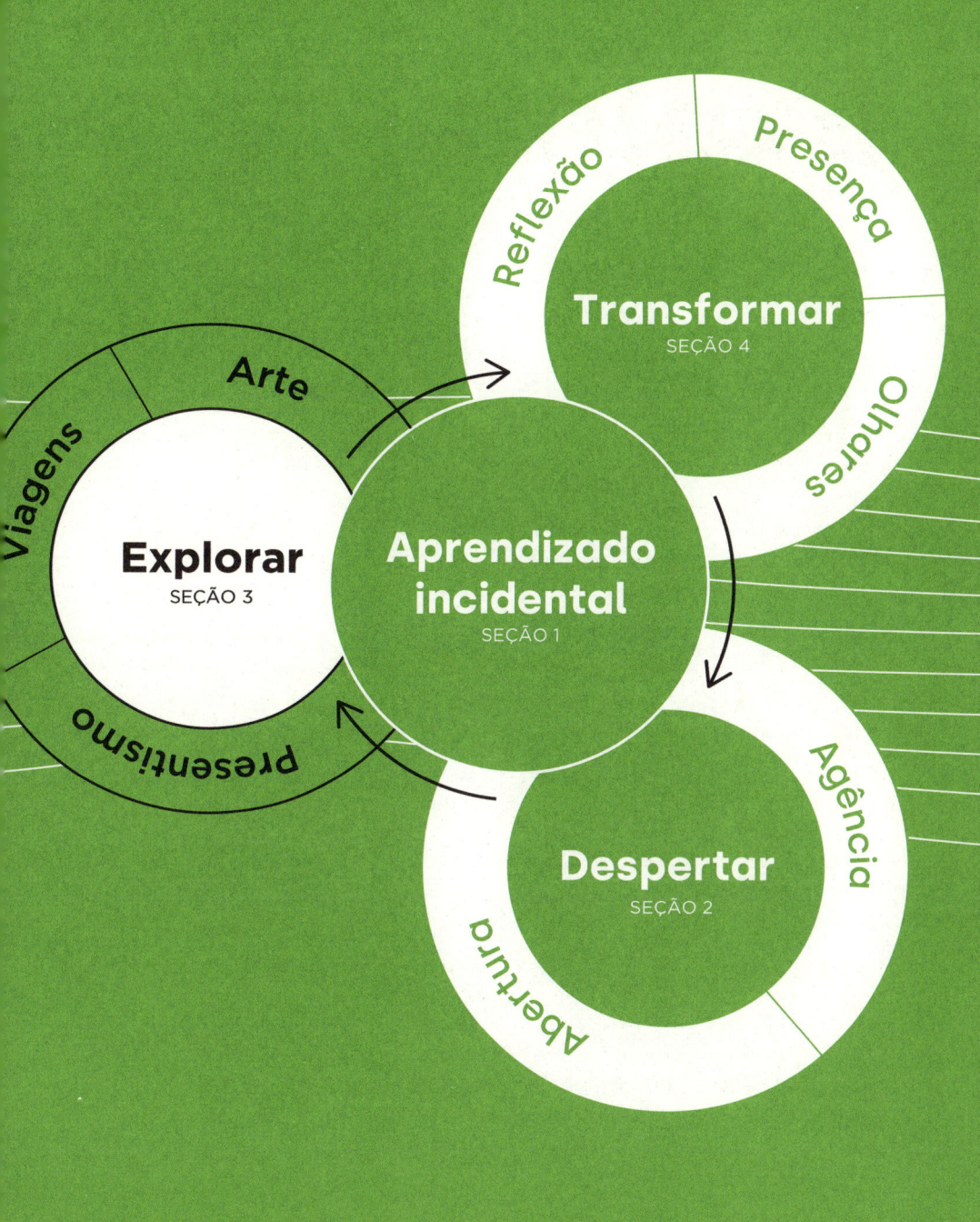

Aprendizado
incidental
SEÇÃO 1

Transformar
SEÇÃO 4

Reflexão

Presença

Olhares

Explorar
SEÇÃO 3

Arte

Viagens

Presentismo

Despertar
SEÇÃO 2

Agência

Abertura

CAPÍTULO 7

EXPERIÊNCIAS DE VERDADE

"Esta não é uma palestra sobre inteligência artificial generativa.

É uma coleção de histórias sobre como ela me conectou com um barman de Londres, um clube de motoqueiros da Polônia, um DJ ativista ambiental da Áustria, um produtor de cannabis da Espanha, criadores de NFTs globais e a linha de frente do exército ucraniano."

Esse texto está escrito no primeiro slide de uma apresentação do Davi Rodrigues, meu sócio na nõvi. O tema da palestra é imaginação radical. Ele é uma das pessoas mais criativas que conheço. Publicitário e designer gráfico, atuou em eventos corporativos e, como eu, é um ativista do aprendizado autodirigido, o que fez com que nos conhecêssemos.

O Davi é uma pessoa que precisa criar para viver melhor. É muito comum, nas nossas reuniões semanais, que ocorrem às segundas-feiras no primeiro horário, ele apresentar um jogo completo – outro dos talentos dele. Ele cria nomes, personagens, identidade visual, tabuleiro, regras, peças, design da caixa, adesivos para divulgação... Normalmente, começa a apresentar as criações com um "Não conseguia dormir e resolvi fazer uma parada. Dá uma olhada!".

Seu processo criativo foi turbinado pela inteligência artificial generativa. Começou estudando aplicativos de criação de imagens, como o Midjourney e o Dall-E. Nas primeiras versões dessas ferramentas, ele já estava mergulhado nas redes sociais Discord e Reddit para entender como fazer melhores *prompts.* Com as IAs geradoras de textos, como ChatGPT e Claude, ele passou a ter uma parceria para discutir conceitos, lapidar regras e criar histórias.

Nem sei se os jogos são bons ou não, porque eles nunca são produzidos. Quase nunca, na verdade. O Davi tem algumas criações patrocinadas por financiamento coletivo ou por investimento próprio, como um baralho chamado Startupper, para modelagem de negócios, e o Cidade Dorme, sua versão do clássico Werewolf. Na verdade, é a segunda releitura que ele fez do jogo. A primeira, mais simples, compôs seu TCC, em 2014. A última, lançada dez anos depois, é ultracriativa. Com uma identidade visual incrível, o jogo tem dezessete personagens, catorze a mais do que o original. Além disso, é acompanhado de um livro que tem um conto escrito para cada um dos jogadores.

Muitas pessoas dirão que todo esse processo criativo sem realização é um desperdício, especialmente se acessarem uma das dezenas de arquivos com o conteúdo completo de jogos prontos para serem produzidos. Eu mesmo demorei para compreender o porquê das escolhas do Davi. Entretanto, a proximidade e a convivência deixaram bem claros os motivos. Ele não usa sua curiosidade e sua capacidade de criar com o objetivo de buscar um novo negócio ou ganhar seguidores. Uma parte importante da motivação está em saciar sua energia criativa. Outra, em simplesmente aprender.

Adoro o slide do início da palestra dele, porque descreve uma parte incrível de sua trajetória de aprendizado de IA generativa. Quando dominou o Midjourney, as imagens criadas por ele ficaram incríveis. Se precisasse, Davi ainda teria conhecimento técnico de designer para dar uma ajustada manual em outras ferramentas.

Em agosto de 2022, ele teve a ideia de produzir pequenos clipes de alguns segundos com quatro ou cinco imagens do mesmo estilo, com trilhas e efeitos. Utilizou o CapCut, um aplicativo de uso bem intuitivo, para facilitar a edição dos vídeos. O resultado era simples e chamativo. Criou um perfil no TikTok – realityshaper ("criador de realidade", em português) – e começou a postar os vídeos, de maneira muito despretensiosa. O objetivo, como sempre, era aprender e se divertir no processo.

Para a surpresa dele, o número de seguidores do perfil começou a crescer. Depois de algumas semanas, teve outra ideia: criar os vídeos a partir das sugestões do público. As imagens podiam trazer um personagem ou até uma representação de um usuário real. "Cara, em uns quinze minutos eu crio no Midjourney, edito, escolho a música, jogo no CapCut e posto." Ouvindo dele, parecia uma coisa simples. Não era. O olhar do designer e o conhecimento de como utilizar a IA generativa com imagens eram muito acima da média.

Os seguidores e o número de acessos continuaram a crescer. Um vídeo em especial, de um velhinho em estilo *steampunk* (que eu ainda não entendi muito bem o que é), teve 3,7 milhões de visualizações. Com uma exposição tão grande, muitas pessoas já estariam traçando planos para ficar milionárias. De novo, essa não era a intenção do Davi. Ele queria entender e experimentar esse novo ambiente. A jornada e os acasos que surgiram ao longo dela eram muito mais importantes do que o resultado.

O texto do slide é um resumo das experiências inesperadas (e incidentais) que ele viveu durante os meses em que se dedicou ao perfil. Em determinado momento, o número de pedidos era tão grande que ele decidiu abrir um perfil no Fiverr, plataforma que oferece serviços de freelancers, para atender à demanda das pessoas dispostas a pagar para ter uma criação dele. Quando o Davi me contou, achei que tinha deixado seu lado empreendedor participar da jornada. Eu estava errado. Ele cobrava míseros dez ou quinze dólares por cada vídeo. Na verdade, queria ter mais uma experiência: entender como funcionava um marketplace de serviços criativos, mais uma tendência do novo mundo do trabalho.

Foi aí que ele viveu as diversas histórias descritas no início do capítulo. Uma, em especial, é muito impactante para mim. Um dia, ao checar sua caixa de entrada, se deparou com um pedido em um idioma estranho. Com o tradutor, identificou que era alfabeto cirílico. A mensagem era de um perfil que se apresentava como DizhaLife, soldado da linha de frente da guerra da Ucrânia, pedindo um vídeo. Sensibilizado, trocou algumas mensagens para compreender a demanda e mandou o arquivo como sempre fazia. O resultado tocou DizhaLife, que pediu mais cinco imagens para colegas de seu pelotão e mandou esta mensagem:

Меня очень тронула Ваше искуство. Мы сейчас ждем ядерного удара. И если так произойдет. Я хочу чтобы наши оьбразы остались в неросети навсегда. Спасибо

Traduzida para o português, a mensagem dizia: "Fiquei muito emocionado com sua arte. Estamos agora à espera de um ataque nuclear. E, se isso acontecer, quero que nossas imagens permaneçam na internet para sempre. Obrigado".

Depois dessa mensagem, Davi não conseguiu mais contato com o soldado ucraniano.

O realityshaper ainda existe, com alguns posts bissextos. As histórias todas ocorreram ao longo de menos de um ano. Inteligência artificial generativa continua sendo um objeto de estudo importante para o Davi, mas agora, a partir do que aprendeu, está focado em aplicá-la às práticas de consultoria em aprendizagem corporativa.

Adoro essa jornada porque ela mostra o poder do aprendizado incidental do início ao fim. A experiência do meu sócio traz dois aspectos que representam muito bem o que é a exploração aberta, comportamento fundamental para ser um lifewide learner.

O primeiro se refere à maneira como o Davi buscou aprendizado: pelo **mergulho em novos nichos** – TikTok, designers da IA generativa, profissionais do Fiverr, entre tantos outros. O caminho escolhido foi experimentar, de dentro, os diversos mundos que estavam surgindo naquele momento. Os resultados do processo, por mais financeiramente promissores que fossem, eram menos importantes do que as experiências vividas. Ele decidiu vender suas criações apenas para estabelecer um compromisso ainda maior com sua jornada. Com isso, gerou mais um estímulo para se dedicar às novas ferramentas e aprender a utilizá-las. Como alguém que conhece o Davi de perto, posso garantir que os dólares obtidos no processo não fizeram muita diferença na sua vida. Já as histórias vividas...

Outro ponto que merece destaque foi seu **olhar para o processo**. A curiosidade e a agência estiveram presentes o tempo todo, garantindo que o número de seguidores não fosse mais relevante do que sua busca por pessoas interessantes e projetos desafiadores. A curiosidade dominou o processo e os convites do acaso foram aceitos. O Davi jamais poderia planejar uma trilha de aprendizagem de maneira precisa e colocar a lista de histórias vividas como objetivos, no início do projeto. Ele tinha um interesse genuíno pela jornada. Seu objetivo de aprendizado era amplo e adaptável a cada nova descoberta.

Em resumo, ele explorou ambientes desconhecidos com novos olhares e uma presença verdadeira.

É sobre isso que falaremos nos próximos capítulos. Nesta seção, nos concentraremos na importância da busca por experiências em **novos nichos e ambientes**. Na sequência, discutiremos a relevância da conexão com o mundo como ele é hoje, o que é chamado de zeitgeist, ou o espírito do tempo. Em seguida, apresentarei outros meios de provocar o aprendizado incidental, com destaque para as viagens – em um sentido expandido – e para a arte.

A divisão que proponho aqui tem o objetivo de ajudar a adoção de práticas que estimulam o aprendizado incidental. Ela é mais didática do que real, uma vez que, na vida, com frequência os estímulos acontecem ao mesmo tempo. **O segredo é aproveitar cada experiência como fonte de prazer e aprendizado.**

Entretanto, viver as experiências de verdade e transformá-las em aprendizado é algo menos óbvio do que imaginamos.

O SABER DA EXPERIÊNCIA

De tempos em tempos, encontro pensadores na área da educação e da aprendizagem que despertam minha paixão. Que fique claro: são relações não monogâmicas, em que novos nomes são sempre somados a outros que me ajudam a me aprofundar e a questionar meu campo de atuação.

Um dos que fazem parte dessa turma é o espanhol Jorge Larrosa Bondía. Ele poderia se apresentar a partir de sua formação impecável, que inclui um doutorado em Filosofia da Educação pela Universidade de Barcelona e pós-doutorados na Universidade de Londres e na aclamada Sorbonne, em Paris. Mas, em nossas terras, prefere dizer que foi oficialmente batizado como brasileiro por Aldir Blanc, em uma roda de samba em Santa Teresa, no Rio de Janeiro.[*] Além de já ter desfilado pela Mangueira, demonstrou sua admiração pelos nossos pensadores ao ser o primeiro tradutor para o espanhol do poeta e filósofo Manoel de Barros.

Larrosa é um crítico ao modelo escolar contemporâneo. Ele defende uma educação que não seja apenas conteudista, mas que valorize a beleza do mundo e a capacidade de se emocionar com ele, fazendo do material de estudo algo intrinsecamente interessante, e não apenas um instrumento para alcançar resultados. Ele reprova, também, o que chama de colonização da linguagem da educação,[1] com palavras como "inovação, qualidade, recursos, resultados, que são palavras mais do mundo empresarial do que da sala de aula". Tenho a impressão, inclusive, de que a abordagem de desenvolvimento de adultos proposta atualmente pelos defensores do lifelong learning não seja bem percebida por ele, pelo pragmatismo da escolha de habilidades voltadas quase que exclusivamente para o mercado de trabalho.

Entretanto, temos muitos incômodos e pontos de vista em comum. Um dos caminhos para a transformação da educação, segundo o filósofo e pensador, está relacionado ao maior uso, no processo de aprendizagem, de experiências – "[...] uma palavra muito antiga, uma palavra que tem uma sonoridade educacional muito interessante".[2] O vínculo de educação e experiência é realmente longínquo. John Dewey, importante filósofo e psicólogo americano, escreveu um livro dedicado ao tema, em 1938.[3] É dessa obra uma de suas citações mais lembradas: "Educação não é preparação para a vida; educação é a própria vida".

Portanto, se vamos falar sobre a busca de novos ambientes para impulsionar o aprendizado incidental, precisamos compreender o que

---

[*] Foi dessa forma que ele pediu para ser apresentado ao participar de 3º LIV Virtual, um congresso realizado em 2021. O vídeo de sua apresentação está em: www.youtube.com/watch?v=qv5oeTiFl3A.

é a experiência e como ela pode ajudar nosso desenvolvimento. Larrosa tem um artigo brilhante todo voltado para essa análise.[4] Ele aponta que nem tudo que se passa conosco é capaz de gerar aprendizado, porque não aproveitamos as oportunidades que a vida nos dá. Para aproveitar o *saber* da experiência, precisamos mudar a forma como a abordamos.

O que mais me chama a atenção em suas ideias é que elas datam de 2002, período em que os smartphones ainda não existiam e as redes sociais não tinham o mesmo formato nem o impacto que têm hoje na sociedade. O saudoso Orkut, por exemplo, foi lançado apenas em 2004. Com um olhar quase clarividente, Larrosa identificou, com mais de uma década de antecipação, comportamentos da sociedade que impedem que as experiências sejam verdadeiramente degustadas e transformadas em aprendizado.

E o que é a experiência? A resposta para essa pergunta é o ponto de partida de tudo. Na visão do espanhol, é o que nos acontece* e, mais ainda, **o que nos toca**. Há mais de duas décadas, ele já havia identificado que, embora a vida de todos fosse tão repleta de acontecimentos e conteúdos, havia pouca experiência, de fato: "Nunca se passaram tantas coisas, mas a experiência é cada vez mais rara".[5]

Quando discute o porquê de sua percepção, parece estar descrevendo o comportamento de pessoas vivendo nos tempos atuais. São quatro os motivos da escassez de experiências verdadeiras, segundo ele.

Em primeiro lugar, o **excesso de informação**, que Larrosa já apontava como uma antiexperiência. Navegamos em estímulos contínuos e achamos que, por isso, estamos absorvendo conhecimento ou aprendizagem. Não percebemos que estamos mais hipnotizados pela quantidade do que atentos à qualidade e ao impacto em nossos pensamentos e nossas emoções. Pouco mais de vinte anos depois, temos os algoritmos e os microconteúdos nos viciando nesse comportamento que nos isola ao mesmo tempo que nos entretém. A sede do próximo estímulo nos impede

---

* No artigo, ele utiliza muitas vezes "o que nos passa", a forma como a expressão é utilizada em espanhol.

de refletir sobre o que acabamos de consumir – isso quando o fazemos até o final.

Outra razão apontada por Larrosa para nossa escassez de experiências é o **excesso de opinião.** Nós nos transformamos em seres que julgam tudo e, "em nossa arrogância, passamos a vida opinando sobre qualquer coisa sobre o que nos sentimos informados".[6] No contexto atual, os mais disponíveis investem seu tempo fazendo comentários ou postagens sobre os múltiplos assuntos do momento: políticas econômicas, pertinência do VAR no futebol, lançamentos musicais ou se pudins devem ter furinhos ou não... Vale tudo, e mesmo os menos engajados colocam sua avaliação por meio de um simples *like* (ou da ausência dele). Nós nos sentimos obrigados a ter pontos de vista próprios acerca de tudo, ainda que simplistas e pouco embasados. "Ter opinião" virou sinônimo de ser favorável ou contrário a algo, com pouca ou nenhuma profundidade de análise – e com uma boa dose de maniqueísmo. Até porque são poucos os segundos que investimos na compreensão de assuntos diversos.

A **falta de tempo** é a terceira causa. Em um mundo repleto de informações, sobre as quais "temos" que opinar, sobra pouco tempo para contemplação, pausa e reflexão. O desejo do novo e uma falsa ideia de que aprendizado é medido em volume de conteúdo absorvido nos fazem ter, ao mesmo tempo, acesso infinito a informação e reduzidos contatos com experiências. Somos consumidores vorazes de microestímulos, cada vez mais insaciáveis e insatisfeitos. Larrosa conclui sua análise apontando o **excesso de trabalho** como outro motivo. Já falamos bastante desse fenômeno no primeiro capítulo para explicar os novos desafios do aprendizado. A busca por um conceito de produtividade pessoal inalcançável também nos distancia de viver verdadeiras experiências.

Cada vez que leio o artigo original, me assusto com a precisão de sua análise. Pior, olho para meus comportamentos e me identifico muito. Quanto estou perdendo por não aproveitar as experiências que se passam na minha vida, mas que não deixo que me toquem?

Duas décadas depois da escrita do texto de Larrosa, penso que as redes sociais acrescentaram outros dois fenômenos que também atrapalham as verdadeiras experiências. Por um lado, as redes deram voz a milhões de pessoas, permitindo que compartilhem ideias, opiniões e imagens de maneira independente. Por outro, nos tornaram mais exibidos e, portanto, heteror-referenciados, em contraste com a autodireção. Nossas escolhas passaram a considerar não apenas nossos desejos e interesses, mas também o potencial de compartilhamento e o impacto na construção de nossa identidade digital.

A vivência do show é atrapalhada pela necessidade de gravar o momento em um vídeo mal filmado e que provavelmente nunca será visto. Parte do encanto da captura de momentos especiais estava vinculado a uma vontade impossível de eternizar para si e compartilhar com outros a alegria de determinados momentos. Percebo que, hoje, o objetivo maior é a opinião alheia.

Se considerarmos que quase 60% da população acessam redes sociais com regularidade,[7] é impossível ignorar o impacto desse comportamento na escolha e no processamento das nossas experiências. Por exemplo, o que mudaria se você viajasse e não pudesse contar para ninguém seu destino e como foram suas experiências? Sem fotos, vídeos ou posts.

Outro aspecto é a **dependência dos celulares**. Abordamos esse assunto no capítulo 1. A dedicação excessiva a redes sociais, jogos ou outras distrações presentes nos smartphones não interferiu só no uso do tempo. Estamos menos pacientes para consumir conteúdos mais longos e incapazes de contemplar o mundo, aquilo que existe além das telas.

Em uma entrevista recente, a filósofa Marilena Chaui propõe que o celular é um objeto de servidão, embora a proposta original seja de abertura para o mundo.[8] Ela apresenta dois fenômenos decorrentes do excesso de uso: a *atopia* – um mundo sem o espaço, tudo o que ocorre situa-se na tela – e a *acronia* – um mundo sem o tempo, porque tudo acontece no agora, de maneira contínua, confusa e sobreposta.

Como resultado, temos um estreitamento da experiência "do corpo, como um mundo espacial, de percepção e sentimentos". É difícil, talvez até impossível, aprender de modo incidental se estamos presos a uma tela de 6 polegadas. O "wide" do lifewide learning vale também para a expansão de nossa sede de viver o mundo.

O TEMPO NO APRENDIZADO INCIDENTAL

A busca da vivência de experiências em ambientes novos ou desconhecidos é fundamental para o aprendizado incidental. A exposição ao diferente nos convida a revisar nossas visões de mundo. Ao mesmo tempo, permite que o acaso traga novos insights, amizades, opiniões e conhecimento. Enfim, nos oferece crescimento. Exatamente para que isso ocorra, precisamos buscar o que Larrosa chama de "saber" da experiência, o verdadeiro aprendizado.

Por isso, veja as sugestões de novos ambientes e nichos que farei nas próximas páginas como um convite para viver experiências em locais físicos e psicológicos com os quais, talvez, você tenha menos familiaridade. Mas faço dois pedidos.

Em primeiro lugar, abra espaço na sua vida para que o aprendizado aconteça. Espaço de conteúdo, de opiniões e de tempo. Buscar, ativamente, questionar as verdades que o acompanham há tempos é parte do aprendizado. Aprender é mudar. O conjunto de convites e propostas que apresento aqui não fará bem se for simplesmente acrescentado a uma agenda já preenchida (por reuniões, ideias e pessoas). Uma organização do tempo ultraestruturada, que tem produtividade como premissa fundamental, é contrária à lógica de lifewide learning. É essencial confiar que o tempo dedicado à exposição ao novo pode gerar insights e soluções que nenhuma agenda hiperestruturada seria capaz de oferecer.

Além disso, lembre-se de que o processo é contínuo. A mudança principal é de atitude em relação ao novo e às escolhas da vida. Em outras palavras, precisamos inserir mais exploração aberta em nossa vidas. De pouco adianta seguir uma lista de cem atividades para fazer antes de morrer, apenas para ticar cada item.

Renzo Piano é um arquiteto italiano responsável por criações incríveis, como o Centro Pompidou, em Paris. Em uma entrevista concedida à France Inter, ele enaltece a importância da experiência: "Nós não existimos. Somos a soma de todas as pessoas que amamos, os livros que lemos, os filmes a que assistimos, as viagens que fizemos, os amores que tivemos. É isso que nós somos".[9]

Não subestime a importância de escolher como você ocupa sua vida e lembre-se sempre da importância de dar chance ao acaso. Escolha os ambientes pela possibilidade de viver experiências diversas e inesperadas. Comece o caminho cultivando a curiosidade e a abertura para experiências que já existem em você. Retome interesses por assuntos, pessoas, atividades ou lugares que estão aí e você muitas vezes ignora por ter "coisas mais importantes para fazer".

Para ajudar, tenho um ponto de partida: o presente.

CEP+R: Experiências de verdade

C - Conteúdo

→ **Experiência verdadeira** é "o que nos acontece" e "o que nos toca", não apenas o que passa por nós

→ Quatro barreiras para experiências genuínas: **excesso de informação, excesso de opinião, falta de tempo e excesso de trabalho**

→ As redes sociais nos trouxeram dois novos obstáculos: **a dependência do olhar alheio e a dependência de celulares**

→ A exposição a situações que nos convidam a ir além dos limites das experiências anteriores é essencial para o aprendizado incidental

E - Experiência

→ **Faça um "jejum de opinião" por um dia** – observe como sua escuta muda quando você se abstém de emitir opiniões

→ **Realize uma atividade sem registrá-la nas redes sociais** – viva a experiência apenas para si mesmo

→ **Reserve uma hora para contemplar** algo simples e familiar como se fosse a primeira vez – uma árvore, um objeto do dia a dia, um espaço da sua casa

P+R - Pessoas + Redes

→ **Jorge Larrosa Bondía** – pensador que destaca a necessidade de "parar para pensar, parar para olhar, parar para escutar"

→ **Charles Baudelaire** – poeta francês que popularizou o conceito de *flâneur*, o observador urbano que caminha sem pressa para absorver experiências

→ **Grupos de prática contemplativa ou mindfulness** – pessoas que cultivam a presença e atenção plena nas experiências cotidianas

CAPÍTULO 8
PRESENTISTAS

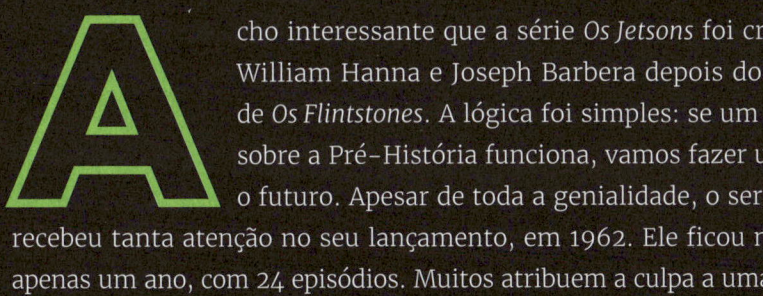

Acho interessante que a série *Os Jetsons* foi criada por William Hanna e Joseph Barbera depois do sucesso de *Os Flintstones*. A lógica foi simples: se um desenho sobre a Pré-História funciona, vamos fazer um sobre o futuro. Apesar de toda a genialidade, o seriado não recebeu tanta atenção no seu lançamento, em 1962. Ele ficou no ar por apenas um ano, com 24 episódios. Muitos atribuem a culpa a uma escolha ruim de horário, além do fato de a produção em cores ser muito cara em um período em que a maioria das TVs era em preto e branco.

O sucesso veio décadas mais tarde, depois que a série voltou a ser produzida. Após muitos pedidos de fãs apaixonados, foram gravados 51 novos episódios entre 1985 e 1987. Há um motivo para o retorno na década de 1980. Foi a partir daí que passamos a ter contato direto com tecnologias e experiências que pareciam mágicas e provocavam à mente humana a traçar novos limites para o possível. Foi a partir desse período, lá pelos primórdios da internet, que começaram a se popularizar videogames, computadores pessoais e mesmo o fax. Em 1981, retomamos as missões espaciais tripuladas, com o ônibus espacial Columbia.

Para muitos, essa época materializou o que o futuro poderia trazer para a sociedade. Passamos a viver com a expectativa de nos depararmos com novas tecnologias que transformariam o mundo. Experimentamos uma mistura de obsessão pelo futuro e, ao mesmo tempo, receio do que está por vir.

De qualquer modo, com o número de interessados pelo futurismo aumentando, criou-se uma indústria ao redor desse tema. Parte dela é formada por profissionais e especialistas que analisam sinais e artefatos para, por meio de ferramentas e métodos específicos, propor tendências e imaginar futuros possíveis. Eles são contratados por empresas e governos que fazem investimentos elevados e de longa duração nesse tipo de prognóstico, com a expectativa de minimizar o risco de suas decisões. Investidores em startups muito inovadoras também precisam compreender tendências de mercado e de novas tecnologias.

Entretanto, boa parte do barulho dos relatórios de tendências reverbera junto a amadores e curiosos. Somos impactados semanalmente por inovações que prometem mudar o mundo. No meio de posts, artigos e vídeos, surge uma disputa para o compartilhamento em primeira mão de inovações futurísticas – a intenção dos mais engajados nesse embate é se posicionar como alguém à frente de seu tempo. Para o público geral, essa prática – pouco embasada e mais vinculada ao ego do que à divulgação científica – ora encanta, ora assusta, com possibilidades que muitas vezes são esquecidas antes de se materializarem.

Embora o futurismo (ou uma cópia desidratada dele) tenha virado *mainstream*, boa parte da população ainda tem dificuldade de se conectar ao presente. O primeiro motivo é porque, parafraseando William Gibson,* o

---

* William Gibson é autor do livro *Neuromancer*, considerado um marco na divulgação do futurismo. É dele a famosa frase "O futuro já está aqui – só não está uniformemente distribuído". Não por acaso, o livro foi publicado em 1981.[4]

presente está mal distribuído. A desigualdade global faz com que vivamos realidades sociais, tecnológicas e culturais muitos distintas.

A maioria das pessoas, contudo, está presa a uma visão de mundo estabelecida a partir da sua formação e, portanto, de seu passado. Utilizamos a expressão "no meu tempo" como se o presente fosse um momento que não nos contém. Sem percebermos, acabamos criando referências fixas que se estabeleceram no início de nossa vida adulta e estimulam a exploração fechada. Se você tem mais de 30 anos, é pouquíssimo provável que sua banda ou seu filme preferido, por exemplo, tenha surgido ou sido criado recentemente. Confesso que sinto uma inércia me atrapalhando quando tento achar alguém para substituir o The Police como minha banda favorita. Nessa mistura de adoração do futuro e apego ao passado, deixamos o presente meio abandonado. Refiro-me aqui a vivenciar, compreender e explorar o mundo a partir do que ocorre hoje, sem comparar com o que se passou e sem aguardar as oportunidades ou catástrofes do futuro.

O aprendizado incidental, por se alimentar de experiências realmente vividas, como falamos no capítulo anterior, se beneficia dessa tarefa tão simples quanto desafiadora: chegar ao presente. Parece fácil, mas é uma decisão que demanda esforço, intenção e vontade.

Existe um termo em alemão para descrever as ideias, as crenças e os padrões culturais que influenciam as pessoas em determinada época: zeitgeist, ou espírito do tempo. O conceito foi popularizado no início do século XIX, a partir do trabalho de filósofos como Hegel. Os textos originais são densos, carregados de complexidade na escrita. Atualmente, a expressão tem sido utilizada para denotar uma conexão com o que acontece no mundo hoje.

Como disse, é difícil ter um olhar unificado do que é o espírito do tempo, uma vez que existem realidades espaciais e temporais distintas. Entretanto, vejo que a combinação de abertura e procura ativa para experimentar o que está disponível hoje, no ambiente em que você vive, é um ótimo combustível para retomar a exploração aberta, a partir do seu próprio nicho. Com agência e curiosidade – evitando sempre o julgamento apressado –, existe um mundo de experiências disponíveis para você potencializar seu lifewide learning.

MÃOS NO PRESENTE

Para mim, em 2016 iniciou-se uma nova fase da obsessão pelo futuro. Sobretudo a partir da publicação do livro *A quarta revolução industrial*,[1] por Klaus Schwab, do Fórum Econômico Mundial, empresas e profissionais começaram a se preparar para a fusão de novas tecnologias que se desenvolviam exponencialmente. Percebi que, em decorrência dessa nova fase, meu trabalho seria impactado. As mudanças demandariam novas habilidades e competências para as empresas com as quais eu trabalhava. Precisava me preparar.

Por mais que me interesse muito por tecnologia, não sou da área. As mudanças que se apresentavam eram desafiadoras, trazendo bem mais perguntas que respostas. Como compreender as demandas e transformações culturais e operacionais que as grandes empresas estavam vivendo? Como identificar, no meio de tantos superlativos, o que realmente iria impactar a maneira como pensamos e fazemos aprendizagem corporativa? Foi aí que decidi me aproximar do contexto das mudanças sem perder minha origem. Eu fui viver esse mundo me colocando no papel de aprendiz.

Desde o início, defini uma premissa para a minha maneira de interagir com toda essa transformação. Meu olhar não seria para as possibilidades, mas para o que já estava acontecendo.

Por exemplo, em vez de estudar como a Internet das Coisas* transformaria os eletrodomésticos do futuro, comecei fazendo um curso de Arduino, uma pequena placa programável que conecta e controla componentes e dispositivos eletrônicos, permitindo criar projetos como robôs, automação residencial e muito mais. Era um programa breve, de algumas horas. Minha intenção não era aprender programação, mas entender e manusear um pouco da tecnologia de maneira prática e simples. Além do conteúdo, eu queria entender melhor essa tribo de inovadores.

---

* Internet das Coisas (IoT) é a conexão de dispositivos físicos à internet, permitindo comunicação e automação entre eles. Em 2015, foi apontada como uma das grandes tendências da Quarta Revolução Industrial.

Para minha sorte, o professor era o Ricardo Cavallini, consultor, autor de livros e, sobretudo, um provocador da área. Ele propõe um olhar profundo e desconfiado para o real impacto que a tecnologia tem na sociedade. Ficamos amigos, e ainda hoje ele incentiva muito minha paixão pela impressão 3D e meu ceticismo em relação aos olhares radicais e ultratecnológicos tão presentes no mercado. Aprendo a cada conversa.

Nessa mesma época, decidi participar do programa executivo da Singularity University, uma das instituições que são referências quando se trata dos impactos das novas tecnologias nas empresas e na sociedade. A oportunidade de falar diretamente com Ray Kurzweil, Peter Diamandis e tantos outros expoentes das novas tecnologias apoiou ainda mais o meu esforço de compreensão do movimento. Consegui frequentar o showcase de inovações da instituição, o que me deu a chance de manipular e experimentar tecnologias que pareciam distantes da realidade. Voltei algumas vezes para outros programas e me tornei o embaixador da entidade no capítulo São Paulo. Foi mais uma oportunidade de me juntar a outras pessoas com olhares diferentes para as mudanças em andamento. Organizamos algumas conferências, encontros de cocriação e uma premiação de startups voltadas para educação.

Com a chegada dos *fab labs** ao Brasil, democratizou-se o acesso a tecnologias e recursos para prototipagem e criação de projetos. O foco era inovação, aprendizado e colaboração. Fiquei curioso com o movimento e me tornei membro do conselho do Garagem, um *fab lab* pioneiro e totalmente amador, no melhor sentido da palavra.

Em uma análise mais estruturada, o que fiz foi aumentar minha exposição a esse mundo novo para potencializar meu aprendizado incidental. O foco era o presente. Em retrospectiva, percebo que, ainda que de maneira inconsciente, apliquei meu CEP+R nessa jornada.

Busquei **conteúdos** (cursos e eventos), **experiências** (impressão 3D e realidade virtual), **pessoas** (Cavallini, Onício Leal e tantos outros) e **redes** (toda a comunidade *fab lab*) para construir meu aprendizado

---

* Laboratórios de fabricação digital que oferecem acesso a ferramentas e pessoas.

nessa época. Se me perguntarem o que realmente aprendi nesses anos, tenho dificuldade de responder. Não sou especialista em impressão 3D, blockchain, metaverso ou qualquer outra das tecnologias exponenciais. Sou um escritor, pesquisador e consultor de aprendizagem corporativa que consegue identificar o papel do pensar e do olhar humano no meio das mudanças tecnológicas do mundo.

Quando me convidaram, em 2018, para participar do TEDx Pinheiros sobre futurismo, fiquei em dúvida se eu era capacitado para o assunto. O tema geral era maravilhoso: "Isso é muito *Black Mirror*". Conversando com os organizadores, perguntei se poderia falar sobre a importância de viver o futuro que já está presente, em vez de ficar como um hamster na rodinha, correndo atrás da próxima "disrupção". Propus também conclamar os interessados no assunto e *early adopters* a compartilharem mais suas descobertas com a intenção de incluir quem ainda não tinha percebido os potenciais de mudança. Eu percebia um tom de superioridade e julgamento se você não soubesse explicar como blockchain funcionava.

A ideia foi aceita, e, no dia 18 de outubro daquele ano, participei do evento com uma palestra intitulada "Eu sou um presentista".[2]

A escolha do nome ocorreu sem muita pesquisa. Foi apenas uma escolha para se contrapor à expressão "futurismo". Se tivesse estudado, descobriria que presentismo, ou presenteísmo, tem diversos significados na filosofia e na psicologia. A minha despretensiosa definição direcionava-se ao aprendizado adulto. Para mim, presentismo é a prática de estar curioso e atento ao que ocorre no presente, sem ignorar o conhecimento do passado nem desprezar as possibilidades do futuro. A energia do aprender direciona-se ao hoje.

Vou dar mais um exemplo de como aplico esse conceito no meu cotidiano. Alguns anos depois, em 30 de novembro de 2022, com o lançamento do ChatGPT, percebi que o movimento de busca ansiosa e rasa por inovações estava mais uma vez aparecendo, com um viés ora otimista, ora pessimista. Embora empolgado, adotei uma postura tranquila, controlando a ansiedade de tentar adivinhar o que estava por vir ou de querer saber mais do que os outros sobre o assunto. Eu me dediquei a experimentar novas ferramentas à medida que elas foram lançadas. Mantive-me equidistante entre a empolgação pela capacidade de criação e as críticas às inúmeras alucinações,* especialmente nas primeiras versões. Bebia o que as ferramentas podiam me oferecer a cada dia.

De maneira ponderada e atenta, fui fazendo os testes para a utilização no meu cotidiano. Atualmente, não consigo mais imaginar minha prática de consultoria ou o planejamento de uma viagem sem o apoio da inteligência artificial.

Conto essas experiências pessoais por acreditar que elas são um bom exemplo de um percurso presentista e lifewide. Mantenho-me atento às mudanças que impactam o meu mundo e já estão disponíveis. Sei que o futuro (próximo) traz oportunidades incríveis, mas sinto que estou mais conectado com o que é possível agora. É para isso que direciono meu interesse, minha curiosidade e meu tempo. Convido você a fazer o mesmo: identifique as inovações que já estão ao seu redor, mas que ainda não fazem parte do seu repertório.

Existem alguns caminhos para fazer esse processo de maneira estruturada. E eles vieram dos estudos de futuro.

FERRAMENTAS EMPRESTADAS DO FUTURISMO

Entre os cursos que fiz nesse meu processo de mergulho na Quarta Revolução Industrial estava um sobre futurismo, no famoso Institute for the Future (IFTF), em Palo Alto, nos Estados Unidos. Participei de um workshop de dois dias chamado *Foresight Essentials* [Fundamentos da previsão], que me ofereceu uma verdadeira caixa de ferramentas sobre exploração de futuros. São métodos e técnicas que ajudam profissionais a identificarem sinais de mudanças, organizá-los e criarem hipóteses com base neles.

O processo proposto é bem estruturado e conta com uma sequência lógica, que culmina na criação de cenários possíveis e na tomada de decisão a partir deles. As etapas do modelo são:

---

* "Alucinações" é o termo utilizado quando a inteligência artificial cria conteúdos ou apresenta fatos desconexos da realidade.

1. **Preparação**, em que o objetivo principal é expandir a percepção sobre mudanças emergentes.
2. *Foresight* (ou exploração prospectiva), que tem o objetivo de organizar os sinais e compreender desdobramentos possíveis.
3. **Insight**, que é a tradução da etapa anterior em implicações e escolhas, com um olhar criativo para identificar conexões que não são óbvias em uma primeira análise.
4. **Ação**, quando definimos nossas apostas, escolhemos um caminho e estruturamos um plano.

No curso, vivenciei 24 ferramentas catalogadas. Elas ajudam muito no processo e são utilizadas em todo o mundo. Logo no primeiro slide da aula inicial, aparece uma frase de Bob Johansen, membro do IFTF e futurista renomado, com quase cinco décadas de experiência na área: "O futuro não pode ajudá-lo, a menos que você esteja disposto a ouvir além da confusão. Você não pode aprender com o futuro se estiver sobrecarregado pelo presente ou preso ao passado".[3]

Com a visão presentista, fico muito tentado a inverter a citação acima. "O *presente* não pode ajudá-lo, a menos que você esteja disposto a ouvir além da confusão. Você não pode aprender com o *presente* se estiver sobrecarregado pelo *futuro* ou preso ao passado".

A frase original foi escrita em 2009. A impressão que eu tenho é de que o ruído e a confusão do presente se multiplicaram. Vivemos em um planeta em que entre 65% e 70% da população têm internet e telefone celular e usam redes sociais. A transformação tecnológica é acompanhada de perto por mudanças comportamentais, culturais e geopolíticas, entre tantas outras. É quase tão difícil entender o presente quanto imaginar futuros.

As mudanças (e, portanto, as oportunidades de aprendizado incidental) são profundas e complexas. Como podemos ouvir "além da confusão" gerada pelo excesso de informações (nem sempre verdadeiras)? Qual é a melhor forma de conviver com olhares e ideias diferentes dos nossos, sem julgamento? Como fugir da curadoria comercialmente interessada dos algoritmos se a internet é o principal canal de contato com o mundo que está além do nosso cotidiano? Em resumo: como nos aproximar do zeitgeist?

Na pesquisa para estruturar um método que facilitasse esse processo, voltei para as ferramentas dos futuristas. E se nós as hackeássemos para usá-las no presentismo? Olhando o conjunto todo, identifiquei duas – catálogo de sinais de mudança e STEEP – que podem nos ajudar a nos cercar de estímulos e ideias contemporâneos.

Essas ferramentas têm uma característica fundamental: elas nos auxiliam a mapear o que desconhecemos. Vou escrever o óbvio aqui, mas uma das dificuldades de nos conectarmos a determinados elementos do zeitgeist se deve ao fato de que muitas vezes nem sabemos que ele existe.

Além disso, as ferramentas apoiam quem tem uma menor abertura à experiência. Por permitirem uma prática estruturada, elas dão forma ao processo de organização dos novos nichos e proporcionam mais conforto e estímulo para a busca de ambientes que estavam distantes do nosso cotidiano ou do nosso conhecimento. Utilize-as, portanto, como um ponto de partida para que você aprenda a a fazer perguntas e a identificar espaços, pessoas e ideias. Com o tempo, o olhar prospectivo para o presente torna-se natural.

CATALOGANDO SINAIS DO PRESENTE

No processo de *foresight* estratégico, um **sinal de futuro** é uma pequena inovação localizada que tenha a capacidade de desafiar o *statu quo* ou ampliar-se em escala ou alcance geográfico. Por premissa, ele começa de uma forma restrita e apresenta um potencial de grande impacto na sociedade. Os primeiros carros autônomos, as versões iniciais do ChatGPT ou a redução do número de casamentos são alguns exemplos de sinais. Em geral, a identificação desses fenômenos é percebida por diversos pesquisadores e analistas de tendência de maneira coletiva.

A busca por **sinais do presente**, por outro lado, é pessoal e diz respeito aos impactos das mudanças do mundo no seu ambiente. De modo geral, a busca se dá por meio de duas perguntas: "Quais padrões, tendências e microfenômenos estão emergindo ao meu redor, mas ainda não percebi?" e "O que estou ignorando no meu dia a dia que pode mudar minha percepção sobre o mundo?". Ou seja, essa atividade propõe uma mentalidade de exploração ativa, estimulando a curiosidade e a abertura.

Um caminho para fazer isso de maneira um pouco mais estruturada é criar um catálogo de sinais. Podem ser fotos, posts ou eventos que tenham chamado a sua atenção ou até gerado incômodo. Identifique o que está ocorrendo ao seu redor que, para você, soa diferente, interessante ou estranho. Seguindo as etapas propostas na ferramenta original, ao identificar um sinal de presente, você pode catalogá-lo com quatro informações:

1. **Título**: pode parecer uma atividade boba, mas escolher um nome para a descoberta ajuda a consolidar o motivo do seu interesse pelo sinal.

2. **O quê**: descreva o fenômeno observado. Aqui há uma dica importante: o sinal deve ser bem específico, e não uma tendência genérica. No exemplo a seguir fica mais fácil compreender o que estou propondo.

3. **E daí?**: qual é o impacto do sinal no espírito do tempo, na maneira como as pessoas estão vivendo atualmente? Por que ele é relevante? Ao responder a essas questões, você explicará – para si mesmo – por que esse sinal chamou a sua atenção.

4. **Fonte**: anote onde você se deparou com o sinal. Isso pode ajudar você a fazer novas buscas.

O que diferencia um sinal de presente de um sinal de futuro é o nível de disseminação ou capilaridade do fenômeno observado. Os futuristas buscam tendências que ainda estão por vir. Os presentistas, que têm o aprendizado como foco principal, querem entender o que existe de novo (e desconhecido) no mundo em que vivemos e que já está relativamente espalhado. Nós é que ainda não sabíamos.

É importante reforçar que essa é uma busca individual. O sinal não precisa ser inédito para a sociedade ou se revelar uma grande tendência. Ele deve ser original para você e, portanto, possibilitar o contato com o novo e diferente, elementos fundamentais para o aprendizado incidental.

Veja um exemplo de uma ficha de sinal de presente:

→ **Título**: leituras coletivas.

→ **O quê**: encontros em bares, bibliotecas e outros espaços públicos em que grupos de pessoas se encontram para ler em conjunto. Pode ser a mesma obra ou não e, na maioria das vezes, há um incentivo enorme para evitar o uso de celular.

→ **E daí?**: em um momento de consumo de conteúdo dominado por redes sociais acessadas de maneira individual e on-line, me causou surpresa e interesse saber que pessoas se encontram localmente para ler livros.

→ **Fonte**: Instagram, diversos.

Não estou propondo um projeto estruturado de pesquisa das grandes transformações da sociedade. Meu convite é para que você fique atento às mudanças que o impactam todos os dias. Ao longo da vida, a tendência é olharmos menos para o novo e mais para o nosso universo conhecido. Afinal, como falamos no capítulo 6, a abertura à experiência tende a diminuir com a idade. Dessa forma, é importante buscar manter o estado de atenção e interesse ao longo do tempo, e essa prática pode ser um estímulo.

Os sinais mais fáceis de serem identificados são os que reverberam em noticiários ou redes sociais. Outro caminho é buscar curadores de sinais, pessoas, newsletters ou instituições que tragam assuntos do presente com uma abordagem mais aprofundada e menos óbvia. Dois padrões pessoais, contudo, são muito potentes para esse processo. Um é a repetição. Se você começar a "esbarrar" em uma ideia, um conceito ou uma tecnologia com frequência, é provável que algo na sua percepção esteja tornando esse assunto mais evidente para você. Outro indicador é o seu espanto com determinado assunto. Se tiver uma reação forte – de incômodo ou animação – ao entrar em contato com algo diferente, possivelmente você está diante de um sinal de presente.

O que fazer com o catálogo? Rever, filtrar, aprofundar (quando lhe parecer necessário). O próprio processo de atenção e catalogação já traz mudanças. Saber que algo existe causa conexões. Naturalmente, você ampliará as opções de escolhas da vida e de ocupação do seu tempo. É impossível visitar um local que você não sabe que existe. A busca de **sinais**

de presente é uma curadoria orgânica que exercita a exploração aberta e, portanto, o aprendizado incidental.

STEEP: UM MAPA PARA EXPLORAR O PRESENTE

O *framework* STEEP é tradicionalmente usado por futuristas para organizar tendências e criar cenários. Para nossa abordagem presentista, a ferramenta pode nos auxiliar a dimensionar o zeitgeist em relação a campos específicos.

Cada letra de STEEP representa um território que pode ser fonte de experiências e aprendizados (em inglês):

→ **Social**: mudanças nos comportamentos, nas relações e nos valores da sociedade atual. Como as pessoas estão se relacionando? Quais são as novas formas de morar, se divertir, interagir? Culturalmente, quais são os novos artistas – cantores(as), escritores(as), atores ou atrizes?

→ **Tecnológico**: inovações que já estão disponíveis e impactando nosso dia a dia. Quais ferramentas e recursos você ainda não experimentou, mas já são realidade para muitas pessoas?

→ **Econômico**: novas formas de trabalho, consumo e trocas. Como as pessoas estão ganhando e gastando dinheiro? Que modelos de negócio estão surgindo?

→ **Ambiental**: transformações na nossa relação com o meio ambiente e sustentabilidade. Como as pessoas estão mudando hábitos e escolhas por questões ambientais?

→ **Político**: movimentos e discussões que moldam o debate público atual. Que vozes e perspectivas diferentes das suas já estão influenciando a sociedade? Quais dilemas geopolíticos globais têm surgido?

A ferramenta serve como um checklist para identificar áreas do presente que talvez estejamos negligenciando. Por exemplo, você pode estar muito atento às mudanças tecnológicas, mas desconectado das transformações sociais em curso. Ou talvez acompanhe de perto as questões ambientais, mas ignore novos modelos econômicos que já são realidade.

O STEEP nos ajuda a ampliar nosso radar e identificar novos nichos para exploração. Mais do que isso, ele complementa o catálogo de sinais ao sugerir diferentes domínios onde podemos identificar mudanças relevantes. O objetivo não é se tornar especialista em todas essas áreas, mas manter uma curiosidade ativa sobre como o presente se manifesta em cada uma delas.

Usar essas duas ferramentas – catálogo de sinais e STEEP – de maneira combinada pode potencializar suas chances de encontros fortuitos com o novo e o diferente. Como vimos nos capítulos anteriores, são justamente esses encontros que alimentam o aprendizado incidental.

Para colocar em prática minha viagem pelo presente, utilizo um pouco do que proponho no livro *Lifelong learners*. Com o CEP+R, consigo incluir estímulos na minha vida de maneira estruturada e fluida ao mesmo tempo.

Esta seria a aplicação do CEP+R para, por exemplo, realizar a catalogação de sinais no campo da tecnologia:

→ **Conteúdo**: começar a assinar newsletters, comprar livros ou seguir perfis que fazem curadoria de tecnologia do seu interesse. Eu sigo as publicações do ramo e sei que existem muitas pessoas apaixonadas que anunciam mudanças exageradas. Fuja delas. Entretanto, acompanhar lançamentos, feiras e analistas mais pé no chão pode ser um bom caminho para você se manter conectado ao que já está presente.

→ **Experiência**: mão na massa. A única maneira de entender inteligência artificial, impressão 3D, realidade virtual ou qualquer outra tecnologia é tendo uma vivência real com esses recursos. Percebo que uma abordagem racional – como essa tecnologia pode impactar minha vida ou meu trabalho – é tão importante quanto a sensação física e subjetiva que a inovação causará em você. Não se esqueça: parte do aprendizado acontece de maneira implícita. Você só percebe que aprendeu quando tem uma boa ideia sem saber exatamente de onde ela veio.

→ **Pessoas**: você provavelmente conhece alguém que acompanha e adora novas tecnologias. Marcar um café ou almoço de vez em quando pode ser um caminho simples e prazeroso para se manter atualizado.

→ **Rede**: o caminho mais óbvio são as comunidades on-line de plataformas como Reddit ou X (antigo Twitter). Mas, muitas vezes, redes informais – como grupos de WhatsApp, de trabalho ou de amigos – trazem novidades que podem servir de apoio.

Antes de iniciar seu percurso presentista, trago uma reflexão final. A partir das provocações de Larrosa no capítulo anterior, é interessante prestar uma atenção especial aos comportamentos que sabemos ser prejudiciais à vivência de experiências com saberes e prazeres.

→ **Busque simplicidade no processo**: entender o presente não é uma lista de atividades a ser cumprida. Se seu primeiro espaço de observação for comportamento humano, dedique-se a ele com o tempo e a presença necessários.

→ **Livre-se da necessidade de dar opiniões**: vai ser natural, ao experimentar algo novo, você colocar a vivência na caixinha do "gostei" ou do "não gostei". Pode parecer zen demais, mas tente viver a experiência com mais interesse nas sensações do que na sua necessidade de opinar sobre o processo. Acredite, esse vai ser o comportamento mais difícil de ser alterado.

→ **Faça escolhas de uso do tempo**: todas as sugestões que proponho aqui têm o caráter de convite. O olhar para o aprendizado incidental e para o lifewide learning está diretamente relacionado a uma mudança de postura em relação a como usamos nossos minutos diários. Por isso, o caminho é incluir atividades prazerosas e interessantes no seu dia a dia. Não é se matricular em um curso (necessariamente): é preencher sua rotina com atividades que possibilitem experiências reais.

Essas práticas – especialmente se ocorrerem a partir de uma rotina natural – permitem a criação de novos repertórios e, ao mesmo tempo, estimulam a curiosidade e a abertura à experiência. Depois de um tempo em contato com o zeitgeist, o diferente deixará de ser tão diferente, e a necessidade de julgar será substituída pelo interesse legítimo em vivenciar um pouco das experiências existentes que ainda não fazem parte do nosso presente. É nesse ambiente que o aprendizado incidental e contínuo ocorre.

CEP+R: Presentistas

C - Conteúdo

→ **Presentismo** é a prática de estar curioso e atento ao que ocorre no presente, sem ignorar o passado nem desprezar o futuro

→ O **zeitgeist** (espírito do tempo) define ideias, crenças e padrões culturais que influenciam uma época – conectar-se a ele é fundamental para o aprendizado

→ Muitas pessoas estão presas a visões do passado ou obcecadas com previsões futuristas, ignorando as transformações que já ocorrem – o lifewide learner se conecta com o que já está impactando seus ambientes

→ Ferramentas como o catálogo de sinais e o framework STEEP ajudam a mapear e compreender o momento atual

E - Experiência

→ **Crie um "catálogo de sinais"** – registre fenômenos, comportamentos ou ideias emergentes que você percebe ao seu redor

→ **Aplique o STEEP** em seu contexto – identifique mudanças sociais, tecnológicas, econômicas, ambientais e políticas que já estão ocorrendo

→ **Experimente uma tecnologia ou prática** que, embora já disponível, você ainda não adotou

→ **Visite um espaço onde *early adopters* se reúnem** – um *hub* de inovação, um espaço maker ou uma incubadora de startups na sua região

P+R - Pessoas + Redes

→ **Ricardo Cavallini** – provocador tecnológico que estimula um olhar crítico e profundo sobre inovações

→ **William Gibson** – autor da famosa frase "O futuro já está aqui – só não está uniformemente distribuído"

→ **Comunidades de *fab labs* e *makerspaces*** – grupos onde o futuro está sendo prototipado agora

→ **Coletivos de artistas e inovadores** – pessoas que frequentemente captam e interpretam o zeitgeist

CAPÍTULO 9

AS VIAGENS, OS PASSEIOS E OS VIAJANTES

"Que, de todas as opções que me forem apresentadas, eu saiba escolher a mais conveniente. Sou um marinheiro que ao leme guia sua nau rumo ao horizonte, rumo ao sol, rumo ao infinito.

Que o vento possa me levar sempre com a vela cheia, com meus olhos cheios de alegria, com meu peito todo de amor e com o coração cheio da esperança que me faz sair do porto."

Esse é meu mantra. O texto foi escrito diretamente para mim, transmitido por uma pessoa especial, e virou minha reza particular. Eu me reconheço muito nessa metáfora do marinheiro viajante e imagino que não esteja sozinho nesse vínculo. Talvez me conecte a um desejo universal de ser aventureiro. Afinal, somos uma espécie que evoluiu a partir de uma importante vantagem adaptativa: a capacidade de se locomover por grandes distâncias.

A postura bípede – com pés arqueados que funcionam como alavancas, pernas longas e pelve adaptada à caminhada – nos permitiu realizar deslocamentos de maneira eficiente. Possuímos também um sistema de resfriamento eficaz, que inclui o suor, além de uma excelente capacidade cardiovascular.

Do ponto de vista cognitivo, a evolução do cérebro humano trouxe habilidades fundamentais para a busca de novos territórios, como memória espacial, capacidade de mapear lugares e planejar rotas. Além disso, como já falei, somos uma espécie que tem a curiosidade como um fim em si mesmo, diferentemente de outros animais, cuja postura interessada predomina em situações que gerem ganhos adaptativos, como proteção ou alimentação.

Finalmente, somos capazes de aprender rápido e nos adaptar a novos contextos.

Essas características físicas e cognitivas foram fundamentais para que nossa espécie ocupasse o planeta. No início, nos movíamos dentro de territórios específicos, buscando alimentos e abrigo. Posteriormente, desenvolvemos padrões de migração que nos levaram a explorar novas regiões, culminando nas grandes dispersões para fora da África, há cerca de 70 mil anos.

Com a conquista da produção do próprio alimento, há aproximadamente 12 mil anos, vivemos o início do período de sedentarização. A formação das primeiras aldeias incentivou, por um lado, uma redução na mobilidade humana e, por outro, o surgimento de grupos dedicados às viagens.

O período seguinte, que se iniciou por volta de cinco mil anos atrás, marcou o desenvolvimento mais sistemático do comércio marítimo e terrestre. As rotas comerciais se expandiram gradualmente ao longo dos milênios, com importantes contribuições dos fenícios (a partir de 1500 a.C.), dos gregos (a partir de 800 a.C.), dos chineses (a partir de 200 a.C.) e de diversos outros povos, até chegarmos à era das grandes navegações europeias no século XV.

Todas essas movimentações expuseram homens e mulheres a novos ambientes e experiências. Para podermos ir mais longe, aprendemos a construir embarcações, a lidar com correntes e marés e a identificar nossos percursos lendo estrelas e planetas. Desenvolvemos a cartografia, a meteorologia e a astronomia náutica.

Ao mesmo tempo que demandavam novos conhecimentos, as viagens eram fontes de aprendizado. Todas as fases desse tipo de jornada contribuíam para isso – desde o planejamento, passando pelo convívio ao longo do percurso, até as descobertas de novas necessidades e o contato com os encantos e desafios de cada novo ambiente. As viagens eram projetos carregados de estímulos e experiências e, portanto, de aprendizados incidentais.

É importante ressaltar que, durante esses milhares de anos, era reduzido o número efetivo de pessoas que saíam de sua região. As peregrinações a locais sagrados, como Meca, Roma, Jerusalém ou Varanasi, talvez fossem algumas das exceções. Porém, de maneira geral, deslocamentos por motivos turísticos ou culturais eram privilégio de poucos. As viagens comerciais e diplomáticas desempenhavam papel central na circulação de ideias e conhecimentos – e não tanto de pessoas.*

A Revolução Industrial marcou o início do turismo como conhecemos hoje. A motorização dos meios de transporte e o desenvolvimento das grandes redes ferroviárias democratizaram o acesso às viagens. Com essa infraestrutura mais eficiente e segura, o número de pessoas viajando aumentou exponencialmente.

Para muitos, um fato ocorrido em 1841 foi um marco para as viagens turísticas. Nesse ano, Thomas Cook organizou a primeira excursão paga em grupo para um encontro religioso. Era um deslocamento simples e curto, com menos de 20 quilômetros, sem os confortos que muitos pacotes turísticos oferecem hoje. Mas o sucesso e o interesse foram suficientes para que a Thomas Cook & Son continuasse a fazer outras ofertas e se tornasse a primeira agência de turismo do mundo. Inovadora – pois criou artefatos como *vouchers*, guias turísticos profissionais e materiais informativos para viajantes –, a empresa foi uma das responsáveis por democratizar o viajar, tornando-o acessível para a classe média.

O verdadeiro crescimento do turismo, como prática e negócio, aconteceu de maneira intensa após a Segunda Guerra. Em 1950, foram registrados

---

* Nessa análise, obviamente, não estamos contemplando as migrações forçadas, como os milhões de africanos que foram capturados, escravizados e transportados para as Américas ou as migrações decorrentes das duas Guerras Mundiais no século passado.

25 milhões de turistas internacionais no mundo. Em 2024, esse número subiu para 1,5 bilhão de pessoas, retomando os indicadores pré-pandemia.[1]

No Brasil, apesar de as viagens ao exterior ainda serem privilégio de uma minoria – cerca de 1% da população teve acesso a essa experiência em 2024 –,[2] mais da metade da população fez pelo menos uma viagem de lazer nesse mesmo ano.[3]

Viajar, a partir da ótica do lifewide learning, é experimentar fisicamente outros ambientes durante um período predefinido. De acordo com sua escolha, esse ambiente pode ser mais ou menos diferente do seu nicho atual. Diversos pesquisadores identificaram que nos desenvolvemos em viagens mesmo quando não é esse o nosso objetivo principal. A exposição a situações novas, o encontro com pessoas com visões de mundo diferentes e a necessidade de adaptação a contextos inéditos são fontes excelentes para nosso crescimento, sobretudo se vivenciadas com curiosidade e abertura à experiência. Isso vale quando conhecemos países, cidades ou até bairros. Não por acaso, programas de desenvolvimento de executivos em empresas multinacionais costumam incluir vivências em filiais no exterior.

Há, entretanto, um aspecto importante a ser frisado: nem toda viagem gera aprendizado, porque nem todos os turistas são viajantes. As motivações são diferentes. Adoro a maneira como a antropóloga francesa Christine Escallier, doutora pela Universidade de Paris, descreveu, em um artigo maravilhoso, as diferenças entre turistas e viajantes autênticos:

> O turista desloca-se, atravessa o espaço; penetra-o, acomete-o, às vezes conquista-o, perturba-o sempre, experimenta o espaço, em redor e todo o ser que o atravessa. O turista consome; o viajante é consumido... Um toma, o outro entrega-se. O turista aflora os lugares, muitas vezes ignorando os seus habitantes, suas práticas, seus pensamentos, sua História. O viajante introduz-se no espaço e convive com os seus anfitriões.[4]

Portanto, quando falo de viagens, não me refiro apenas a ir de um lugar para outro, com a intenção de conhecer pontos turísticos, tirar fotos, descansar ou se divertir. Falo da disposição de se expor a um nicho novo e, com a postura de viajante, abrir-se ao diferente, conviver, ampliar suas referências e refletir sobre si mesmo.

Vou reforçar ao longo do capítulo, mas acho importante destacar aqui: a viagem pode ocorrer a poucos metros de casa ou explorando áreas da sua empresa com as quais você raramente interage, mesmo que estejam a poucos passos da sua mesa. Passeios simples podem se tornar experiências de aprendizado impactantes e deliciosas, se nossa postura tiver a abertura e a curiosidade adequadas.

Uma das minhas paixões é ir à feira. Eu gosto de, aos domingos, frequentar aqueles dois ou três quarteirões a cinco minutos de casa. Acho que faço isso exatamente por se tratar de um ambiente tão diferente do meu dia a dia. Adoro a gritaria, o cheiro, as conversas e as pessoas. Não há aplicativo de delivery que possa substituir o prazer de estar lá. Comprar frutas e legumes é só uma desculpa.

No fundo, é o que João do Rio, jornalista e escritor carioca, falava há mais de cem anos, na sua clássica obra *A alma encantadora das ruas*:

> Para compreender a psicologia da rua não basta gozar-lhe as delícias como se goza o calor do sol e o lirismo do luar. É preciso ter espírito vagabundo, cheio de curiosidades malsãs e os nervos com um perpétuo desejo incompreensível, é preciso ser aquele que chamamos *flâneur* e praticar o mais interessante dos esportes – a arte de flanar.[5]

A palavra francesa "flâneur" refere-se a quem gosta de "vaguear", "perambular sem pressa" ou "passear sem destino definido". Ela surgiu no século XIX e foi popularizada pelo poeta e crítico francês Charles Baudelaire. Ele descreveu o *flâneur* como um observador atento da vida urbana, um explorador da cidade moderna.* Adoro essa expressão tanto quanto "espírito vagabundo", forma como João do Rio a definiu.

---

* Uma amiga e escritora, Carolina Messias, apontou que o termo foi criado só no masculino. A versão "flâneuse", destinada às mulheres, foi proposta anos depois, como uma conquista da liberdade feminina. Carol descreve esse processo aqui: https://carolinamessias.substack.com/p/escrita-a-pe.

O passeio – pela nossa cidade ou por qualquer outro lugar do mundo – nos leva a aproveitar outro aspecto importante para o aprendizado incidental: fora da nossa rotina, temos mais tempo para contemplar, conversar, conviver e pensar. Não precisamos preencher cada segundo de uma viagem ou um passeio com atividades e visitas. *Flanar* pode ser o suficiente.

De maneira geral, viajar envolve tempo e recursos financeiros, especialmente se pensamos com a cabeça dos turistas que somos. Esses dois elementos são potencialmente limitadores desse tipo de experiência, tão importante para o aprendizado incidental. Não vou negar essa dificuldade, mas gostaria de tentar minimizar esses aspectos.

Em primeiro lugar, quero provocar você a sair de casa para lugares diferentes. A comodidade das cidades, turbinada por aplicativos de entrega, streaming e home office para parte da população, gerou uma sensação de que não precisamos mais sair para nada. No trabalho, vale o mesmo princípio: sair do calor da sua área e circular por outros departamentos, clientes ou fornecedores pode gerar aprendizados valiosos.

Além disso, considero fundamental compreender quais ajustes na nossa postura de turista, viajante ou *flâneur/flâneuse* podem nos ajudar a absorver mais das viagens e, portanto, estimular o aprendizado incidental. Quando viajamos, às vezes o lugar que vamos visitar nos é tão conhecido – por dicas de amigos e redes sociais – que vivemos a experiência como se precisássemos dar *check* em uma lista de atividades famosas.

Contudo, meu chamado principal é outro: ampliar o significado do verbo "viajar". As viagens podem ter diversas formas e durações e não precisam esperar férias ou feriados para acontecer. O interesse do viajante pode levá-lo a se sentar em um café novo na hora do almoço e, com isso, conhecer pessoas, adquirir referências ou simplesmente apreciar a arte urbana de sua cidade.

O importante é sair para a rua e se dar uma chance.

A PRIMEIRA VIAGEM

Conheci o Daniel em uma entrevista para uma vaga de emprego. Lembro-me de ter achado estranho um designer de 26 anos, já com experiência de anos em uma agência, se interessar em trabalhar como estagiário em uma consultoria de inovação em aprendizagem corporativa. Busquei entender um pouco mais da sua motivação, e ele me contou que era de Curitiba, tinha recém-chegado a São Paulo para fazer uma pós-graduação e queria começar a trabalhar logo. Naturalmente, sua experiência era superior à de qualquer candidato, e o contratamos no dia da entrevista.

Em dois meses ficou claro que não era justo mantê-lo como estagiário, e ele foi efetivado como o designer sênior que era. Nós nos conectamos rapidamente. Ele era supercrítico, inclusive com as próprias criações, e incansável na busca por ideias e soluções verdadeiramente criativas.

Guitarrista e cantor, ele estava conectado com todo tipo de arte – incluindo música folclórica polonesa –, além de atento às inovações tecnológicas. Apesar desse traço, sua experiência de vida tinha sido linear. Ainda morava com os pais quando decidiu se mudar e, desde que tinha se formado, trabalhou no mesmo lugar. Viajar não fazia parte de sua rotina.

Certa vez, na véspera de um feriado, recebi um pedido de uma proposta complexa, grande e com chances de sucesso. Era o tipo de trabalho que fazíamos juntos. Pelo prazo exigido pelo cliente, ficou claro que precisaríamos dar um gás extra para entregar no prazo de que o cliente precisava. Sempre fui contrário à cultura de virar noites e trabalhar aos finais de semana. Atuo em uma área que demanda conhecimento, reflexão e criatividade. Acredito que o conceito de produtividade, em um segmento como esse, se beneficia de tempo para aprender, ler, se divertir e dormir. Mas essa proposta pedia uma exceção.

Meio sem jeito, perguntei para o Dani se ele poderia trabalhar nos próximos dois dias, quando ele me contou que tinha marcado uma viagem para Curitiba. Segundo o próprio, fiz uma cara de pânico e, mais uma vez sem jeito, perguntei se seria possível adiar a viagem. Por pena ou parceria, ele topou ficar.

Enquanto estávamos trabalhando, começamos a conversar sobre viagens. Perguntei com que frequência ele visitava os pais, quanto tempo demorava ir de ônibus (estávamos em 2006, as passagens de avião eram ainda proibitivas) e outras amenidades. Em um momento da conversa, perguntei para onde ele já tinha viajado. Fiquei surpreso ao saber que ele só conhecia o Paraná, Santa Catarina e, depois da mudança, São Paulo. Ele veio fazer uma pós-graduação em Mídias Digitais e, de quebra, morar em uma cidade maior e com mais estímulos. Seus pais deram todo o apoio, acreditando que aquele era um passo importante para seu crescimento profissional.

Daniel me contou que na adolescência pensou em fazer intercâmbio na Austrália, desejo clássico de um adolescente surfista. Ao conversar com a mãe, ouviu uma resposta direta: "Piá, você tem noção de quanto custa isso?". Não era o momento.

Lembro-me de ter ficado surpreso com a resposta dele. Na minha cabeça, tinha certeza de que a criatividade do Daniel tinha sido forjada por vivências em cidades e países diversos. Estava errado. Na hora, pensei em como seria transformador para ele receber a infinidade de estímulos aleatórios que uma viagem oferece. Com o talento para criar que ele demonstrava, aumentar os repertórios visuais e sensoriais seria incrível.

— Tenho uma sugestão. Em vez de reembolsar sua passagem para Curitiba, a gente te dá um pacote para Buenos Aires.

Falei e escrevi em um papel qualquer: "Vale uma viagem para BA". Não me lembrava disso, ele que me contou recentemente, mostrando uma foto do papel. Obviamente, ele topou na hora e dois meses depois partiu para sua viagem.

Como uma pessoa supermetódica e sistemática, aproveitou o período para fazer um planejamento ultradetalhado da viagem. Fez um mapa mental enorme com todos os lugares que queria conhecer.

No dia da viagem, após um voo de três horas (o mais longo de sua vida), começou a sentir os impactos de experimentar um mundo diferente. A temperatura mais fria, o primeiro controle de imigração, a tentativa de comunicação em portunhol... Tudo era novidade, e cada detalhe era consumido com interesse. Até a sinalização do aeroporto o deixava encantado – era um universo visual desconhecido para esse designer gráfico.

Ele resume esses primeiros momentos até chegar ao hotel como um "download de informações do cosmo". Em suas palavras: "Me conectaram a um USB invisível e começaram a mandar estímulos. Ao mesmo tempo, recebia uma mensagem positiva do tipo 'pode ir, vai dar certo. Não se estressa, não'".

Adorou ver a Casa Rosada, por toda a história vinculada a ela. Pirou no Café Tortoni, famoso pela presença de artistas e escritores. Só reclamou das bolhas que caminhar com um All Star velho lhe causou. Andou muito.

> A cada bairro que eu ia conhecendo, me dava uma tranquilidade saber que agora eu sabia voltar a pé, já sabia o caminho. Era um prazer me descobrir assim, saber que agora era uma nova pessoa. Tinha uma história para contar – não que eu não tivesse outras histórias, mas era aquele clássico de fazer uma coisa nova pela primeira vez.

Na volta, depois de meia cerveja conversando com ele, eu já tinha um parecer claro: Daniel tinha virado um viajante. Com um perfil claramente lifewide learner, ele descobriu o potencial de aprendizado e crescimento por meio da exposição a mundos – ou nichos – diversos. As descobertas se deram, ao mesmo tempo, pelo contato sinestésico com novos locais, pela expansão de horizontes culturais e pelo desenvolvimento de autoconfiança.

Nos anos seguintes, foi para o Chile e voltou para a Argentina com a Dani, sua namorada à época. Além disso, mudou sua relação com São Paulo, aproveitando muito mais a cidade em que vivia.

As viagens curtas eram boas, mas ele queria algo maior. Por isso, em 2008, foi morar durante oito meses em Londres para mais um ciclo de estudos e novas experiências. Na volta, ainda trabalhando juntos, viajamos para congressos e festivais na Inglaterra e nos Estados Unidos. Juntamente com a Dani, ele explorava todo o Brasil também.

Em 2025, eles completam oito anos morando em São Francisco, nos Estados Unidos, agora casados. Adquiriu o *green card* e atualmente trabalha como designer para uma *edtech*.

Para mim, essa história mostra a beleza do aprendizado incidental por meio de viagens (e vice-versa). Nós não conseguimos planejar exatamente o que vamos aprender, mas podemos fazer escolhas de vida que aumentem nossa chance de interagir com o novo e o desconhecido. Conviver bem com a incerteza é parte importante do processo.

Ao beber de tantas fontes estéticas e culturais diversas, Daniel com certeza tornou-se melhor designer. Mas os aprendizados maiores foram sobre si próprio e, principalmente, sobre quem queria ser.

Sei que a jornada dele é ousada e ampla, incluindo principalmente experiências em outros países. Não há como negar que a experiência de uma viagem internacional nos expõe a nichos ainda mais diversos e, portanto, pode trazer mais estímulos e repertórios. Para mim, entretanto, esse não é o ponto principal da história. O que me chama a atenção é o impacto da primeira viagem. Foi ela que abriu um portal de possibilidades inconscientemente desejadas, que só foi acessado a partir da experiência.

Não conseguimos saber de antemão o que vamos sentir ou o que vai nos interessar antes de chegar ao nosso destino. O aprendizado ocorre por coragem e curiosidade. Depois de conversarmos e lembrarmos a viagem, recebi esta mensagem:

> Viajar, para mim, é e sempre foi uma questão de mudar a perspectiva, sair do piloto automático. É aquele momento em que eu observo a rotina de um lugar que não é o meu, diferente em muitas coisas, parecido em outras. É onde eu tenho a oportunidade de calibrar meu modo de ver o mundo, minhas convicções, e perceber que, a cada viagem, a amplitude de visão aumenta um pouquinho.

Daniel tornou-se quem é não pelas viagens que fez, mas pela forma como ele aprendeu sobre si mesmo.

Acho sua história incrível, mas confesso que, antes de decidir contá-la aqui, fiquei com muitas dúvidas. Essa jornada poderia passar a impressão de que o aprendizado incidental se dá apenas nas viagens longas e internacionais. No entanto, como já destaquei, meu ponto é outro: a busca do aprendizado incidental por meio de viagens não demanda um passaporte, mas sim coragem para agir, curiosidade e abertura.

QUEM FAZ AS VIAGENS SÃO OS VIAJANTES

Talvez viajar, conhecer lugares e pessoas seja uma parte importante da sua vida. Ou pode ser que você simplesmente odeie ter que sair de casa. Mas não podemos negar que a exposição a outros nichos é fonte importante de aprendizado incidental e que você pode se beneficiar ao incluir essa prática no seu dia a dia.

Os aprendizados inerentes às viagens mais longas são mais óbvios e, por isso, têm sido mais analisados pela academia. Três professores publicaram no periódico da Academy of Management uma pesquisa sobre o tipo de aprendizagem que ocorre durante um período sabático, um *gap year*.[6] O artigo buscava identificar oportunidades de aprendizado informal e incidental nesse tipo de experiência. Foram acompanhadas 27 pessoas, que viajaram por períodos que variavam de 3 a 24 meses. No momento da partida, nenhum deles trabalhava ou estudava, e o aprendizado não era a motivação principal para suas viagens.

Sei que fazer um período sabático como o que foi estudado é uma prática ainda mais restrita a um público muito privilegiado. Ainda assim, a análise desse tipo de viagem trouxe insights interessantes. De acordo com a pesquisa, parte dos aprendizados decorreu dos perrengues e das adaptações de comportamento naturalmente necessários nesse tipo de experiência. Essas viagens também promoveram mudanças de perspectivas a partir de diálogos com pessoas com bagagens muito diversas. Finalmente, momentos de reflexão e insights foram relatados como primordiais para a consolidação do aprendizado. O processo não foi linear, e cada viajante relatou experiências distintas, mas todos reconheceram diversos aprendizados que foram adquiridos de maneira incidental.

Mesmo nas viagens mais longas, as pesquisas demonstram que algumas pessoas aproveitam o aprendizado mais do que outras. Um estudo realizado com 294 executivos e estudantes de MBA buscou identificar se vivências longas no exterior funcionavam para desenvolverem o que foi chamado de *inteligência cultural*.[7] Esse conceito foi definido como a capacidade de lidar efetivamente com pessoas de diferentes origens culturais. Essa competência é especialmente relevante para a liderança de empresas multinacionais. Os resultados mostram uma correlação positiva entre o tempo de experiência internacional e o desenvolvimento desse tipo de inteligência.

Os pesquisadores tinham um outro objetivo que me chamou ainda mais a atenção. Eles queriam identificar que características pessoais potencializam o aprendizado em experiências internacionais de longo prazo. Utilizando um inventário de estilo de aprendizagem desenvolvido por David Kolb,[8] eles constataram que um perfil específico – chamado *divergente* – teve melhor desempenho. As pessoas com esse estilo predominante possuem como principais características maior capacidade de imaginação, interesse por pessoas e amplos interesses culturais, além de conseguirem escutar de mente aberta e recorrer a diferentes pontos de vista para interpretar situações concretas. Se você se lembrar do capítulo 6, essas características são muito semelhantes aos comportamentos relacionados à abertura à experiência e à curiosidade.

Em resumo, a disposição, a postura e o interesse ao viajar são tão ou mais importantes do que a duração ou a localização da viagem. Esse é o aspecto principal dessas pesquisas para o aprendizado incidental. Quem faz a viagem é o viajante e seu estado de espírito.

Em *As cidades invisíveis*,[9] Ítalo Calvino, famoso escritor italiano, sugere que cada pessoa vê a mesma cidade de maneira diferente, e que a forma como viajamos e observamos os lugares depende muito mais do nosso olhar e da nossa disposição interior do que do lugar em si. Há uma passagem famosa no livro que deixa claro que o aprendizado incidental proveniente de viagens ocorre de dentro para fora: "De uma cidade, não aproveitamos as suas sete ou setenta e sete maravilhas, mas a resposta que dá às nossas perguntas".[10]

Não dependemos de períodos sabáticos ou viagens ao exterior para aproveitar essa fonte de aprendizado incidental. Se for possível – e você tiver vontade e condições –, ótimo. Não estou sugerindo também que o aprendizado e a educação tenham que ser o objetivo principal de uma viagem. Ela vai ficar chata, e isso já destrói qualquer possibilidade de aprendizado, incidental ou não.

Conversei com meus filhos depois de suas excursões escolares às cidades históricas mineiras ou a Santos. Sei que o conteúdo educacional, propriamente dito, é uma parte pequena dos aprendizados adquiridos nas viagens. A escola também sabe.

Sempre questiono pessoas que maratonam dias inteiros em museus nas suas viagens, com um mapa na mão e a obrigação quase escolar de visitar todas as alas. Amo museus e exposições. Porém, particularmente, depois de duas ou três horas, tenho vontade de mudar de estímulos, como ir me sentar em uma praça e ver pessoas passarem – se possível, com um café na mão.

Mais uma vez, tomo emprestada a visão da antropóloga Christine Escallier. A experiência durante uma viagem tem, ou pode ter, três virtudes: a pessoal (autoconhecimento e transformação interior), a educativa (aquisição de novos conhecimentos) e a exploratória (descoberta de outros lugares e perspectivas). Elas podem (e devem) coexistir.

APRENDENDO PERTO DE CASA

O aprendizado está na troca, no olhar e na intenção de ouvir. E isso pode acontecer em qualquer lugar, até onde você mora.

As *learning cities* são um conceito desenvolvido pela Unesco para identificar e apoiar cidades que priorizam o aprendizado como parte integrante da vida urbana. Não é apenas uma questão de ter boas escolas ou universidades. A ideia é mais ampla: criar um ambiente onde o aprendizado acontece naturalmente em todos os espaços – nas famílias, nas comunidades, no trabalho e nos espaços públicos. Imagine uma cidade que, conscientemente, estimula encontros, facilita acesso a cultura e tecnologia e cria oportunidades para que seus moradores aprendam uns com os outros. Os recursos da cidade – desde bibliotecas e museus até praças e parques – são vistos e geridos como espaços potenciais de desenvolvimento.

Para os aprendizes incidentais, o conceito de *learning cities* busca transformar nosso olhar sobre o lugar onde vivemos. A Unesco reconhecia, no momento da escrita deste livro, 79 cidades, em uma rede global cujo objetivo é promover oportunidades de aprendizado ao longo da vida e apoiar as cidades a se tornarem sustentáveis.[11]

Dos 5.565 municípios brasileiros, apenas cinco participaram do processo para receber o título da Unesco.* Mas, no fundo, isso não tem

---

* As cidades brasileiras que estão nessa lista são: Contagem, Curitiba, Leme, Recife e São Paulo.

significado. Não sei onde você mora, mas sei que você pode andar pela sua cidade com olhar de viajante. Em vez de reclamarmos que "não tem nada para fazer na cidade", podemos começar a identificar oportunidades de aprendizado em cada canto. Pode ser aquele café novo que abriu no centro histórico, um evento cultural em um bairro que você nunca visitou ou uma feira de rua que reúne artesãos locais. Os recursos estão lá – museus, centros culturais, bibliotecas, parques –, mas precisamos desenvolver a postura de viajante para aproveitá-los.

Precisamos abraçar a ideia de passear na nossa própria cidade, explorando lugares e experiências com curiosidade e abertura. Passeios também são viagens. Aposto que existem experiências e pessoas maravilhosas a menos de 20 quilômetros da sua casa, que você não sabe que existem. Não podemos subestimar quanto a nossa rotina – os caminhos que fazemos, as pessoas com quem convivemos ou os bares que frequentamos – cria hábitos que nos acalentam. Como consequência, ficamos com preguiça de buscar novos roteiros, em um ciclo que já explicamos no começo do livro. Quando me questiono se devo sair ou não, sempre penso que em casa o acaso não vai me favorecer.

Para não deixar que a rotina vença a vontade de explorar, aqui estão algumas práticas que podem ajudar você a transformar sua região em fonte de novas experiências e aprendizados. Honestamente, não há nada de muito novo aqui, mas são pequenos atos que auxiliam na criação do hábito de viajar. Seja lá para onde.

1. **Faça uma curadoria**: um grande inibidor para experimentar nossa cidade como viajantes é a falta de opções. Decidir conhecer um local novo por mês, mas não saber o que fazer nele, acaba com qualquer perspectiva de aprendizado. E nada mais chato do que aquela conversa com amigos ou parceiros que começa com: "Vamos fazer o quê, hoje?". Minha curadoria pessoal de espetáculos, locais, restaurantes ou eventos é feita seguindo perfis específicos em redes sociais e me conectando a um grupo de amigos que indicam coisas uns para os outros. Sempre tenho uma lista de coisas a fazer. Com inteligência artificial, também é possível buscar roteiros em

entidades específicas – como o Sesc – e gerar uma lista de opções para a semana.

2. **Antecipe-se**: percebo que, no fundo, uma boa forma de sair de casa é gerar um compromisso antecipado. Podemos fazer isso combinando com amigos, comprando ingressos ou fazendo reservas nos locais que queremos visitar. No dia, às vezes até dá uma preguiça, mas até as roubadas podem trazer aprendizado e diversão.

3. **Tenha metas**: honestamente, acho meio ridículo isso, mas é funcional. Talvez "meta" seja uma palavra muito forte, mas definir uma intenção e objetivos pode ser uma forma de motivação. Já falei que eu e minha esposa temos uma competição de quem indica mais lugares legais. Nós nunca contabilizamos os resultados, mas no fundo essa prática gera um estímulo de buscar coisas novas.

4. **Viva a experiência**: não faz sentido estar lá e cá ao mesmo tempo. Se você optou por viajar, tente se desconectar dos problemas, do trabalho, das redes sociais e se conectar com a experiência e com o presente. Nas viagens de muitos dias ou semanas, é comum manter algum tipo de contato. Eventualmente, sua prática profissional pode atrapalhar uma desconexão total. Contudo, nas pequenas experiências dentro da sua cidade, tente pelo menos desligar o celular. Isso vale para a mesa do bar, caminhadas ou espetáculos.

5. **Aumente o raio**: em princípio, se você não achar algo que seja do seu interesse dentro da sua cidade, às vezes terá que ir mais longe para achar novos estímulos. Contudo, estou falando também do seu raio de interesse. É impossível saber se você vai gostar ou não do desconhecido. Na dúvida, vá. E deixe seu cérebro capturar o aprendizado de maneira incidental.

VIAJAR SEMPRE

Viajar? **Para viajar basta existir**. Vou de dia para dia, como de estação para estação, no comboio do meu corpo, ou do meu destino, debruçado sobre as ruas e as praças, sobre os gestos e os rostos, sempre iguais e sempre diferentes, como, afinal, as paisagens são.

Se imagino, vejo. Que mais faço eu se viajo? Só a fraqueza extrema da imaginação justifica que se tenha que deslocar para sentir.

[...]

É em nós que as paisagens têm paisagem. Por isso, se as imagino, as crio; se as crio, são; se são, vejo-as como às outras. Para quê viajar? Em Madrid, em Berlim, na Pérsia, na China, nos Pólos ambos, onde estaria eu senão em mim mesmo, e no tipo e género das minhas sensações? A vida é o que fazemos dela. As viagens são os viajantes. O que vemos, não é o que vemos, senão o que somos.[12]

O texto anterior é de Bernardo Soares, heterônimo do poeta português Fernando Pessoa. Ele tinha uma opinião muito clara sobre esse tema: "A ideia de viajar nauseia-me. Já vi tudo que nunca tinha visto. Já vi tudo que ainda não vi".[13]

Acho maravilhosa sua provocação. Exagerada, porém maravilhosa.

Em uma primeira leitura, ela nega a importância da viagem como instrumento de aprendizado, da forma como proponho aqui. Soares sugere que a imaginação pode substituir as experiências vividas em outros ambientes. Vale lembrar que Pessoa faleceu aos 47 anos, em 1935 – portanto, ele se beneficiou pouco das facilidades turísticas do pós-Guerra.

Entretanto, quando diz que "a vida é o que fazemos dela" e que "as viagens são os viajantes", ele traz de volta a nossa responsabilidade de escolha. Sêneca, com seu olhar estoico, intitulou uma de suas cartas "Sobre viajar como cura para o descontentamento".[14] Nela, adverte que não adianta buscarmos salvação ou mudanças nas viagens: "Você pergunta por que tal fuga não o ajuda? É porque você foge acompanhado de você mesmo. Você deve deixar de lado os fardos da mente; até que você faça isso, nenhum lugar irá satisfazê-lo".

Viagens não são fugas. Elas existem para tornar nossa vida melhor. Talvez o segredo seja combinar as três virtudes que discutimos: buscar transformação interior, estar aberto a novas experiências e manter um espírito exploratório mesmo nos lugares mais familiares.

Finalmente, acho que a visão de Soares pode ser complementada com a de outro escritor português. José Saramago, no seu livro *Viagem a Portugal*, nos lembra que:

> A viagem não acaba nunca. Só os viajantes acabam. E mesmo estes podem prolongar-se em memória, em lembrança, em narrativa. Quando o visitante sentou na areia da praia e disse: "Não há mais que ver", sabia que não era assim. O fim de uma viagem é apenas o começo de outra. [15]

O aprendiz incidental busca, ativamente, conhecer outros lugares que podem oferecer novos repertórios e pontos de vista. E sabe que isso ocorre em qualquer lugar. Somos viajantes (e *flâneurs/flâneuses*) por natureza, só precisamos nos lembrar disso.

C - Conteúdo

→ **Viajar é experimentar fisicamente** outros nichos durante um período pré-definido – uma fonte rica de aprendizado incidental

→ Existe uma diferença entre **turistas** (que consomem lugares) e **viajantes** (que se entregam às experiências e convivem com anfitriões)

→ A arte de **flanar** – perambular sem pressa, observando atentamente a vida ao redor

→ **"Viagens" podem acontecer em diversos contextos** - seja visitando outros departamentos da empresa, conversando com clientes e fornecedores ou explorando bairros e espaços culturais locais que você ainda não conhece

E - Experiência

→ **Pratique flanar em sua própria cidade** – caminhe sem destino definido, observando detalhes e abrindo-se às descobertas

→ **Faça uma "microviagem"** a um bairro da sua cidade que você nunca visitou – experimente comidas locais, converse com moradores

→ **Quebre sua rotina de deslocamentos** – vá ao trabalho ou ao mercado por um caminho diferente, observando o que normalmente não vê

→ Adote uma **curadoria sistemática de lugares** interessantes para visitar – crie uma lista e comprometa-se a conhecer um por mês

P+R - Pessoas + Redes

→ **João do Rio** – escritor que celebra o espírito vagabundo e a arte de "flanadores"

→ **Fernando Pessoa (Bernardo Soares)** – poeta que reflete sobre como "as viagens são os viajantes"

→ Viagem com colegas ou grupos da sua área para **eventos e congressos** fora da sua cidade, se possível

CAPÍTULO 10

MAIS ARTE, POR FAVOR

É difícil olhar para as criações dela sem se impactar. São vibrantes e harmônicas, sempre com cores fortes. Em algumas obras, a artista utiliza palavras escritas em fontes variadas, algumas mais sisudas e geométricas, misturadas a textos com uma escrita à mão totalmente orgânica. Em outras, combina elementos pictóricos diversos, sem se preocupar com uma lógica aparente. Podem ser imagens de personalidades ou de pessoas desconhecidas. Ou de um tomate. De uma letra capitular – aquela bem rebuscada que fica no início do parágrafo de livros históricos.

Os textos são variados também. Ora inspiradores e pessoais, ora provocativos, clamando por justiça social. Ela se apropria de frases de origens diversas, como slogans, passagens bíblicas ou letras de música pop. Há também misturas maravilhosamente nonsense, como um poema da escritora americana Gertrude Stein interrompido pela frase "Nenhum homem é uma melancia".

As obras são serigrafias, aquela técnica em que você usa uma tela com partes bloqueadas e outras livres para a passagem da tinta, que tem a vantagem de permitir a criação de várias cópias idênticas e a sobreposição de cores. É a mesma que você já deve ter visto para estampar camisetas.

Ao pesquisar um pouco mais sobre a coleção, surge o primeiro encanto. Embora pareçam atuais, as obras foram criadas há mais de sessenta anos. A artista iniciou sua produção na década de 1950, mas as pinturas mais conhecidas, com as características que descrevi acima, começaram em uma segunda fase da sua carreira, na década seguinte.

Entretanto, a surpresa maior – e mais gostosa – ocorre quando você descobre quem é a artista por trás dessas obras que têm um viés claramente pop. Corita Kent, uma freira norte-americana celebrada no mundo do design e da arte. Ela também foi uma educadora igualmente inspiradora e exigente. Entre suas criações está o design do selo "Love" para o correio norte-americano (que teve mais de 700 milhões de cópias impressas).

A artista nasceu em 1918 em uma família católica de origem irlandesa, no estado de Iowa. Seu nome de batismo era Frances Elizabeth Kent. Quando tinha 5 anos, mudou-se para Los Angeles, na Califórnia, que já despontava como um polo artístico e criativo. Seu interesse por arte começou ainda na infância. Lia muito e produzia pinturas e reproduções de obras famosas.[*]

Aos 18 anos, por uma decisão pessoal, entrou para o Immaculate Heart of Mary, um convento localizado em Los Feliz, um bairro de Los Angeles. O espaço religioso era conhecido por sua abordagem progressista e criativa. Lá, tornou-se freira e recebeu o nome religioso de irmã Mary Corita.

Enquanto ela lecionava para crianças no Canadá, outros professores perceberam sua vocação e insistiram que ela fosse estudar arte de maneira mais estruturada. Fez bacharelado e concluiu o mestrado em 1951, quando direcionou seu talento para a serigrafia. Há duas versões de como teria aprendido essa técnica. A página na internet dedicada à sua história conta que Corita adquiriu um kit do tipo "faça você mesmo" e começou a

---

[*] Se você quiser saber mais da vida e do método de ensino de Corita Kent, acesse o site dedicado a ela - corita.org - ou leia o maravilhoso livro *Aprender de coração*, publicado pelo Clube do Livro do Design em 2023.

experimentar durante seu mestrado.[1] Outras fontes relatam que ela aprendeu com María Martínez, viúva de um importante artista mexicano.[2] A verdade provavelmente é uma mistura dos dois relatos. O fato é que a serigrafia foi o meio pelo qual ela optou por se expressar artisticamente.

A imagem de uma freira criando suas obras, trajada com o hábito tradicional, de mangas arregaçadas, gera uma maravilhosa dissonância cognitiva. Alguns poderiam dizer que essa mistura inesperada foi o motivo de seu sucesso, mas não. Seu talento, seu carisma e sua criatividade eram inegáveis, e graças a eles Corita criou mais de oitocentas obras ao longo da vida.

Entretanto, ela tinha outra ocupação que lhe proporcionava igual prazer e sucesso: ser uma professora de arte e design tão competente quanto exigente. Suas práticas de ensino eram, em si mesmas, manifestações do aprendizado incidental. Seus famosos "trabalhos de campo" não eram para museus ou galerias, mas para postos de gasolina e supermercados – lugares onde ela instigava seus alunos a encontrarem beleza e significado no cotidiano. Corita os fazia usar um "finder" – um pequeno visor de papelão que funcionava como uma moldura móvel – para reenquadrar e redescobrir o mundo à sua volta.

Carismática, hiperativa e bem-humorada, ela formou uma geração de profissionais por meio de exercícios criativos aparentemente extenuantes, como fazer cem desenhos em um dia. Entretanto, não se tratava apenas de arte; o objetivo era desenvolver um novo olhar para o mundo, encontrar inspiração nos lugares mais improváveis e aprender constantemente com tudo e todos ao redor. Seu departamento de arte no Immaculate Heart College era um laboratório vivo de lifewide learning, onde alunos eram incentivados a misturar referências populares e eruditas, sagradas e profanas, artísticas e comerciais.

Em 1968, talvez incentivada pelo espírito da época, Corita decidiu deixar a vida religiosa e passou a morar em Boston. Por coincidência, a mudança ocorreu logo após ela ter sido capa da famosa revista americana *Newsweek*, posando ao lado de suas criações, vestida de hábito. O título era "A freira: rumo à modernidade".[3]

Nesse período, seus trabalhos tornaram-se ainda mais ativistas, impulsionados por eventos como a Guerra do Vietnã e os assassinatos de John F. Kennedy e Martin Luther King. Ela continuou criando obras de arte com mensagens sociais e espirituais até falecer em 1986, aos 68 anos, após mais de uma década lutando contra o câncer que a acometeu.

Dentre suas muitas heranças para o mundo, uma é muito pertinente para o aprendizado incidental: as dez regras do departamento de arte do Immaculate Heart College.[4] Direcionadas inicialmente para alunos e professores, elas foram traduzidas e distribuídas no mundo inteiro e tornaram-se verdadeiros guias para escolas, professores, alunos, artistas e designers.

Tenho um apego pessoal à quarta: "Considere tudo como um experimento". É libertador poder viver sem a necessidade de acertar sempre. Também me chama muito a atenção um parágrafo que está disposto logo após a décima regra, chamado "Dicas úteis".

> Esteja sempre por aqui. Vá a todos os lugares. Vá sempre às aulas. Leia tudo o que você tiver a seu alcance. Observe os filmes com atenção e frequência. Guarde tudo – uma hora isso pode vir a calhar.
> Aguarde novas regras semana que vem.

Esse texto, bem como a história de vida de Corita, inspira qualquer lifewide learner.

Em primeiro lugar, as escolhas dessa norte-americana não ocorreram unicamente a partir de um viés profissional. Por meio de sua curiosidade e agência, ela buscou responder à pergunta fundamental do aprendiz incidental: quem eu quero ser. Além disso, o fato de ser uma freira, o que traz uma expectativa social predeterminada, não impediu que ela abraçasse seu chamado e expandisse seu talento.

A arte foi o caminho que ela escolheu para interagir com o mundo – viajando, experimentando e criando. Para se desenvolver, aproveitou-se do contato com artistas incríveis, incluindo o cineasta Alfred Hitchcock, o músico contemporâneo John Cage e o casal de designers Charles e Ray Eames, criadores de uma das poltronas mais famosas do mundo.

A inclusão da arte no nosso cotidiano – seja produzindo, seja desfrutando – é o terceiro convite da etapa **explorar**. Ela oferece oportunidades incríveis para o aprendizado incidental e conclui as três dimensões dessa etapa.

Nossa jornada começou na **dimensão temporal**, buscando o presente que existe ao nosso redor, mas que muitas vezes não percebemos. Em seguida, expandimos nossa busca para a **dimensão espacial**, por meio de viagens e passeios que nos permitem descobrir novos territórios físicos e culturais. Finalmente, na arte, alcançamos uma esfera mais sutil e profunda: a **dimensão sensível**, na qual exploramos novas formas de perceber, sentir e interpretar o mundo.

São três caminhos complementares que, juntos, ampliam nossa capacidade de aprender ao longo da vida por meio de experiências significativas e transformadoras.

A história de Corita exemplifica perfeitamente essa jornada de aprendizagem incidental: ela se conectou ao zeitgeist – política e culturalmente –, buscou novos olhares para espaços cotidianos e utilizou sua arte como uma lente para ver e interagir com o mundo.

ARTE ONIPRESENTE

Os brasileiros estão cada vez mais conectados com arte e cultura, por diferentes canais. Uma pesquisa recente sobre hábitos culturais mostra que 96% dos entrevistados tiveram alguma experiência recente com arte. O digital domina: mais de 70% das pessoas escutam música e assistem a vídeos por streaming, enquanto podcasts e livros digitais alcançam cerca de 40% do público.[5]

As experiências presenciais seguem um padrão diferente. Shows de música, espetáculos de dança e teatro atraem cerca de metade dos entrevistados, enquanto cinemas, exposições e museus são frequentados por um terço deles.

A leitura de livros, tanto impressos quanto digitais, apresenta uma tendência preocupante: outra pesquisa demonstrou que cresce o número de brasileiros que não leram nenhum livro ao longo do ano, e a quantidade de obras lidas diminui mesmo entre os leitores.[6]

Enquanto estava analisando os números, identifiquei um preconceito na minha interpretação dos resultados. No início, me questionei se comédias românticas despretensiosas ou músicas populares seriam experiências artísticas do tipo que impacta o aprendizado incidental.

Estava errado, duas vezes.

Primeiro, porque arte é arte. Julgá-la ou hierarquizá-la é uma das atitudes que atrapalham sua disseminação. Além disso, pensando um pouco, identifiquei momentos de aprendizado que ocorreram justamente a partir dessa forma de arte.

Por exemplo, considero a série argentina *Nada*, que conta com Luis Brandoni, Robert De Niro e Majo Cabrera como estrelas principais, uma ode ao aprendizado ao longo da vida. Além da história linda, o elenco encanta por sua formação: dois amigos octogenários acompanhados de uma atriz iniciante com menos de 30 anos.

Outro exemplo é o último episódio da terceira temporada da série *The Bear*.[7] Na cena de abertura, Thomas Keller, fundador de alguns dos restaurantes mais estrelados do mundo, interpreta a si mesmo. Ele aparece ensinando Carmy, o cozinheiro protagonista da série, a desossar um frango em seu primeiro dia de trabalho. Ao longo da conversa, ele mostra de maneira inequívoca como humildade, carisma e presença são recursos didáticos poderosos. De quebra, fala de legado, propósito e aprendizado contínuo, tudo isso em pouco mais de cinco minutos. Esse conteúdo deveria ser obrigatório para qualquer pessoa que atue em posição de liderança.

Volta e meia, me apaixono por uma música que escuto em algum lugar, descubro o nome e peço que algum aplicativo de música crie uma playlist a partir dela, sem informações extras. É meu jeito de subverter as indicações dos algoritmos, oferecendo estímulos aleatórios para que eles me apresentem novas canções e artistas.

Então, sim, considero que o consumo de música e conteúdos audio-visuais em streaming pode fazer parte da jornada que estou propondo aqui. Contudo, faço uma observação importante.

Sempre vale a pena reforçar: nós nos beneficiamos da exposição e do convívio com novos ambientes. Para potencializar o lifewide learning, idealmente temos que nos expor a experiências culturais que sejam inéditas ou que nos tirem da zona de conforto. Portanto, se quiser utilizar o streaming no espaço de aprendizado incidental, exponha-se a experiências diferentes das que você normalmente vive: séries, filmes e músicas de nacionalidades, estilos e temáticas que sejam surpreendentes para você. Não fique refém dos algoritmos: use-os como aliados e vá além das sugestões deles.

Também defendo que uma experiência ampliada acontece quando você presencia a arte ao vivo, beneficiando-se dos cinco sentidos para apreciá-la. Não dá para comparar escutar uma playlist no carro a assistir a um concerto ao vivo. Da mesma forma, olhar imagens na tela não é 0,1% da experiência de visitar uma galeria ou um museu.

Finalmente, em vez de experimentar a arte como uma atividade especial, porém esporádica, inclua-a na sua rotina. De acordo com a ciência, além de gerar aprendizado incidental, ela torna sua vida melhor, como explico a seguir.

VOCÊ TEM SEDE DE QUÊ?

Nos primeiros anos da minha carreira, fundei com dois amigos uma empresa que promovia seminários. Nosso público-alvo eram estudantes universitários e jovens no final do ensino médio. A SSJ, nome da empresa, oferecia uma visão sobre o mercado de trabalho a partir do contato direto com profissionais que trabalhavam nas empresas dos sonhos. Vale dizer que estou falando de 1994, um período pré-internet e redes sociais, quando a oportunidade de ver e ouvir personalidades do mundo dos negócios era algo ainda mais valioso.

Em um desses eventos, estruturado para ajudar alunos a definirem qual vestibular prestar, convidamos um publicitário jovem e premiado para contar como era o seu dia a dia de trabalho. O auditório da FGV, na avenida Nove de Julho, estava lotado no dia da palestra: mais de quinhentos estudantes compareceram. Na década de 1990, a publicidade tinha um apelo gigantesco.

De maneira didática e sedutora – afinal, ele era um redator –, o palestrante descreveu o funcionamento de uma agência. Apresentou propagandas premiadas e contou, com humor, casos que demonstravam a complexidade do relacionamento com clientes, veículos de mídia e áreas internas da agência. Descreveu em detalhes como era o trabalho de uma dupla de criação e, já no final, pouco antes de abrir para perguntas, fez uma interação com os pré-universitários, a maioria no auge de seus 17 anos:

— Quem aqui gostaria de ser publicitário, depois de ver a vida como ela é?

Quase a totalidade do público levantou a mão.

— E quem gostaria de trabalhar como redator, escrevendo comerciais?

Talvez uns dois terços do público mantiveram a mão levantada. Naquela época, em que computador ainda era um luxo, trabalhar como diretor(a) de arte – a outra metade da dupla de criação – era visto como uma atividade para artistas.

— E quem já leu Manuel Bandeira?

Silêncio total, seguido por uma pausa dramática, proposta intencionalmente pelo publicitário.

— Então desistam. Se você tem 17 anos e não é apaixonado por literatura, vai ser muito difícil ser um redator criativo de sucesso.

Confesso que achei cruel a abordagem, talvez necessária e funcional para parte do grupo. Porém, me lembro da preocupação, como organizador do evento, ao ver os rostos atônitos de centenas de jovens tão bem-intencionados.

Eu mesmo já tinha experienciado uma provocação bem ensaiada de outro publicitário, o lendário Washington Olivetto, quando era estudante da própria FGV.

Ele foi apresentado, no mesmo auditório, e efusivamente aplaudido. O público, dessa vez, era composto de estudantes de Administração como eu. O publicitário entrou no palco, agradeceu pelos aplausos e sentou-se em uma cadeira. Pegou a revista *TV Contigo*, aquela de fofocas, e passou a folheá-la, sem qualquer interação com a plateia. Logo na sequência, começou a tocar a música "Pense em mim", de Leandro e Leonardo. Olivetto ficou os três minutos e dezenove segundos da música com os olhos na revista.

O grupo de universitários, embora mais maduros do que o público da primeira história, não soube muito bem como reagir à cena. As risadas do início tornaram-se gritos até se consolidarem em um silêncio curioso.

Quando acabou a música, ele se levantou, deu boa-noite e perguntou:

— Vocês também acham essa música linda?

Mais berros e o início de uma tiração de sarro. Ele continuou:

— Sei que, aqui na FGV, o sonho de boa parte de vocês é trabalhar como executivo de marketing em uma multinacional. Sem apreciar a beleza por trás dessa música ou ter um interesse genuíno em saber quem matou Odete Roitman,* vai ser difícil conversar com sua consumidora para vender Omo — ele disse, provocando as centenas de pessoas cujo anseio era trabalhar como trainee na Unilever, fabricante do sabão em pó.

Pode ser Manuel Bandeira, Leandro e Leonardo ou uma novela da TV Globo; o que os dois publicitários demonstraram com suas provocações foi a importância da conexão com a arte e a cultura para o seu desenvolvimento pessoal e profissional.

Passados trinta anos, a demanda por habilidades que podem ser desenvolvidas por meio de vivência artística aumentou muito. Com a transformação digital e a inteligência artificial modificando a maneira como trabalhamos e vivemos, as necessidades de requalificação estão se transformando também.

O mercado ainda está decidindo se as habilidades serão chamadas de *soft skills*, *power skills* ou *human skills*; isso pouco importa. Mas, como prevê o Fórum Econômico Mundial, em um artigo sobre o novo cenário:

> [à] medida que as atividades rotineiras se tornam automatizadas, os empregadores devem redesenhar os cargos para focar o trabalho que apenas humanos podem fazer. Isso impulsionaria a criatividade, a resolução de problemas e a inovação.[8]

Qual tipo de aprendizado pode apoiar o desenvolvimento dessas habilidades? Scott Harley escreveu um livro que ajuda a responder a essa questão. Ele trabalhou em gigantes como Facebook e Google e hoje atua como um *venture capitalist*, por meio de um fundo coletivo chamado Everywhere. O título de sua obra parece ser autoexplicativo: *O fuzzy e o techie: por que as ciências humanas vão dominar o mundo digital*.[9] Porém, no fundo, ele questiona a falsa dicotomia entre formação técnica e humanística.

Os termos escolhidos para nomear o livro fazem referência à forma como os alunos da Universidade Stanford classificam uns aos outros:

---

* Famosa personagem da novela *Vale tudo*, de 1988, interpretada por Beatriz Segall.

"fuzzy" é quem estuda *liberal arts*,* já "techie" se refere a quem busca uma carreira tecnológica. Scott reconhece a importância da combinação de conhecimento de ambas as áreas para enfrentar os desafios e a complexidade da atualidade. Mas ele acredita que as ciências humanas – que incluem as artes – são menos valorizadas do que deveriam. Em uma entrevista recente, defendeu que "a grande ironia do avanço da tecnologia é que nossa vantagem comparativa está em nos tornarmos mais humanos, em sermos capazes de fazer as grandes perguntas".

Você sabe o que os CEOs (atuais ou recentes) do Slack, do YouTube, da Disney, da Starbucks, da HP e do PayPal têm em comum? Todos cursaram *liberal arts* como parte de sua formação.

Dentro do escopo das ciências humanas, a arte e a cultura trazem elementos potentes para o desenvolvimento dessas habilidades tão necessárias nos tempos atuais. Porém, o processo de aprendizagem ocorre de uma maneira menos óbvia do que se espera.

Sempre utilizei interações artísticas como parte das iniciativas de aprendizado corporativo que promovo. Fotografia, música clássica, dança de salão, palhaçaria, percussão corporal com o saudoso Fernando "Barba", do Barbatuques... Já coordenei centenas de workshops em que parte do desenvolvimento de competências corporativas está ancorado em vivências artísticas. Não tenho dúvidas de que essa abordagem funciona, mas percebo que seu papel na prática educacional muitas vezes não atende às expectativas de empresas e participantes.

É pouco provável que uma atividade de duas horas de teatro promova uma evolução objetiva e instantânea na capacidade criativa dos participantes. Da mesma forma, me parece ingênuo esperar que um grupo passe a trabalhar de maneira mais colaborativa após assistir a um ensaio de orquestra comentado por um maestro. A interação com a arte, nesse contexto, tem o papel de nos expor a experiências e situações que provoquem sentidos e sensações que muitas vezes ficam anestesiadas no mundo corporativo.

---

* O equivalente às ciências humanas, em uma adaptação à maneira como dividimos as áreas no Brasil.

Queremos provocar reflexão e inspirar mudança.

O que estou propondo aqui, portanto, é diferente dessas intervenções pontuais. O aprendizado incidental se beneficia da inclusão da arte na vida cotidiana.

Vou dar um exemplo. *Storytelling*, a capacidade de contar histórias e engajar pessoas por meio delas, é uma competência extremamente importante e procurada neste momento em que atenção é um bem escasso. Para desenvolvê-la, você pode fazer alguns dos incontáveis workshops oferecidos sobre o tema ou se especializar na conhecida (e gasta) jornada do herói. São ações que sem dúvida terão seu valor.

Mas, quer aprender de verdade? Leia Isabel Allende, Machado de Assis, Gabriel García Márquez, Maya Angelou e Carla Madeira. Escute Mano Brown e Marisa Monte. Divirta-se com música clássica narrada para crianças com Pedro e o Lobo, de Prokófiev. Mergulhe na literatura de cordel. Assista a peças e filmes e veja entrevistas de seus diretores e roteiristas.

Para praticar, escreva um pouco todos os dias e conte histórias em voz alta. Com isso, você não aprenderá técnicas de *storytelling*, você se transformará em um contador de histórias.

Tal processo demandará mais tempo do que um curso on-line, mas os resultados são incomparáveis. O caminho de desenvolvimento se dará por meio de emoção, incômodo, reflexão e prática.

Sabe qual ferramenta será ótima em criar histórias a partir de métodos superestruturados (e um pouco óbvios)? A inteligência artificial. Ela fará isso muito melhor do que todos nós. Mas os textos, as apresentações ou as palestras que vão se destacar são os verdadeiramente autorais, escritos por humanos de carne e osso. Eles existirão a partir do momento em que você identificar sua voz, seu estilo. E isso acontece de fora para dentro, a partir do seu convívio com outros contadores de histórias.

Por mais que o aprendizado incidental se beneficie do acaso, há um aspecto intencional nessa busca: a escolha do uso do seu tempo de maneira cuidadosa e deliberada. Vamos fazer isso ao considerarmos o tempo de ir a um museu tão relevante quanto o de participar de uma reunião ou um curso. Adoro a maneira como Arthur Brooks, professor de liderança e felicidade na Harvard Business School, destaca os riscos de não incluir a arte no nosso cotidiano.

> Frequentemente, deixamos que a realidade monótona da vida se interponha no caminho das artes, que podem parecer frívolas em comparação. Mas isso é um erro. As artes são o oposto de um desvio da realidade; elas podem ser justamente o vislumbre mais realista que já tivemos sobre a natureza e o significado da vida. E se você dedicar tempo para consumir e produzir arte – da mesma forma que dedica tempo ao trabalho, à atividade física e aos compromissos familiares – você verá sua vida se tornando mais plena e feliz.[10]

Mais para a frente, ele conclui: "A arte, ao contrário, nos força a parar de olhar através do canudo estreito de nossa vida diária e a ver o mundo como ele verdadeiramente é."[11]

Pode ser que, mesmo com toda a justificativa anterior, a inclusão da arte para além das séries e músicas seja um desafio para alguns de nós. A falta de hábito, misturada à preguiça – e às vezes até um pouco de preconceito –, pode dificultar o primeiro passo ou a criação de uma rotina. O antídoto é desenvolver sua abertura à experiência, como já falamos. Sabe a melhor forma de fazer isso? Por meio da própria exposição à arte e à cultura.

Um estudo recente examinou o desenvolvimento da abertura à experiência ao longo da vida e sua relação com atividades culturais.[12] Os pesquisadores analisaram dados de um estudo longitudinal com mais de 7 mil participantes holandeses ao longo de sete anos. Eles identificaram que a participação em atividades culturais (como ir a museus, concertos e óperas) está associada a mudanças no traço de abertura. A relação é bidirecional: aumento nas atividades culturais prevê aumento na abertura e vice-versa, e essa relação se mantém consistente independentemente de idade, educação e renda.

Em resumo: a melhor forma de incluir atividades culturais na sua vida é começando. A experiência alimentará sua vontade de continuar vivenciando experiências culturais e talvez o ajude a desenvolver uma visão mais ampla do que chamamos de arte. Ela está em todos os lugares, na arquitetura de sua cidade, nas intervenções de arte urbana, na roda de samba da praça e até em um ipê florido, protestando contra o cinza do asfalto.

No fundo, quando procuramos a arte, o que nosso cérebro quer é nos aproximar do que é belo.

NEUROESTÉTICA

Produzir e consumir arte, em qualquer momento da vida, é bom para o seu cérebro.

O Grantmakers in the Arts é uma rede que reúne financiadores públicos e privados dedicados à arte e à cultura. Em um relatório focado no desenvolvimento humano, eles concluíram que "em estudo após estudo, a participação nas artes e a educação artística têm sido associadas a melhores resultados cognitivos, sociais e comportamentais em indivíduos ao longo da vida: na primeira infância, na adolescência e na juventude, e nos anos posteriores".[13]

Eu menciono essa pesquisa porque ela sintetiza outros estudos que poderia citar. Não se discute, do ponto de vista científico, o papel que consumir e fazer arte tem no desenvolvimento humano, em diversos aspectos. São dezenas de pesquisas sobre o impacto dos mais diversos tipos de arte.

O professor George MacKerron, da Universidade de Sussex, descobriu um padrão fascinante sobre o que nos faz verdadeiramente felizes.[14] Por meio do aplicativo Mappiness, que desenvolveu para coletar dados sobre bem-estar no dia a dia, ele analisou os registros de mais de 45 mil pessoas que documentaram seus níveis de felicidade em diferentes momentos.

O resultado da pesquisa é fascinante: logo após as experiências mais básicas de prazer humano – intimidade sexual e exercício físico –, as atividades que mais geraram bem-estar estavam todas conectadas à arte. Seja assistindo a um espetáculo, visitando uma exposição ou praticando alguma atividade artística, as pessoas relataram picos significativos de felicidade durante essas experiências estéticas. Esse padrão consistente sugere que experiências culturais não são mero entretenimento – são uma fonte vital de bem-estar emocional.

Há um aspecto que me chamou a atenção nesse estudo: a conexão direta entre arte e beleza. A procura, portanto, não é apenas por viver experiências artísticas inspiradoras, profundas ou desconcertantes. No fundo, o que procuramos é o belo, seja ele qual for.

Recentemente, Susan Magsamen, pesquisadora da Johns Hopkins University, e Ivy Ross, vice-presidente de design para hardware do Google, escreveram um livro chamado *Your Brain on Art* [Seu cérebro sob efeito da arte],[15] dedicado à compreensão do impacto neurológico do consumo e da produção de arte. As duas fundamentam a obra de maneira bastante categórica: "Os estudos científicos confirmam cada vez mais aquilo que os seres humanos, através das culturas e ao longo do tempo, já sabiam: somos programados para a arte".[16]

> Usando ferramentas não invasivas, cientistas estão investigando o cérebro para entender como o envolvimento com as artes reconecta os circuitos neurais e cria novos caminhos através do processo de neuroplasticidade. Conforme as sensações de luz, som, cheiro, sabor e toque entram no cérebro, elas desencadeiam uma complexa cascata de efeitos neurobiológicos, esculpindo e moldando funções e estruturas neurológicas. A interação com as artes, seja como criador ou observador, provoca uma interação dinâmica de neurotransmissores, desencadeando bilhões de mudanças que moldam a maneira como sentimos, pensamos e nos comportamos.[17]

Elas utilizam os termos "neuroarte" e "neuroestética" para lançar luz sobre o que a ciência já sabe: microdoses de arte podem melhorar sua vida. O livro é fascinante, repleto de pesquisas e relatos de como o contato com a arte e com o que é esteticamente agradável é fundamental para o bem-estar e o aprendizado.

Pesquisas demonstram que, quando nos conectamos com uma experiência esteticamente agradável, nossas sensações falam mais alto do que nossa opinião racional.[18] São reações emocionais – como interesse, confusão, prazer ou raiva – ou físicas – como arrepios e um sentimento de bem-estar. O fato é que muito rapidamente sabemos se amamos, odiamos ou somos indiferentes à expressão artística à nossa frente.

Adoro essa sinceridade com que nosso corpo e nossa mente reagem à arte. Meu corpo deixa muito claro quando estou envolvido em uma experiência cultural. É o sentimento, parafraseando Gilberto Gil, de que "o melhor lugar do mundo é aqui e agora". É não querer que o show, o livro, a visita ao museu ou a peça acabe.

Se essa sensação de encantamento não ocorre de imediato, podemos nos colocar em um papel que atrapalha qualquer perspectiva de aprendizado incidental: o de críticos de arte. Julgar sempre nos afasta de uma exploração aberta e reduz nossa abertura para o novo.

Cada artista ou estilo tem uma linguagem única. Talvez algumas façam mais sentido para você, por ser um "idioma" mais conhecido. Mas tenho um convite: seja poliglota. Ou seja, conecte-se deliberadamente com diferentes códigos artísticos. Eu tenho mais dificuldade em me encantar com balé, por exemplo. Mas, insistindo um pouco, fui descobrindo sua beleza, graças a Deborah Colker, Momix e Ivaldo Bertazzo, entre outros gênios da dança.

Dê uma chance e mantenha-se aberto.

Mais do que produzir sensações, a experiência artística promove novos receptores e melhora sua forma de ver o mundo.

Nada mais potente para o aprendizado.

APRENDENDO SEM PERCEBER

Como estamos no final desta etapa que chamei de **explorar**, acho importante retomar um conceito fundamental. O processo de aprendizado incidental acontece como subproduto das situações que você escolhe experimentar, de como você investe seu tempo e sua atenção ao longo da vida. Como vimos no início do livro, o percurso tem duas características importantes (e, às vezes, aflitivas).

O aprendizado acontece a partir da vivência e da exposição contínua aos estímulos de novos nichos. Como consequência, ele não ocorre da noite para o dia ou por uma ação pontual, quase independente da vida que vivemos. Ser um lifewide learner passa por um compromisso com a curiosidade, com a abertura à experiência e, em especial, com a crença no processo. O que quero dizer com isso: **as evoluções acontecem ao longo do tempo, a partir da exposição contínua ao novo.**

Além disso, **muitas vezes vamos aprender sem perceber**. É a tal aprendizagem implícita que também abordamos no capítulo 2. Temos que ficar atentos às nossas próprias transformações e evoluções, mas muitas vezes elas vão ocorrer sem nos darmos conta. É boa a surpresa de receber um elogio ou nos percebermos capazes de fazer algo que não conseguíamos antes.

Meus filhos não estudaram em um ambiente bilíngue. Eles aprenderam inglês na escola tradicional e fazem uma aula particular por semana. Sou muito atento ao desenvolvimento de idiomas, por considerar que eles são fontes de muito conhecimento pelo mundo. Exatamente por isso, sempre me questionei se o caminho escolhido era suficiente para eles atingirem proficiência.

Nós sempre os incentivamos a assistir a séries e filmes na versão original, com legendas no mesmo idioma. Eles reclamavam, mas com o tempo perceberam que ouvir a voz dos próprios atores era muito melhor do que se contentar com as traduções. A música também apoiou o processo. Nas viagens de carro, eles competem entre si para saber quem consegue cantar as partes mais rápidas de raps em inglês e adoram cantar duetos de musicais famosos no carro (e bem alto).

Recentemente, a Olívia, minha filha mais velha, fez uma prova de proficiência em inglês – e gabaritou a parte de gramática. Eu me surpreendi ao saber que ela tinha sido qualificada como fluente. Conversando com amigos que também têm filhos, vi que muitos deles também se surpreendem com a fluência dos filhos.

Como se dá esse processo? De maneira implícita. Com redes sociais, aplicativos de música e séries disponíveis 24 horas por dia, o acesso e o consumo de conteúdo cultural em outro idioma são infinitamente maiores. As aulas fazem parte do processo, organizando e consolidando o aprendizado.

É assim que o aprendizado incidental por meio da experimentação ocorre. Eu uso humor e interação com o público nas minhas apresentações. É parte da minha forma de passar informação. Não tenho dúvida de que ter feito um ano e meio de curso de palhaço com o Marcio Ballas contribuiu para essa habilidade, mas não sei explicar como. Foram horas e horas de exercícios, conversas e observação que me apoiaram na construção da minha persona de palestrante. E esse processo ainda não acabou. Aliás, acho que nunca vai acabar.

Ser lifewide learner é uma escolha que vai além dos ganhos objetivos que o aprendizado traz. A curiosidade, a busca pelo diferente e o prazer pelo novo são as verdadeiras alavancas e benefícios dessa jornada.

P.S.: UM PRESENTE FINAL

Quando estava relendo o capítulo, no meu processo de revisão, me peguei com uma reflexão específica: o que passaria na cabeça de quem está lendo este livro e desconhece o trabalho do Manuel Bandeira, poeta pernambucano que é um dos grandes nomes do modernismo no Brasil? Será que, mesmo sem querer trabalhar com publicidade, meus leitores vivenciariam o mesmo incômodo que os participantes da palestra sentiram?

Na dúvida, tive uma ideia: e se começássemos a conhecer um pouco de sua obra por aqui mesmo? Escolhi alguns versos de um poema que, além de lindo, nos faz uma provocação final. Aproveite.

Poética
Manuel Bandeira
Estou farto do lirismo comedido
Do lirismo bem comportado
Do lirismo funcionário público com livro de ponto expediente, protocolo e manifestações de apreço ao sr. diretor.
[...]
Quero antes o lirismo dos loucos
O lirismo dos bêbedos
O lirismo difícil e pungente dos bêbedos
O lirismo dos clowns de Shakespeare
– Não quero mais saber do lirismo que não é libertação.[19]

CEP+R: Mais arte, por favor

C - Conteúdo

→ A arte é uma **dimensão sensível** do aprendizado incidental, complementando as dimensões temporal (presente) e espacial (viagens)

→ A **neuroestética** mostra que o cérebro humano é "programado para a arte" – experiências estéticas provocam reações neurobiológicas profundas

→ Com o avanço da IA, habilidades criativas e sensibilidade artística tornam-se diferenciais humanos cada vez mais importantes

→ O aprendizado por meio da arte ocorre de maneira **implícita e contínua**, muitas vezes sem percebermos, mas com grando impacto na maneira como trabalhamos e interagimos com o mundo

E - Experiência

→ **Estabeleça um "dia da arte" mensal** – visite um museu, assista a um espetáculo ou participe de uma oficina criativa

→ **Experimente criar algo sem preocupação com resultados** – desenhe, escreva, componha ou dance livremente

→ **Diversifique seus estímulos artísticos** – busque gêneros musicais, literaturas ou expressões visuais com as quais você tem pouca familiaridade

→ **Observe arte no cotidiano** – da arquitetura urbana ao design de objetos, treine seu olhar para perceber beleza em elementos comuns e identifique como isso pode impactar seu nicho profissional

P+R - Pessoas + Redes

→ **Corita Kent** – freira artista que integrou arte, educação e ativismo social

→ **Austin Kleon** – autor do clássico *Roube como um artista*; escreve semanalmente em seu blog e possui uma newsletter

→ **Clubes de leitura compartilhada** – grupos que se reúnem para ler e discutir livros, criando um ambiente de experiência estética coletiva e troca de perspectivas que enriquecem o aprendizado através da arte literária

Transformar

No terceiro momento dessa jornada, **Transformar**, o foco não está apenas em acumular conhecimento, mas em se perceber diferente. Esse é o ponto em que nos abrimos para o novo e buscamos a mudança de maneira ativa, compreendendo que aprender é, essencialmente, um processo de transformação. O lifewide learner não aprende apenas para se tornar mais competente, mas para ampliar sua visão de mundo, questionar antigas certezas e se reinventar continuamente.

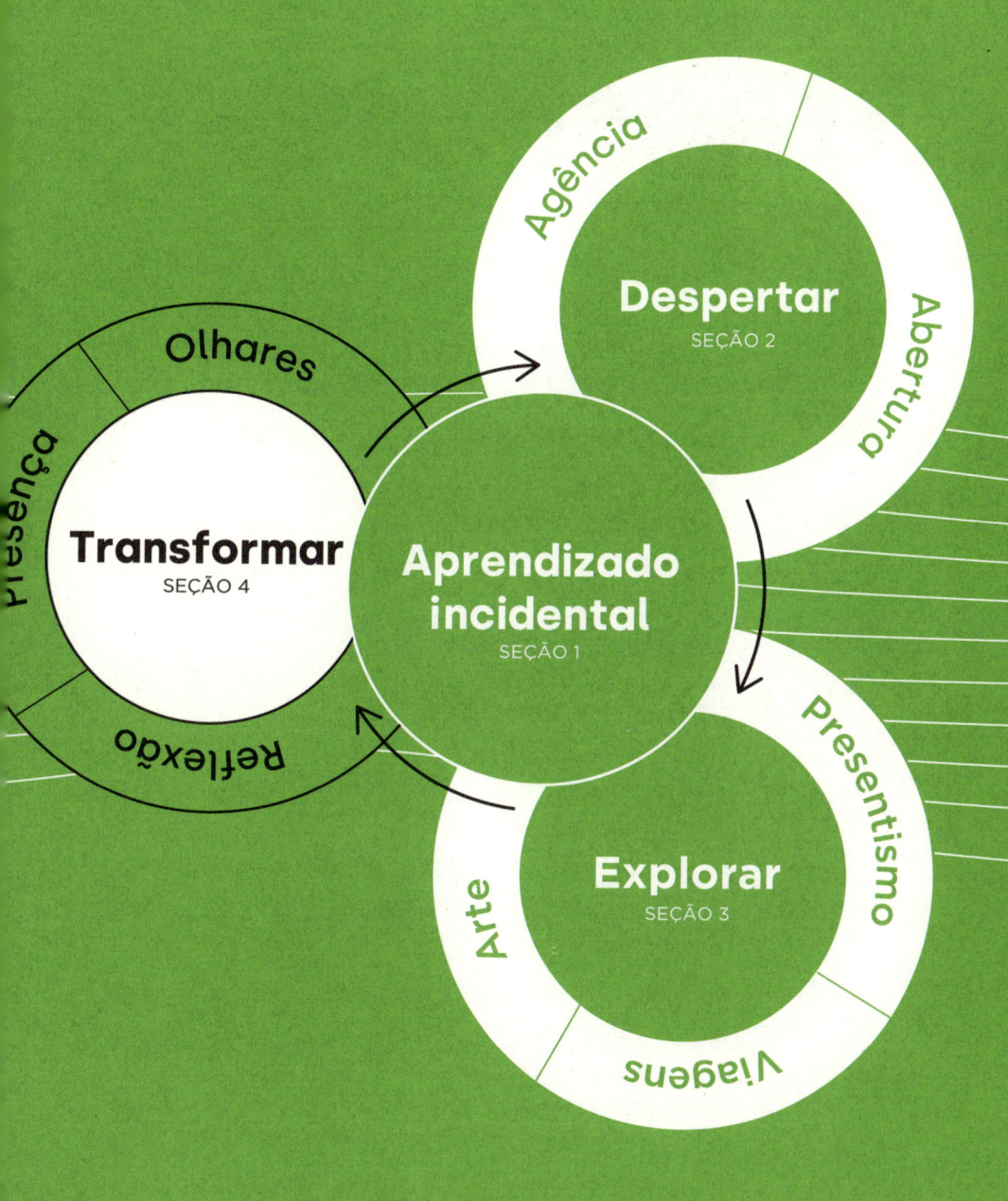

CAPÍTULO 11

NOVOS OLHARES: VER ALÉM DO VISÍVEL

Tem gosto de quê?

Você já percebeu que, toda vez que provamos uma comida nova, a tendência é logo compará-la a um sabor familiar? É amargo? Azedo? Adoramos construir nossas opiniões a partir de um repertório de referências. Quanto mais reconhecível for uma experiência, mais abertos estamos a vivenciá-la. Pessoalmente, não tenho receio de provar uma fruta que não conheço, por exemplo. Contudo, minha coragem diminui diante de um prato que faz parte do sistema digestivo de algum animal – fígado, intestino, estômago...

Esse mecanismo se aplica a outras formas de experimentação em nossa vida. Quando nos deparamos com algo novo, nossa mente tende a analisá-lo com base em padrões antigos. A maneira como interagimos com o mundo e o interpretamos depende das experiências que acumulamos ao longo dos anos. Embora natural, essa postura pode ser um obstáculo à exploração aberta, essencial para o aprendizado incidental.

Sem mudança, não há aprendizado. O lifewide learner entende isso e, como consequência, se acostuma a questionar suas próprias ideias e premissas, avaliando de tempos em tempos se ainda fazem sentido. Mas isso não é fácil. Nossa inclinação é resistir à mudança, mesmo quando nos expomos ao desconhecido – o que, muitas vezes, fazemos apenas com a intenção inconsciente de confirmar nossas verdades e manter nosso status atual.

Enquanto escrevia este livro, pedi para uma inteligência artificial gerar uma imagem de três indivíduos conversando. Eu me baseei nos três nichos dos capítulos anteriores para definir os perfis do trio: uma pessoa apaixonada por arte, outra conectada com o presente e uma terceira que gostasse de viajar e conhecer novos lugares. No comando para a máquina, solicitei também uma breve descrição textual de cada pessoa.

A tecnologia desenhou uma mesa de bar com dois homens e uma mulher. A mulher estava com pincéis e um caderno de desenhos à sua frente. O aventureiro tinha uma mochila nas costas e um mapa na mão. O outro rapaz, teoricamente conectado ao zeitgeist atual, tinha uma roupa futurista, um tablet na mão e um par de óculos estranhos. Todos modernos, brancos e jovens, com idades variando de 28 a 32 anos. Essa criação automatizada reflete a obviedade e os vieses que temos sobre cada um dos tipos propostos.

Assim como a IA reproduz padrões e estereótipos, nós também interpretamos o mundo com base em filtros invisíveis. Em inglês, esse fenômeno é conhecido como *unconscious* (ou *hidden*) *bias*. Os vieses inconscientes, como a expressão se popularizou no Brasil, referem-se a qualquer pensamento ou ação que marginalize ou favoreça desproporcionalmente uma pessoa ou um grupo de pessoas em detrimento de outro com base em estereótipos e percepções superficiais ou imprecisas.

Estudiosos de diferentes áreas se debruçaram sobre esse fenômeno. Daniel Kahneman, vencedor do Nobel de Economia em 2002, publicou dois livros em que analisa, entre outros assuntos, como os vieses impactam nossa tomada de decisão.[1] Richard Thaler, laureado em 2017 com o mesmo prêmio, demonstrou como esses preconceitos afetam percepção, atenção, memória e tomada de decisão em áreas críticas como justiça criminal, educação e habitação. As pesquisas deste último economista estão condensadas no livro *Nudge*, um clássico da área das ciências do comportamento.

Para o aprendizado incidental, os vieses influenciam dois momentos importantes da jornada que proponho aqui.

Em primeiro lugar, a escolha de novos nichos. Ao pré-julgarmos uma experiência ou a simples perspectiva de experimentar algo diferente, corremos o risco de nos prender a um estilo de vida que nos limita ao já conhecido e, portanto, reduz nossa capacidade de aprendizado e experimentação.

Há, ainda, um segundo fator importante: a maneira como vivenciamos nossas experiências. Mesmo que, em um momento de inspiração, decidamos ousar um pouco mais, como será nosso olhar diante de uma vivência nova? Como reagiremos a contextos potencialmente desconfortáveis? Como evitar o julgamento e o medo da exposição?

Uma maneira eficaz de evitar que os vieses limitem nosso aprendizado é nos expormos deliberadamente ao novo, questionando nossas suposições e buscando perspectivas diferentes. Quanto mais exercitamos essa postura, mais fácil se torna ampliar nosso repertório.

O contato com novos nichos é influenciado pelas lentes que utilizamos para interpretar o mundo. Por isso, o início dessa terceira etapa – que chamo de **transformar** – consiste em identificar como olhamos para o mundo. Não me refiro apenas ao ato físico de enxergar, mas a um processo interpretativo. O que chamamos de "olhar" é, na verdade, uma construção mental, frequentemente guiada por padrões inconscientes.

Para permitir que o aprendizado incidental trilhe seu caminho e nos transforme, precisamos estar atentos à forma como interagimos com tudo o que nos cerca. Isso vale tanto para nosso dia a dia, nos ambientes aos quais estamos habituados, quanto para os novos nichos que buscaremos ao longo da jornada.

Neste capítulo, exploraremos os olhares sob duas perspectivas: *como olhar* e *para onde olhar*.

FOTÓGRAFA POR ACASO

Há muito tempo proponho que aprendizes deveriam interpretar o mundo com a lente da antropologia. Os profissionais dessa área precisam lidar com o desafio constante de suspender o próprio julgamento, tomando consciência dos vieses inerentes à sua leitura do mundo e abraçando a ambiguidade. A aproximação muitas vezes se dá por meio de informantes culturais, pessoas que habitam o nicho e podem ajudá-los a compreender a linguagem e os valores desse ambiente. O esforço está em identificar aquilo que o torna peculiar.

Ao escrever este livro, fiquei em dúvida se essa analogia fazia sentido para o aprendizado incidental. O olhar estudioso e profundo de antropólogos e antropólogas parecia fazer mais sentido no âmbito de pesquisas mais estruturadas e outras formas de aprendizado deliberado e intencional.

Eu me questionava sobre esse assunto quando, mais uma vez, o acaso – aliado à curiosidade e um pouco de sorte – fez sua parte. Estava viajando com Mariana Jatahy, minha amiga, sócia e curadora predileta, quando ela disse que tínhamos que ir a uma exposição dedicada à obra de Vivian Maier. Ela falou com um entusiasmo tão grande que fiquei com vergonha de contar que não a conhecia. Se esse for o seu caso, vou poupar sua busca no Google: Vivian foi uma fotógrafa de rua amadora. Talentosíssima, produziu mais de 100 mil fotos e vídeos ao longo de sua vida e só foi descoberta depois de seu falecimento, em 2009, aos 82 anos.

Fiquei fascinado com a exposição. Muitas vezes, quando vejo fotografias em galerias ou museus, me pego questionando o que faz aquela imagem ser considerada uma obra de arte. Em tempos de aumento exponencial do volume e da qualidade de fotos e vídeos que criamos, essa dúvida é ainda maior.

Diante do trabalho de Vivian Maier, foi impossível ter qualquer hesitação. Seu brilhantismo é inquestionável. A composição e a variedade de assuntos deixam claro que nada ali é por acaso. Enquanto me apaixonava pelas suas fotos (e por sua história igualmente cativante), entendi que o(a) fotógrafo(a) de rua é uma ótima analogia para o olhar do lifewide learner.

Enquanto antropólogos buscam compreender culturas novas (ou nem tanto) sem julgamento, fotógrafos de rua treinam seu olhar para enxergar beleza e histórias em detalhes que muitos ignoram, tanto nos novos nichos quanto no seu cotidiano. Ambos compartilham a curiosidade e a disposição para explorar o inesperado. Entretanto, me parece que a leveza e a amplitude de interesses desse segundo grupo de profissionais, que nunca saem de casa sem uma câmera junto de si, são ainda mais adequadas ao conceito e à prática do aprendizado incidental.

A vida de Vivian Maier – além da maneira como sua obra foi descoberta – ilustra bem essa analogia. John Maloof era um jovem interessado no passado histórico da comunidade em que vivia, o Northwest Side da cidade de Chicago. Preocupado com a preservação local, decidiu publicar um livro com um amigo. A editora indicou que seriam necessárias 220 fotografias históricas de alta resolução para a publicação. No processo de busca, achou, em uma casa de leilões da região, uma caixa repleta de negativos com imagens dos anos 1960. Comprou o lote por cerca de quatrocentos dólares.

Sem conhecimento de fotografia, os dois amigos olharam os negativos buscando não mais do que referências para sua obra. Como não encontraram nada que pudesse ser utilizado, deixaram a caixa de lado até a conclusão do livro. No entanto, algo naquelas imagens intrigava John. Mesmo sem encontrar uso imediato para elas, não conseguiu esquecê-las.

Inspirado pelo trabalho de Vivian, ele começou a se interessar por fotografia. Fez um curso, adaptou um quarto para revelar fotos em casa, comprou uma câmera nova e descobriu uma nova paixão. De maneira obstinada, o historiador passou a ir atrás de outros leilões e buscar mais material da fotógrafa desconhecida. Em um ano, conseguiu juntar cerca de 90% de sua produção. Além dos negativos, isso incluía mais de 3 mil fotos, centenas de rolos de filmes não revelados e fitas cassetes com entrevistas, entre vários outros itens.

O frenesi começou quando ele publicou a mensagem a seguir, em 2010, em um fórum chamado Hardcore Street Photography (HCSP).[*]

Comprei um grande lote de negativos de um pequeno leilão aqui em Chicago. É o trabalho de Vivian Maier, uma fotógrafa nascida

---

[*] É desafiador traduzir "hardcore", mas poderia ser algo como Fotografia de Rua Radical.

na França que faleceu recentemente em abril de 2009 em Chicago, onde residia. Criei um blog[2] com seu trabalho.

Tenho uma enorme quantidade do trabalho dela (cerca de 30 mil a 40 mil negativos) que abrange dos anos 1950 aos 1970. Acho que minha pergunta é: o que faço com esse material? Dê uma olhada no blog. Este tipo de trabalho merece exposições, um livro? Ou conjuntos de trabalhos como este aparecem com frequência?[3]

A postagem teve 788 respostas, todas impressionadas com a solidez do material. John entendeu que tinha algo muito valioso em mãos. Para a nossa sorte, ele desenvolveu uma obstinação quase patológica por organizar o acervo e conhecer um pouco mais da vida dessa mulher. O ponto de partida foi seu obituário, publicado pelos pais de três crianças de quem ela foi babá.

Vivian nasceu nos Estados Unidos, mas sua trajetória foi marcada por deslocamentos e instabilidade familiar. Sua avó, Eugenie, deixou a França aos 20 anos, após a gravidez não planejada de sua mãe. Como o pai da criança não reconheceu a paternidade, o bebê não tinha quaisquer direitos legais na França. A mãe de Vivian decidiu mudar-se para os Estados Unidos.

A mãe teve um casamento conturbado e violento. O pai abandonou a família em 1930, quando Vivian tinha 4 anos. Ela passou mais tempo com a avó do que com a mãe, enquanto seu irmão foi criado em instituições infantis e pela família paterna. Sua infância e adolescência dividiram-se em três momentos: um período difícil com os pais em Nova York, uma infância bucólica nos Alpes franceses e, por fim, o retorno aos Estados Unidos aos 12 anos.

Inteligente, engenhosa e curiosa, ela reaprendeu inglês assistindo a filmes e lendo jornais e revistas. Sua educação foi autodidata e construída por meio de livros, peças de teatro e visitas a museus. Como descreve uma de suas biografias:

Sua mãe não fez praticamente nada para ajudá-la a se readaptar a Nova York. Não há indícios de que ela tenha sido matriculada na escola e parecia não ter amigos. [...] Entregue a si mesma, Vivian se virou sozinha.[4]

Com a morte de Eugenie, recebeu uma pequena herança e retornou a França. Lá, fez amizade com o dono de uma pequena loja de fotografia em Saint-Bonnet, nos Alpes, onde comprou sua primeira câmera e começou a experimentar com imagens. Aprendeu de maneira autodirigida, conversando com fotógrafos profissionais e estudando livros, sem jamais receber uma formação formal.

Em 1951, aos 25 anos, voltou para os Estados Unidos definitivamente. Estabeleceu-se como babá, uma profissão que lhe permitia seguir sua paixão pela fotografia. Encontrou locais para revelar seus filmes e, quando foi possível, adquiriu uma câmera profissional, uma Rolleiflex. A curva de aprendizado com o novo equipamento foi íngreme, mas Vivian persistiu. Com o tempo, sua técnica evoluiu e a qualidade de suas fotos tornou-se inquestionável.

Depois de quatro anos vivendo, trabalhando e fotografando em Nova York, ela decidiu se mudar. Em uma rápida passagem por Los Angeles, foi contratada para cuidar dos filhos de um trio musical que se apresentava pelo país. O acaso, mais uma vez, mudou sua vida. O último show do conjunto ocorreu em Chicago e, por isso, ela decidiu morar na cidade.

Durante dezesseis anos, foi contratada por Nancy e Avron Gensburg para cuidar de seus três filhos. Continuava a tirar fotos ao mesmo tempo que se tornou – nas palavras da própria família – uma segunda mãe para as crianças. Sua alma aventureira e a autonomia concedida pelos pais das crianças a tornaram a babá dos sonhos. Expandia o mundo dos três meninos, levando-os para caminhadas na natureza, museus, filmes ou simplesmente passeios pela cidade.

John Maloof codirigiu em 2013 um documentário – que ganhou prêmios e foi indicado ao Oscar – no qual descreve o que se sabe sobre a história da fotógrafa.[5] Nele, podemos ouvir um dos irmãos se deleitando ao lembrar de seus passeios com a babá, para logo em seguida se queixar de ter que esperar enquanto ela fazia fotos de manequins sem cabeça nas ruas de Chicago.

Em 1959, Vivian pediu uma licença de seis meses e viajou ao redor do mundo em um navio. Com o crescimento das crianças, deixou a família e continuou a trabalhar como babá e cuidadora de idosos. Nos empregos, ela sempre demandava um espaço para guardar seus pertences, que aumentaram de maneira exponencial ao longo de sua vida. Além das fotografias e dos negativos, ela passou a colecionar jornais, tickets de transporte, recibos, entre outros documentos e objetos, e se tornou uma acumuladora compulsiva.

Vivian se aposentou aos 70 anos, em 1996, e parou de fotografar poucos anos depois. Apesar de uma trajetória desafiadora e um pouco solitária – não há notícias de relacionamentos amorosos ou de amigos próximos –, teve uma vida plena.

> Ela viajou pelo mundo, conheceu todos os tipos de pessoas, conviveu com celebridades, apreciou as artes em todas as suas formas, devorou notícias e defendeu a igualdade de direitos. E produziu um portfólio incomparável retratando a universalidade da condição humana com fotografias que tocam pessoas em todo o mundo.[6]

Por mais peculiar que seja, considero que sua interação com o mundo traz muitas referências do que é ser lifewide learner. Vivian utilizou o aprendizado informal como alavanca para seu prazer e crescimento pessoal e o fez com uma jornada que pode inspirar a que propomos aqui.

Ela vivia **conectada ao presente**. Atualizou seus equipamentos sempre que a tecnologia permitia. Adaptou-se a novos meios – como vídeos – quando equipamentos portáteis foram lançados. Conectou-se aos zeitgeist cultural, político e social de sua época, atuando inclusive como uma espécie de *paparazzo* de personalidades. Fotografou artistas como Frank Sinatra, John Wayne e Audrey Hepburn, além de políticos como John Kennedy, Eleanor Roosevelt e Richard Nixon. Nos anos 1960, passou a fotografar atos vinculados aos movimentos pelos direitos civis.

Além disso, como fotógrafa de rua, abusou da exposição a **novos ambientes**, seja nas andanças pelos bairros das cidades em que morou ou em suas viagens por cidades de todo o mundo.

Finalmente, como descrevi, **arte e cultura**, em diversos formatos, faziam parte da sua vida e de seu desenvolvimento.

Seu aprendizado ocorreu a partir da construção de uma personalidade resiliente e curiosa. Contudo, ela compartilha com outros fotógrafos de rua um tipo de olhar que pode apoiar muito o aprendizado incidental.

Em primeiro lugar, há uma **visão otimista do mundo**. Ao sair de casa com uma câmera, o fotógrafo de rua carrega junto a expectativa de, todos os dias, cruzar com imagens e paisagens interessantes, que valem ser fotografadas.

As câmeras que Vivian usava, do tipo Rolleiflex, tinham uma característica que facilitava essa postura. Em vez de colocá-las no rosto, delatando para o mundo que estava sendo observado e registrado, a máquina era posicionada na altura da barriga, com o visor para cima. Com isso, ela conseguia manter um **olhar aberto e curioso** para o ambiente, sem se delatar. Nunca sabemos de onde virá a próxima oportunidade para uma foto incrível. Portanto, vale a pena o olhar amplo, sem julgamento, para todo o ambiente, com igual atenção às oportunidades óbvias e às inusitadas.

A pessoa que fotografa tem, ao mesmo tempo, um **olhar livre e responsável**. A liberdade vem do fato de que um clique é só um clique. Profissionais da área sabem que a melhor maneira de tirar uma boa foto é tirar muitas fotos. Vivem em um estado de experimentação constante. A responsabilidade, por sua vez, ocorre pela consciência de que as decisões sobre o momento, o enquadramento e outras configurações técnicas da máquina são personalíssimas e decisivas para a foto perfeita.

Finalmente, quem fotografa vive em uma incansável **busca pelo interessante e pelo belo**. É difícil explicar uma boa foto, mas sabemos quando a vemos. Falamos, no capítulo anterior, da neuroestética e de como a beleza é importante para o nosso bem-estar. Esta é a intenção principal ao tirarmos uma foto: capturar e disseminar o belo, o diferente ou o peculiar.

Essas características são as mesmas de que precisamos para o aprendizado incidental: olhar o mundo com otimismo, abertura, curiosidade, liberdade, responsabilidade e uma busca contínua pelo interessante. E nada disso depende de equipamentos ou tecnologias. Ocorre de dentro para fora.

Gosto demais da maneira como Henri Cartier-Bresson, considerado um dos criadores do fotojornalismo, explica sua arte: "[fotografar] é colocar a cabeça, o olho e o coração no mesmo eixo".[7]

Aprender também é.

OS TRÊS OLHARES DO APRENDIZ INCIDENTAL

Albert Bandura, que já foi apresentado no início do livro, se queixa de ser conhecido como o "psicólogo dos experimentos do joão-bobo".*

Ele se refere a uma pesquisa sua realizada com crianças, no início da década de 1960.[8] Nela, 72 crianças foram divididas em três subgrupos. Um deles assistia a adultos interagirem de modo agressivo com os bonecos, agredindo-os e gritando com eles. No segundo grupo, os adultos agiam de maneira pacífica, brincando naturalmente. Na terceira turma, o grupo de controle, não havia qualquer interação.

Após essa primeira fase, as crianças iam para uma sala com brinquedos, sem saber que estavam sendo acompanhadas. As crianças do primeiro grupo repetiam as interações agressivas que tinham sido presenciadas e até inventavam novas. As demais não repetiam esse comportamento. Notou-se também que os meninos tendiam a imitar as agressões físicas, e as meninas, as agressões verbais.

Os resultados deram origem à teoria da aprendizagem social. Bandura conseguiu demonstrar a existência do aprendizado a partir da observação de outras pessoas e compreendeu o processo pelo qual isso ocorre. Apesar do sucesso e do reconhecimento, ele se incomodou muito com a simplificação e o sensacionalismo com que seu experimento foi divulgado no meio não científico. Pelos resultados, não é possível dizer, por exemplo, que presenciar violência leva a mais violência ou que homens agridem fisicamente e mulheres verbalmente ao presenciar atos violentos. Existem mediadores no

---

* Caso você não conheça, o joão-bobo é um brinquedo inflável ou plástico com formato arredondado e base pesada que, quando empurrado, sempre retorna à posição vertical graças ao contrapeso em sua parte inferior. Seu nome deriva justamente dessa característica "teimosa" de sempre voltar à posição original após ser derrubado.

processo, como a capacidade de se autorregular, os julgamentos morais e as consequências sociais. Além disso, outras preocupações surgiram, como a exposição de crianças à violência ou a ausência de recompensas e punições.

A partir das críticas e por meio de outras pesquisas, ele evoluiu seu pensamento e criou a teoria social cognitiva. Nela, incluiu elementos importantes para compreender como se dá o processo de aprendizado, como a agência humana e a autoeficácia, das quais tratamos aqui.

Por que isso é importante quando falamos dos olhares e do aprendizado incidental? Para reforçar que o aprendizado social não se restringe à simples imitação do que está sendo visto. A modelação, como é chamado esse comportamento, envolve um processo complexo de abstração do que está sendo presenciado, seguido de síntese e adaptação do conceito ou da habilidade aprendida às circunstâncias específicas de cada um. Isso pode ocorrer de maneira consciente ou inconsciente, com ou sem interação direta, por meio de narrativas, mídia e cultura.

No âmbito do lifewide learning, o olhar do que ocorre à nossa volta é uma importante fonte de repertório. A conversão do que foi observado em aprendizado depende de cada um de nós e se baseia em nossos conhecimentos e valores. Bandura deixa isso claro quando aponta que "dois observadores podem criar novas formas de comportamento inteiramente distintas por meio da modelação, misturando seletivamente características distintas dos diferentes modelos".[9]

Para o aprendizado incidental, proponho três espaços em que o olhar pode nos afetar: o cotidiano, o convívio com outras pessoas e a auto-observação.

O OLHAR PARA O INFRAORDINÁRIO

Os jornais falam de tudo, exceto do corriqueiro. Os jornais são um tédio, não me ensinam nada. O que contam não me diz respeito, não me questiona e tampouco responde às perguntas que faço ou que gostaria de fazer.

O que acontece realmente, o que vivemos, o resto, todo o resto, onde ele está? O que acontece a cada dia e que sempre retorna – o banal, o cotidiano, o evidente, o comum, o ordinário, o infraordinário, o ruído de fundo, o habitual –, como dar conta disso, como interrogá-lo, como descrevê-lo?

Interrogar o habitual. Mas, justamente, estamos acostumados a ele. Nós não o interrogamos, ele não nos interroga, ele parece não causar problemas. Nós o vivemos sem pensar nisso, como se ele não veiculasse nem perguntas nem respostas, como se não fosse portador de qualquer informação.

[...]

O que é preciso interrogar é o tijolo, o concreto, o copo, nosso comportamento à mesa, nossas ferramentas, a organização de nossas ocupações, nossos ritmos. Interrogar o que parece ter cessado para sempre de nos espantar.[10]

Descobrir esse texto foi um dos principais presentes que tive na escrita deste livro. O texto é de Georges Perec, reconhecido por sua criatividade e genialidade. O artigo, que tem apenas uma página e meia e foi publicado em 1973, se chama "Aproximações do quê?". A intenção do escritor francês é questionar nosso interesse obsessivo pelo extraordinário, pelo que sai do comum. O aprendizado, segundo o autor, está no dia a dia, nesse tal infraordinário que consistentemente ignoramos.

Esse é o primeiro lugar para onde o lifewide learner pode olhar: as sutilezas do seu dia a dia, independentemente do ambiente onde esteja.

A experiência de ir a um concerto de música clássica, por exemplo, oferece uma lista de oportunidades enorme para dirigirmos nosso olhar. A arquitetura do teatro, o público, o conteúdo do programa, os detalhes das poltronas, os internamentos musicais, a interação entre os músicos, as expressões físicas de quem estiver regendo... e a música. Isso vale para todos os ambientes que frequentamos.

Nosso cotidiano está repleto de infraordinários. Nós simplesmente os ignoramos, assim como a possibilidade de aprender nos detalhes. No próximo capítulo, falaremos da importância da atenção e da presença para que isso ocorra. Mas vou adiantar: o foco no seu celular está matando qualquer possibilidade de que objetos, pessoas ou ideias não óbvias sejam percebidos e assimilados.

O que quero dizer é que, da mesma forma que a exposição a outros nichos traz oportunidades de aprendizado, um olhar mais cuidadoso para um ambiente aparentemente comum pode provocar reflexões e mudanças. Acabamos subjugando o ambiente que nos é familiar: nossa cidade, nosso bairro, nossa empresa... Fazemos tantas vezes o mesmo caminho que perdemos o interesse por ele.

Portanto, o primeiro passo é ter curiosidade pelo que você já acha que sabe. Os aspectos mais banais do seu dia a dia trazem provocações e encantos. Na espera do extraordinário, de um evento ou uma experiência incrível, que seja capaz de fazer frente às novas mídias e tecnologias, perdemos os aprendizados escondidos no óbvio invisível. A sugestão de Perec é simples e potente.

> Interrogar o que parece tão natural que esquecemos sua origem. Reencontrar alguma coisa do espanto que podia sentir Júlio Verne ou seus leitores diante de um aparelho capaz de reproduzir e transportar os sons. Pois esse espanto existiu, assim como tantos outros, e são eles que nos modelaram.[11]

A ARTE DE FALAR COM ESTRANHOS

Lembro o momento em que a Alice, minha filha do meio, rompeu sua mentalidade fixa quando veio me contar, muito agitada: "Pai, eu sei por que as pessoas tiram nota alta: elas estudam!". Essa aparente obviedade não tinha sido captada por ela.

O conceito de mentalidade fixa e de crescimento, no campo da aprendizagem, foi proposto por Carol Dweck, psicóloga e pesquisadora da Universidade Stanford. A partir de sua pesquisa com estudantes do ensino fundamental, ela identificou que aprendizes se dividiam em dois grupos. Alguns acreditavam que suas habilidades e sua inteligência eram características inatas e imutáveis. Ela chamou esse traço de *mentalidade fixa*. Do outro lado, ela notou crianças que confiavam no aprendizado contínuo como caminho para o desenvolvimento de suas competências. Quem tinha essa postura demonstrava o que ela chama de *mentalidade de crescimento*.

Podemos ler o livro,[12] assistir à palestra[13] de Dweck no TED, estudar e compreender em profundidade sua teoria e práticas. Isso, contudo, não garante sua aplicação. A Alice – que transformou radicalmente sua relação com o estudo depois do seu insight – compreendeu toda a pesquisa apenas observando o mundo ao seu redor. Essa é a força do aprendizado social.

Ele pode ocorrer de maneira estruturada, quando recebemos instruções detalhadas e somos convidados a observar alguém com mais conhecimento do que nós. A formação de chefes de cozinha, por exemplo, acontece assim. É uma prática efetiva quando desenvolvemos *habilidades fixas*, que são aquelas que devem ser aplicadas exatamente da mesma forma como foram aprendidas. Forno a 180 graus durante 25 minutos é uma observação que deve ser seguida à risca (quase sempre, eu sei...).

Entretanto, existe um outro grupo chamado de *habilidades generativas*, que devem ser adaptadas a contextos específicos. Negociação ou a criação de um filho são exemplos. Você pode aprender as regras básicas e os princípios consagrados, mas a realidade de cada caso demandará ajustes na aplicação das técnicas ensinadas. Se analisarmos com atenção, perceberemos que a maioria do nosso aprendizado se encaixa nessa segunda categoria. Nesses casos, a observação livre é mais efetiva.

No aprendizado incidental, observamos pessoas sem ter um objetivo específico. Portanto, deveríamos manter o olhar o mais aberto possível, buscando diversidade e pensamentos diferentes dos nossos, mais uma vez. Isso é muito difícil quando não temos uma intenção clara.

A maioria de nós vive em um grupo social relativamente fixo. Na família, na escola, no trabalho ou na igreja, é normal que você conviva com pessoas que tenham valores e interesses parecidos. As "tribos" com as quais você divide seu tempo podem trazer oportunidades de aprendizado incidental, especialmente se você tiver um interesse genuíno e criar oportunidades de trocas um pouco mais profundas.

Essa limitação é natural e tem uma razão evolutiva clara: à medida que envelhecemos, tendemos a priorizar relacionamentos que nos tragam satisfação emocional previsível, em detrimento da exploração do novo.[14] É um processo que começa ainda no início da vida adulta. Sem percebermos, vamos reduzindo o número de pessoas com quem interagimos e, mesmo mantendo o círculo íntimo intacto, perdemos a chance de sermos expostos a visões de mundo diversas. Desafiamos pouco nossos conceitos e nossas verdades porque não estamos expostos a pessoas que pensam diferente.

Como você deve imaginar a partir de todos os convites feitos neste livro, é o contato com pessoas novas e diferentes que desenvolverá o seu lado lifewide learner.

Além da tendência natural apresentada acima, temos duas outras dificuldades.

Uma é o viés inconsciente, que mencionamos na abertura deste capítulo. A partir do nosso histórico de interações e exposições culturais, moldamos nossas atitudes, nossos estereótipos e nossas avaliações implícitas. Julgamos pessoas de maneira inconsciente e automática. Se você tem dúvida, faça um teste de associação implícita, chamado de IAT.[15] Desenvolvido em 1998 e disponível gratuitamente no site da Universidade Harvard, ele mede a forma como você reage a adjetivos e imagens de pessoas de grupos específicos. O resultado vai impressioná-lo.

Anthony Greenwald, um dos autores do instrumento, e a pesquisadora Mahzarin Banaji escreveram um livro chamado *Blindspot: Hidden Biases of Good People* [Ponto cego: vieses ocultos das pessoas bem-intencionadas].[16] Eles sugerem alguns caminhos simples para reduzir os riscos dos seus pontos cegos: aumento da consciência sobre seus preconceitos e contato frequente com pessoas diferentes.

É aí que surge o outro obstáculo: não gostamos de falar com estranhos.

Recorro a outro estudo para tentar convencer você a iniciar essa prática reprimida desde nossa infância. Gillian Sandstrom é professora associada da Universidade de Sussex, onde leciona e pesquisa psicologia da bondade (*psychology of kindness*). Em 2022, ela publicou uma pesquisa para verificar o impacto que conversas com desconhecidos têm no nosso bem-estar.[17] Seu interesse surgiu, segundo ela mesma, porque:

> apesar dos benefícios da interação social, as pessoas raramente iniciam conversas com desconhecidos. Em vez disso, usam fones de ouvido para evitar falar, ficam grudadas no celular em locais

públicos ou fingem não notar um novo colega de trabalho a quem ainda não se apresentaram.[18]

Alguém se identificou?

O método utilizado foi fascinante. Ela criou uma espécie de gincana em que as pessoas tinham que encontrar estranhos com determinadas características e interagir com eles durante uma semana. As dicas eram simples, como "Fale com alguém de chapéu", "Fale com alguém que tenha o tom de pele diferente do seu" ou "Fale com alguém que pareça triste". No total, eram 32 sugestões.[*]

Em comparação com o grupo de controle – que recebia as mesmas instruções, mas com a recomendação de apenas *olhar* as pessoas com as características propostas –, os resultados foram muito positivos. Ao final da semana, os participantes estavam muito mais abertos ao diálogo do que imaginaram inicialmente. A autoconfiança para começar e manter conversas aumentou de maneira considerável, enquanto sensações de constrangimento e desconforto diminuíram. Houve relatos, ainda, de que as interações foram consistentemente mais prazerosas do que haviam previsto. E o melhor: esses benefícios persistiram mesmo após o término do estudo, sugerindo uma mudança duradoura na percepção sobre conversas com desconhecidos.

Em resumo, falar com estranhos é uma habilidade que todo lifewide learner pode e deve aprender. Além de aumentar sua exposição ao aprendizado incidental, essa prática aumenta sua qualidade de vida. Para isso funcionar, existe uma condição: deixe-se influenciar. Em vez de julgar e comparar as pessoas com quem você está convivendo, abra-se para o diferente. Ele pode estar presente em perfis diversos daqueles com os quais você convive, mas também está na mudança de olhar para quem já convive com você. Às vezes, tudo o que precisamos é de uma conversa longa e calma com quem está do nosso lado.

Austin Kleon, autor do best-seller *Roube como um artista*, escreveu um texto no seu blog ressaltando a importância do papel ativo para

---

[*] Se você tiver curiosidade ou vontade de viver essa experiência, aqui está a lista (em inglês) da gincana: https://gilliansandstrom.com/wp-content/uploads/2021/04/scavenger-hunt-missions.pdf.

aprendermos com os outros.[19] Ele cita uma frase do pintor Jean-Michel Basquiat que pode acalmar quem se sente vulnerável ao buscar aprender com os outros: "Você precisa entender que influência não é influência. É simplesmente a ideia de alguém passando pela minha nova mente".[20]

OLHAR PARA SI

"Se você está correndo, parabéns. Você é um corredor."

Eu escutei essa frase no aplicativo de corrida da Nike. O título era maravilhoso, algo como "Uma playlist de trinta minutos para quem não está com vontade de correr". Caso esses aplicativos sejam novos para você, eles funcionam mais ou menos assim: você escolhe a duração da corrida, e ele intercala músicas e informações sobre seu tempo e sua velocidade (ou *pace*). Além disso, um técnico de corrida fica incentivando você com frases pretensamente motivacionais como essa acima.

Eu me lembro de ter dado risada ao ouvi-la pelo absurdo da frase no contexto daquela corrida. No fundo, eles queriam dizer que "sim, você está com preguiça, mas considere-se um *runner*, porque você está *running*!". O coach da Nike só falava inglês.

No meio da obviedade da afirmativa, comecei a pensar no seu significado. No fundo, as nossas ações moldam quem somos, portanto dar atenção aos nossos hábitos pode ser uma boa forma de fazer uma autoanálise.

Essa capacidade que temos de observar o próprio processo de aprendizado, a metacognição, é uma característica única da espécie humana, como já dissemos. Ela permite nos autorregularmos e mudarmos de atitude a partir da análise dos nossos resultados. Isso funciona bem para o aprendizado deliberado e intencional. Mas como fazer isso se parte do aprendizado ocorre de maneira implícita?

A psicóloga social Daphna Oyserman, professora da Universidade do Sul da Califórnia, tem investigado como construímos nossa autoimagem e o que nos impulsiona a agir. Ela concebeu a teoria da identidade baseada na motivação (IBM), que nos ajuda a entender como nossa percepção de quem somos e quem queremos ser influencia nossas escolhas diárias, incluindo nossos hábitos de aprendizado.[21]

Existe um conflito inerente entre a construção da nossa autoimagem e a realidade dos nossos comportamentos. As pessoas frequentemente acreditam que seu "eu" futuro é uma versão mais autêntica delas mesmas do que o "eu" presente. Isso leva a uma tendência de valorizar mais quem imaginamos ser no futuro do que quem somos agora. No entanto, ao mesmo tempo, sacrificamos esse "eu" futuro ao priorizar ganhos imediatos.

De maneira geral, tendemos a:

→ prestar mais atenção a comportamentos que confirmam nossa identidade existente;

→ minimizar a importância ou a frequência de comportamentos que contradizem quem acreditamos ser;

→ interpretar as mesmas ações de maneira diferente dependendo de como as vemos em relação à nossa identidade.

Isso tem implicações significativas para o aprendizado incidental: muitas vezes, não percebemos ou valorizamos experiências que não se alinham com nossa narrativa sobre nós mesmos. A auto-observação efetiva, portanto, requer disposição para questionar não apenas comportamentos individuais, mas também as estruturas de identidade que nos sustentam.

Nesse sentido, a importância de práticas de auto-observação vai além do simples rastreamento de comportamentos. O ponto essencial é que a identidade não é um espelho fiel de nossas ações, mas sim um filtro que seleciona e interpreta nossas vivências.

Para que o aprendizado incidental ocorra de maneira mais consciente e significativa, é fundamental expandir esse filtro, permitindo que enxerguemos não apenas o que confirma nossa identidade, mas também o que a desafia e amplia. Muitas vezes, criamos uma autoimagem e nos atemos a ela, sem identificar se o quadro que pintamos condiz com a realidade.

Termino aqui com um conjunto de perguntas que podem ajudá-lo a identificar como sua exposição ao novo tem apoiado seu aprendizado incidental. Além de darem objetividade para o "olhar para si", elas são um belo ponto de partida para a última etapa do aprendizado incidental, a reflexão intencional.

Falaremos dela no próximo capítulo.

Checklist de auto-observação para aprendizado incidental

1. Tempo e rotina

→ Como tenho distribuído meu tempo ao longo do dia?

→ Quanto controle e consciência tenho sobre como uso meu tempo?

→ Quão satisfeito estou com minha rotina e minhas experiências diárias?

2. Exposição ao novo e aprendizado

→ Com que frequência me exponho intencionalmente a novos ambientes e novas experiências?

→ Quais experiências recentes me tiraram da zona de conforto?

→ Qual foi a última experiência inesperada que me impactou positivamente, e o que aprendi com ela?

→ O que aprendi recentemente que me surpreendeu por não ter relação com quem eu penso que sou?

3. Identidade e crenças

→ Quando foi a última vez que mudei de opinião sobre algo importante para mim?

→ Como reajo quando encontro ideias que contradizem minhas crenças?

→ Quão diversificados são os grupos com os quais convivo?

→ De que maneiras minha autoimagem limita minhas experiências?

4. Futuro

→ De que maneira minha identidade atual influencia as oportunidades de aprendizado que percebo e valorizo?

→ Que aspectos do meu "eu futuro" estou negligenciando nas escolhas do presente?

Esse exercício pode ajudar você a expandir seu olhar sobre si mesmo, percebendo não apenas o que confirma sua identidade, mas também o que pode desafiá-la e ampliá-la.

C - Conteúdo

→ **Nosso olhar é uma construção mental** influenciada por vieses inconscientes que podem limitar nossa percepção do mundo

→ **A transformação** no aprendizado incidental exige uma mudança na forma como interagimos com o que nos cerca

→ Existem três olhares fundamentais: para o **infraordinário** (cotidiano), para os outros (aprendizado social) e para si mesmo (auto-observação)

→ Os fotógrafos de rua exemplificam o olhar ideal: **otimista, aberto, curioso, livre, responsável** e em busca do **belo, do diferente e do peculiar**

E - Experiência

→ **Crie seu próprio "finder"** – inventado por Corita Kent, é um recorte quadrado de papelão que funciona como moldura móvel; observe o mundo através dele, buscando composições interessantes e detalhes normalmente ignorados no seu ambiente cotidiano

→ **Pratique observar o infraordinário** – escolha um objeto comum e dedique tempo a perceber detalhes nunca antes notados

→ Faça a **"gincana de estranhos"** de Gillian Sandstrom – fale com pessoas diferentes seguindo as características sugeridas

→ Aplique o **checklist de auto-observação** apresentado no capítulo para identificar padrões em sua vida

P+R - Pessoas + Redes

→ **Vivian Maier** – fotógrafa de rua que desenvolveu um olhar único para o cotidiano sem buscar reconhecimento

→ **Georges Perec** – escritor que propõe interrogar o habitual, o que parece natural e óbvio

→ **Grupos de fotografia de rua ou** *urban sketchers* – pessoas que praticam a observação atenta do cotidiano e compartilham suas percepções

→ **Reimagine reuniões** (um dos maiores males corporativos) – participe como observador atento, analisando dinâmicas, relevância e engajamento, para então propor formas de torná-las mais produtivas e menos desgastantes

CAPÍTULO 12

TEMPO E PRESENÇA PARA APRENDER

“ A experiência,
a possibilidade de que algo nos aconteça ou nos toque,
requer um gesto de interrupção,
um gesto que é quase impossível nos tempos que correm:
requer parar para pensar,
parar para olhar,
parar para escutar,
pensar mais devagar,
olhar mais devagar,
e escutar mais devagar;
parar para sentir,
sentir mais devagar,
demorar-se nos detalhes,
suspender a opinião,
suspender o juízo,

suspender a vontade,

suspender o automatismo da ação,

cultivar a atenção e a delicadeza,

abrir os olhos e os ouvidos,

falar sobre o que nos acontece,

aprender a lentidão,

escutar aos outros,

cultivar a arte do encontro,

calar muito,

ter paciência e dar-se tempo e espaço."

Esse texto não é uma poesia. É um parágrafo do artigo acadêmico de Jorge Larrosa Bondía[1] que mencionei no capítulo 7 – originalmente escrito em texto corrido e reorganizado nesse outro formato por mim. Mais uma vez, me espanto com o fato de essas palavras terem sido escritas em 2002, especialmente as que encerram o trecho.

Talvez a maior dificuldade do lifewide learner seja exatamente "ter paciência e dar-se tempo e espaço".

Como sociedade, estamos caminhando na direção contrária. Boa parte das novas tecnologias invade o mercado a partir de uma oferta simples: conveniência. Não precisamos ir ao restaurante ou ao supermercado para buscar a comida, caminhar até o ponto de táxi ou ir a uma banca comprar um jornal. Em uma dedução lógica, os aplicativos deveriam oferecer mais tempo para ocuparmos nossa vida com atividades que nos deem prazer e crescimento pessoal. O resultado, contudo, é bem diferente.

Vivemos a supervalorização de uma produtividade tóxica. Acordar de madrugada, ocupar cada espaço do dia com blocos predefinidos, empilhar tarefas, cultuar jornadas semanais de oitenta horas... Existe o mito de que a única forma de ter sucesso na vida é por meio de uma rotina que aproveita cada minuto do dia com atividades escolhidas de maneira supostamente otimizada.

O fato é que, na prática, essa bula da superprodutividade quase nunca traz ganhos duradouros – apenas resultados imediatos, muitas vezes seguidos de burnout e esgotamento. Talvez seja mais importante avaliar a qualidade das horas trabalhadas do que a quantidade. Acredito cada vez mais na Lei de Parkinson, que afirma que "o trabalho se expande de modo a preencher o tempo disponível para sua conclusão".[2]

Um adendo importante: sempre trabalhei muito, mas nunca me esqueci de buscar equilíbrio. Abri a primeira empresa ainda na faculdade, e por muitos anos os seminários que eu organizava aconteciam aos sábados. Atualmente, os projetos da nõvi demandam tempo e, em muitas semanas, a carga horária é intensa. Contudo, mais do que tempo, meu trabalho demanda profundidade, análise e criatividade. Nada disso é possível sem descanso e tempo livre no processo.

Equilibrar dias cheios com outros menos puxados e reservar tempo na agenda para o aprendizado são caminhos para uma vida realmente mais produtiva (e saudável). Não consigo conceber uma jornada profissional de sucesso sem motivação, energia e novas ideias – que só aparecem com a frequência necessária quando criamos espaços para elas.

Minha principal dica sobre produtividade no século XXI é: **faça menos e faça melhor**.

No meu dia a dia, interajo com diversos perfis de profissionais de grandes empresas. A queixa maior e quase unânime, como disse no primeiro capítulo deste livro, é o cansaço. Ele ocorre principalmente por uma agenda repleta de reuniões (muitas vezes desnecessárias). Estamos exaustos porque temos que equilibrar nossa atenção entre uma apresentação desinteressante na tela, a escrita de um e-mail burocrático e uma busca contínua por significado no que fazemos profissionalmente. Antes de incluir a nona tarefa do dia, entenda o que você pode deixar de fazer. A partir daí, fica mais fácil entender como e onde usar o tempo recém-conquistado.

Adoro a forma como Oliver Burkeman aborda esse assunto no seu livro *Quatro mil semanas: gestão do tempo para mortais*.[3] O autor britânico reflete sobre o clássico exercício de Stephen Covey que propõe uma analogia entre a organização das atividades no nosso dia a dia e a nossa capacidade de colocar areia, cascalho e pedras em uma jarra. Em um primeiro olhar, a tarefa parece impossível. Contudo, com uma postura condescendente, o facilitador demonstra que o caminho é começar com as pedras grandes, depois o cascalho e, por fim, a areia. A moral da história é simples: comece pelo mais importante. No capítulo 4, chamado "Tornando-se um melhor procrastinador", Oliver desafia o visão simplista do exercício:

[...] hoje o real problema na gestão de tempo não é que somos ruins na priorização das pedras grandes. É que há pedras demais – e a maioria delas nunca vai caber nem de longe naquele jarro. A questão essencial não é como diferenciar entre atividades que importam e aquelas que não importam, mas o que fazer quando coisas demais parecem ser pelo menos um pouco importantes, e, portanto, indiscutivelmente qualificáveis como pedras grandes.[4]

Acredito que a inteligência artificial poderá ajudar a eliminar algumas dessas pedras e oferecer uma nova perspectiva para o uso do nosso tempo. Na verdade, tenho uma mistura de sentimentos em relação à sua utilização como uma ferramenta de aumento de produtividade e qualidade no mundo do trabalho. Atualmente, não consigo imaginar a realização de um projeto complexo na minha empresa sem ter a IA como parte do time, propiciando, por exemplo, análise e organização dos dados. Parte de mim espera que a produtividade conquistada seja revertida em tempo para aprendizado, troca e descanso. Por outro lado, me preocupo com o risco de reduzirmos, ainda mais, nossos hábitos de leitura e escrita.

Começo este capítulo com essa reflexão porque tudo o que escrevi até agora depende da criação de um espaço – mental e temporal – que permita uma vida com atenção, presença e reflexão. O cansaço reduz muito a possibilidade de conquistarmos esses elementos de maneira plena. Nosso maior aliado é o repouso, que pode ser vivido passiva ou ativamente.

A primeira forma de descanso, a passiva, é a mais tradicional (e não menos importante). A ciência já comprovou a importância de uma noite de sono de pelo menos sete horas[5] e da *power nap*,[6] aquela soneca rápida durante o dia. Vale lembrar que é dormindo que nosso cérebro se reorganiza e processa o aprendizado que ocorre durante o dia.

O descanso ativo, por outro lado, envolve atividades que, embora não exijam esforço intenso ou foco produtivo, engajam o corpo ou a mente de modo leve e prazeroso. Estou me referindo a caminhadas, hobbies, conversas, atividades esportivas ou até cozinhar de maneira relaxada. Aquele domingo com o Rodrigo Martins que descrevi no capítulo 4 é um bom exemplo desse tipo de repouso. Achar espaço para essas atividades não apenas melhora sua produtividade: também amplia suas oportunidades de aprendizado ao longo da vida.

Nosso tempo sempre será limitado. O verdadeiro desafio é escolher bem onde e como queremos usá-lo.

ATENÇÃO DESFOCADA

Escrever um livro é uma das atividades mais paradoxais que vivo.

O processo de preparação, redação e edição é repleto de prazer e intensidade. De todas as minhas realizações profissionais – incluindo palestras, projetos de consultorias ou mentorias –, a escrita é onde mais me encontro. Fico desolado quando uma reunião marcada interrompe o estado de fluxo em que entro depois de algumas horas em frente ao computador.

Contudo, sofro no processo. Vivo um caleidoscópio de emoções. Passo meses me considerando ora um impostor, ora um pensador – e quase nunca um escritor. Preocupo-me se o que quero dizer está claro e faz sentido para cada pessoa que lerá o livro. A busca pelo equilíbrio entre histórias, arte, ciência e minha visão de mundo me consome como um cozinheiro que fica em dúvida sobre qual tempero colocar no prato que prepara. Celebrei o final de cada capítulo como se estivesse comemorando a conquista de alguns metros a mais na escalada de uma montanha cuja altura eu mesmo havia definido.

O desafio principal se refere à gestão do tempo. Na sequência, vem a necessidade de presença e atenção.

O tempo da escrita não pode ser encaixado entre duas reuniões. Encarar o processador de texto demanda um estado mental descansado e, quando possível, imerso. Achar momentos propícios à produção de um livro é sempre desafiador, especialmente quando escrever não é a única ocupação da sua vida.

A solução, para mim, passa por bloquear grandes períodos na agenda – no mínimo quatro horas – para poder viver o ciclo de desaquecer do dia a dia, me reconectar ao texto e entrar no fluxo. A partir daí, encontro um novo desafio: me percebo viciado em interrupções. Fico impressionado com como me saboto, muitas vezes sem perceber. Para reduzir esse comportamento, busco uma espécie de isolamento digital. Desligo qualquer forma de contato com o mundo on-line. Além disso, escrevo com um fone de ouvido que me isola do mundo, sempre ouvindo a mesma playlist. Mesmo assim, quando me dou conta, abri o WhatsApp Web, estou fazendo o quarto café da tarde ou fui dar uma olhada no e-mail "só para ver se tem alguma coisa muito importante".

A distração e a interrupção viraram um hábito em nossa sociedade.

Gloria Mark, pesquisadora da Universidade da Califórnia e autora de um livro sobre atenção, [7] identificou que o desejo do cérebro por novidade, excitação e conexão social deteriora nossa capacidade de atenção plena. Ela e seu time observaram pessoas utilizando aparelhos eletrônicos e registraram cada mudança de foco para algo diferente. Em 2004, esses momentos de dispersão aconteciam, em média, a cada dois minutos e meio. Quando o experimento foi realizado, em 2009, o cenário já era diferente: nossa atenção mudava a cada 47 segundos.

Se você também enfrenta esse problema, vou dar apenas uma dica, baseada em uma pesquisa realizada em 2017: deixe seu telefone fisicamente longe de você quando precisar focar. [8] Um trabalho realizado por pesquisadores da Universidade do Texas em Austin comprovou o que muitos de nós já imaginávamos: a simples presença do celular afeta nossa capacidade de concentração. [9] Os autores da pesquisa chamaram esse fenômeno de *brain drain* (drenagem cerebral). Com base em dois experimentos, o estudo demonstrou que, mesmo quando conseguimos manter a atenção direcionada e resistir à tentação de verificar o aparelho, a sua mera presença física reduz a capacidade cognitiva disponível.

Vale destacar, contudo, que boa parte dessas pesquisas está direcionada ao aumento do foco, à nossa capacidade de restringir nosso pensamento e nosso olhar e realizar apenas uma coisa de cada vez. Muitas vezes, essa prática é extremamente necessária. Se estamos lendo um livro, conversando com alguém ou resolvendo uma questão técnica, o foco permite que tiremos o máximo proveito do nosso cérebro, sem dividir sua potência com outras tarefas.

No entanto, embora demande concentração e presença, o aprendizado incidental também se beneficia de certa "atenção desfocada". Alison Gopnik – de quem falamos no início do livro, pela sua abordagem de exploração aberta e fechada – explica a diferença de adultos e bebês em relação à consciência do seu entorno. Quando crescemos, nossa atenção passa a ser muito mais direcionada. Escolhemos aquilo em que devemos nos concentrar e, idealmente, ignoramos todo o resto. É uma atenção orientada a objetivos.

Bebês e crianças pequenas, de acordo com Gopnik, são péssimos em focar, mas excelentes em captar diversas informações ao mesmo tempo. Em vez de utilizarem uma lanterna com facho direcional, as crianças andam pelo mundo com uma lâmpada que ilumina todo o ambiente. Ela explica esse mecanismo em uma palestra no TED.

> Quando dizemos que bebês e crianças pequenas são ruins em prestar atenção, o que realmente queremos dizer é que eles são ruins em **não** prestar atenção – ou seja, em ignorar todas as coisas interessantes ao redor e focar apenas aquilo que é supostamente importante.[10]

Sabe onde tendemos a agir de maneira semelhante às crianças e temos essa dificuldade de **não** prestar atenção? Em novos ambientes. Quando estamos em contato com uma novidade tecnológica, em uma viagem ou vivendo uma experiência artística – ambientes que abordamos na etapa **explorar** –, o encantamento e a imersão são mais fáceis.

Só perdemos o foco quando vivemos essas experiências com um celular na mão, querendo capturar cada minuto e cada ângulo. O campo visual humano abrange aproximadamente 170 graus na horizontal e 120 graus na vertical. Quanto focamos uma tela, nos limitamos a ver de 1 a 2 graus, além de manter o cérebro desligado para quaisquer outros estímulos que aconteçam no mundo real.

O equilíbrio que proponho aqui – entre a atenção direcionada e a desfocada – é difícil de se obter na vida adulta. Como se manter em estado de atenção, sem distrações e interrupções, mas também sem foco excessivo? Como expandir a consciência de modo que as oportunidades de aprendizado que se apresentarem não sejam desperdiçadas enquanto respondemos a um e-mail desnecessário ou damos *like* em um vídeo medíocre?

PRESENÇA PLENA

O mundo corporativo costuma sustentar que 10% dos aprendizados acontecem a partir de práticas formais, como cursos e leituras, 20% nas trocas e conversas com os colegas e 70% em projetos e experiências de trabalho. Esse modelo, conhecido nas empresas como 70-20-10, é quase um dogma no mercado. A maior parte das estratégias corporativas de treinamento e desenvolvimento se baseia nele, ainda que sua aplicação seja muito mais intencional do que real.

Há algum tempo, tive a sorte de jantar com Charles Jennings, excelente consultor britânico e um dos grandes disseminadores desse tema. Durante a refeição, ele me disse que achava curioso o frisson do mercado com o modelo: "Na verdade, se criasse o modelo hoje, acho que chamaria 75-24-1. O aprendizado de verdade ocorre no dia a dia das pessoas".

Adorei esse comentário, até por concordar com seu ponto de vista. Recentemente, ao ver um relatório sobre indicadores de treinamento no Brasil, percebi que sua provocação era mais precisa do que eu imaginava. Em média, trabalhamos 2 mil horas por ano. Dessa carga horária, os colaboradores dedicam apenas 1,2% (ou 24 horas) a ações de treinamento estruturadas. Ainda que haja algum esforço nas empresas para criar um ambiente que valorize os 99% de aprendizado informal, o grande foco das áreas de RH – incluindo o orçamento e outros recursos – dirige-se às ações formais.[11] Com isso, o aprendizado que deveria acontecer no dia a dia se esvai. Diversos fatores – como disputas de ideias, metas desafiadoras ou simplesmente cansaço – se interpõem entre as vivências da rotina e as possibilidades de aprendizado incidental.

Podemos intensificar a aprendizagem própria do cotidiano por meio de uma série de intervenções, como a criação de rituais que auxiliem os times a mapearem e processarem os aprendizados do dia a dia. Porém, só a presença plena é capaz de nos fazer tirar real proveito das oportunidades de desenvolvimento que se apresentam a nós diariamente.

Embora muitas vezes usemos as palavras "presença" e "atenção" como sinônimas, elas representam aspectos diferentes – e igualmente importantes – da maneira como experimentamos o mundo. Compreender essa diferença nos ajuda a entender melhor como o aprendizado incidental ocorre em nossa vida.

Atenção é a maneira como direcionamos nossos recursos cognitivos para um estímulo ou uma atividade específica. Como vimos anteriormente, podemos ter uma atenção focada – como quando resolvemos um problema complexo – ou desfocada – quando permitimos que nossa consciência capture diversos elementos do ambiente simultaneamente.

É possível estar atento sem estar plenamente presente. Isso acontece quando analisamos um problema de maneira concentrada, mas estamos completamente desconectados do ambiente ao nosso redor, do nosso corpo ou das nossas emoções. Da mesma forma, podemos estar presentes sem direcionar nossa atenção para algo específico, como ocorre em certos estados meditativos em que mantemos uma consciência aberta e receptiva.

Para o aprendizado incidental, a presença cria o campo fértil onde seu interesse pode viajar livremente por diferentes aspectos de uma experiência. Quando estamos verdadeiramente presentes, nossa atenção se torna mais fluida, menos rígida e mais adaptativa – é exatamente disso que precisamos para aprender com as experiências cotidianas. No mundo atual, devemos cultivar tanto a capacidade de focar a atenção quando necessário quanto a habilidade de estar plenamente presente nos diversos momentos da vida.

A preocupação com um estilo de vida que privilegiasse um estado de maior consciência chegou ao Ocidente nos anos 1950 e 1960, quando artistas alternativos e do movimento hippie incorporaram em suas obras conceitos de meditação que tinham aprendido com monges budistas. Por exemplo, a popularização da meditação transcedental em países da Europa e nos Estados Unidos ocorreu a partir do contato dos Beatles com o mestre indiano Maharishi Mahesh Yogi.

Foi na década de 1980 que um conceito vinculado diretamente à atenção plena se disseminou de maneira ampla. Jon Kabat-Zinn, um biólogo molecular com PhD no Massachusetts Institute of Technology (MIT), desenvolveu um programa de redução do estresse com base em mindfulness. Jon formatou as práticas de modo laico e tornou-as aplicáveis à medicina e à psicologia, retirando a linguagem explicitamente budista do método. Essa abordagem científica – menos esotérica e religiosa – atraiu o interesse de pesquisadores de diversas áreas, que comprovaram por meio de estudos[12] a eficiência da prática na redução de ansiedade, depressão e dores crônicas, por exemplo.

Dentre os princípios do mindfulness, destaco alguns que são especialmente relevantes para o aprendizado incidental.

→ **Atenção ao momento presente**: focar sua consciência no aqui e agora, em vez de se prender ao passado ou se preocupar com o futuro.

→ **Suspensão do julgamento**: observar seus pensamentos, seus sentimentos e suas sensações sem rotulá-los como bons ou ruins.

→ **Paciência**: permitir que as experiências se desdobrem em seu próprio ritmo, sem apressar o processo.

→ **Mente de iniciante**: abordar cada experiência como se fosse a primeira vez, com curiosidade e abertura.

→ **Aceitação**: reconhecer e aceitar a realidade do momento presente, mesmo quando desafiadora.

→ **Desprendimento**: praticar o desapego de ideias, expectativas e resultados.

De maneira intuitiva, tenho aplicado parte desses princípios no meu dia a dia. Já fiz alguns cursos de mindfulness e tenho tentado tornar a meditação uma prática cotidiana. Vou ser sincero, nem sempre é fácil. Contudo, nas fases mais disciplinadas – como a que tenho experimentado durante a escrita do livro –, o exercício da atenção plena tem me ajudado muito. Se essa é uma prática nova para você, compartilho aqui umas dicas que acredito serem pontos de partida importantes para a busca da atenção plena.

1. **Meditação nem sempre precisa ser meditação**: além de sessões guiadas com profissionais, aprendi a meditar utilizando um dispositivo chamado *muse*. É uma espécie de tiara que você coloca na testa e mede suas ondas cerebrais. Com um fone de ouvido, você acompanha seu status por meio de sons da natureza. Se você está em uma boa frequência, escuta apenas o som de um rio tranquilo e pássaros. O clima vai piorando à medida que você se distrai, chegando a uma tempestade forte com chuvas e relâmpagos. O aparelho é muito controverso, mas tenho que dizer que funcionou bem no meu caso. Não preciso mais utilizá-lo e consigo entrar facilmente em um estado meditativo. Com o tempo, percebi que meditar, para mim, não significa apenas fechar os olhos, focar a respiração e buscar um estado de maior introspecção. Existem outras atividades que me levam a essa disposição. Quando estudo contrabaixo, por exemplo, me percebo na mesma

frequência da meditação, com presença total, foco no momento e uma consciência sensorial refinada. Você pode achar na sua vida alguma atividade que lhe permita atingir essa mesma vibração.

2. **Respiração consciente**: adoro a provocação do meu amigo Murilo Gun em relação a essa prática. "Respiramos mais de 20 mil vezes por dia", diz ele, "e quase sempre no automático. O que custa fazer umas vinte ou trinta de maneira intencional?". É o que tenho feito. O mundo da respiração é gigante. Existem técnicas avançadas, como a *pranayama*, por exemplo, que divide a respiração em fases – inspiração, retenção, expiração, pausa – em um ciclo que espelha o fluxo da atenção plena. Eu realizo duas práticas extremamente simples. Uma é chamada de *box breathing* ou respiração quadrada. Nela, percorro as fases da respiração contando mentalmente de 1 a 4 para cada uma delas. Faço esse exercício quinze vezes, o que não me ocupa mais do que três ou quatro minutos. A outra técnica é ainda mais simples. Na correria de reuniões encavaladas, eu simplesmente faço umas cinco respirações bem profundas para marcar a divisão do tempo. Em ambos os casos, sinto quase um reboot da mente e um chamado ativo para mais consciência do que estou vivendo.

3. **Escute sem pressa**: como consultor e palestrante, muitas vezes percebo uma expectativa (interna e externa) de que eu tenha respostas rápidas para os assuntos que domino. Isso me gera uma ansiedade enorme. Durante muitos anos eu tinha o péssimo costume de interromper as pessoas no meio da frase. Com o tempo – e alguns feedbacks bem diretos – passei a identificar quando a vontade de falar surgia e a me calar. Mesmo sem abrir a boca, minha cabeça ainda estava gastando energia para construir a resposta e, como consequência, escutando metade das palavras. Isso mudou.
Desenvolvi o hábito de dar atenção total à fala das outras pessoas antes de pensar no que quero falar ou responder. Às vezes, preciso de alguns segundos para organizar meus pensamentos. Entretanto, vejo que o fluxo da conversa e a qualidade das respostas são muito melhores. E, o mais importante, o meu sentimento interno é de mais paz e presença, o que facilita bastante a atenção.

4. *Shinrin yoku*, ou o **banho de floresta**: como um paulistano convicto, sinto muito a falta da natureza. Durante a pandemia, morei com minha família em Ilhabela. A imersão em tanto verde e beleza foi um bálsamo nesse período tão difícil para todos nós. Meus filhos sentiram isso também. Eu me lembro do espanto do João, meu filho mais novo, quando entramos na Marginal: "Pai, por que é tão cinza?". Continuo vivendo em São Paulo, mas tenho a sorte de morar em uma região arborizada. Durante o dia, sempre que me sinto travado, dou uma volta e tento beber um pouco (bem pouco) do verde que minha rua tem para oferecer. Às vezes, dez minutos já mudam meu estado interno. Essa vivência pessoal só reforçou o que estudos científicos e políticas públicas vêm indicando há décadas.

Desde 1980, o Japão reconhece o poder restaurador da natureza. Em resposta ao aumento do estresse e das doenças relacionadas ao estilo de vida urbano e corporativo, o governo japonês institucionalizou o hábito de passar tempo na natureza para relaxar e melhorar o bem-estar. Essa iniciativa passou a ser conhecida como shinrin yoku, ou banho de natureza. Mais recentemente, pesquisas confirmaram de maneira científica o benefício dessa prática.[13, 14] Se for possível onde você mora, recomendo essa busca ativa pelo contato com a natureza.

As quatro sugestões listadas não têm como objetivo apenas promover um estado de presença momentâneo. Elas têm o poder de reduzir o estresse e permitir uma maior conexão com o mundo ao seu redor. No meio de um ambiente repleto de estímulos contínuos, a atenção plena é a forma que você tem de silenciar o barulho para identificar o que realmente importa. Esse ensinamento não está só no Oriente. Márcia Wayna Kambeba, indígena do povo omágua/kambeba, escreveu um livro todo dedicado aos saberes da floresta. Nele, ela nos convida a reconhecer que os povos originários – muitas vezes considerados "atrasados, preguiçosos e fedorentos",[15] nas palavras da própria autora – oferecem conhecimentos que podem ser aplicados nos dias atuais.

É preciso silenciar para ouvir as vozes da floresta ecoando em nossa alma, tornando-nos sensíveis para entender cada movimento, cada cor e o canto dos pássaros e animais. As vozes das florestas servem de alerta para evitar muitos desastres, para educar, curar, orientar. É preciso estar com o coração e os ouvidos atentos para acolher e entender.[16]

No fim das contas, cultivar atenção plena tem a ver menos com seguir um ritual e mais com criar pequenas janelas de presença ao longo do dia. É nessas janelas que o aprendizado incidental floresce.

CEP+R: Presença e atenção na era da distração

C - Conteúdo

→ **Presença plena** é cada vez mais difícil em um mundo que valoriza a produtividade tóxica e a conveniência

→ **A atenção** tem dois modos: **focada** (direcionada a uma tarefa) e **desfocada** (aberta ao entorno) – ambos essenciais para o aprendizado

→ A simples **presença do celular** (mesmo sem usá-lo) já prejudica nossa capacidade cognitiva – fenômeno chamado de "*brain rot*"

→ **O descanso**, tanto passivo (sono) quanto ativo (atividades leves e prazerosas), é fundamental para processar experiências

E - Experiência

→ **Pratique deixar o celular em outro cômodo** durante períodos de trabalho ou lazer – observe como isso afeta sua atenção

→ **Experimente técnicas de mindfulness** como respiração consciente (*box breathing*) ou simplesmente notar cada detalhe de uma atividade cotidiana

→ **Faça um experimento de atenção desfocada** – escolha um momento do dia para fazer algo simples (como tomar café, caminhar ou lavar a louça) com atenção plena e faça isso por 5 minutos todos os dias da semana – repare nos detalhes e evite distrações

→ **Adote o *shinrin yoku* (banho de floresta)** – passe tempo em contato com a natureza sem distrações digitais

P+R - Pessoas + Redes

→ **Gloria Mark** – pesquisadora que documentou a diminuição progressiva da nossa capacidade de atenção

→ **Jon Kabat-Zinn** – pioneiro na aplicação do mindfulness para redução de estresse

→ **Introduza pausas de presença nas reuniões** – inicie os encontros com 1-2 minutos de presença: respiração consciente ou um momento de silêncio. Isso ajuda a transicionar, focar e criar atenção compartilhada

CAPÍTULO 13

REFLEXÃO E AÇÃO

"E u não sou indolente. Há tempos que eu pretendia fazer o meu diário. Mas eu pensava que não tinha valor e achei que era perder tempo.

[...] Eu fiz uma reforma em mim. Quero tratar as pessoas que eu conheço com mais atenção. Quero enviar um sorriso amavel às crianças e aos operarios."[1]

Esse trecho foi escrito por Carolina Maria de Jesus em seu livro *Quarto de despejo: diário de uma favelada.* A obra é uma transcrição de seus diários, escritos entre 1955 e 1960, e se mantém fiel ao texto original, respeitando a gramática simples que a autora aprendeu nos dois anos em que estudou. Lançada no início dos anos 1960, foi um enorme sucesso editorial. A tiragem inicial de 10 mil exemplares se esgotou em apenas uma semana, e a obra foi traduzida para mais de treze idiomas desde o seu lançamento.

A escrita de Carolina Maria mexe com o leitor. Seus textos relatam, de maneira simples e incrivelmente forte, como era sua vida na favela do

Canindé, próxima ao rio Tietê, em São Paulo. Descreve seu cotidiano – revelando as contradições e os desafios de sua realidade – ao mesmo tempo que faz uma viagem interior.

Além disso, tenho a impressão de que, por meio da escrita, ela tenta expurgar as sensações e os sentimentos mais doídos, atravessados pela fome, pela injustiça, pelo frio e pela preocupação com João, José Carlos e Vera, seus três filhos.

Mas me chama a atenção também sua disciplina e como ela usou a escrita para processar o que viveu. Ela entendia a importância da escrita em sua vida.

> A vida é igual a um livro. Só depois de ter lido é que sabemos o que encerra. E nós, quando estamos no fim da vida é que sabemos como nossa vida decorreu. A minha, até aqui, tem sido preta. Preta é a minha pele. Preto é o lugar onde moro.[2]

A escrita de Carolina Maria exemplifica como escrever pode ser um poderoso exercício de autoconhecimento, reflexão e aprendizado.

Roland Allen, em seu livro *The Notebook: A History of Thinking in Paper*[3] [O caderno: a história do pensamento no papel], analisa o uso dos cadernos ao longo dos tempos. Há milênios, esses objetos, em diversos formatos e materiais, são utilizados para os mais variados fins: listas de afazeres, controles comerciais, anotações de viagens, desenhos, receitas culinárias, diários e por aí vai.

Um dos primeiros registros de artefato que funcionavam como um espaço de reflexão e anotação foi uma tábua de cera datada de 1306 a.C.[4] Ela foi descoberta na Turquia e difere das descobertas mais antigas porque seu conteúdo poderia ser apagado e substituído por outro. Como esse protótipo de caderno foi descoberto em um naufrágio, não foi possível descobrir o que estava escrito nele.

No campo do aprendizado, a escrita ocupa um papel de destaque e pode ser utilizada de diversas formas. Como falamos no capítulo 2, ela permitiu que o conhecimento fosse compartilhado e liberou a memória para outras atividades.

Os *commonplace books*, por exemplo, são cadernos em papel destinados à anotação de informações e frases que coletamos ao longo da vida. Há ainda os diários de viagem – como os de Darwin – ou os cadernos de anotações – como os de Leonardo Da Vinci.

Escrever também proporciona possibilidades menos instrumentais para o aprendiz. Uma delas se relaciona ao autoconhecimento.

James Pennebaker, professor de Psicologia da Universidade do Texas em Austin, desenvolveu uma série de estudos sobre um tipo de exercício que ele chamou de escrita expressiva. Seu processo demandava que os pacientes fossem até o laboratório e recebessem a seguinte instrução:

> Durante os próximos três dias, escreva sobre seus sentimentos mais profundos ligados a uma questão emocional importante em sua vida. Explore livremente suas emoções, relacionando-as às pessoas próximas ou à sua própria história. Pode repetir ou mudar o tema a cada sessão. Tudo será confidencial. Não se preocupe com ortografia ou gramática, apenas escreva sem parar até o fim do tempo.[5]

Suas pesquisas demonstraram que, entre as pessoas que sofreram traumas, escrever sobre suas histórias teve um impacto inequívoco na saúde mental, como redução do uso de remédios ou de visitas a médicos.[6] Ao trazer as questões para a superfície, você fica mais capaz de lidar com seus problemas.

Para o lifewide learner, há um tipo específico de escrita particularmente relevante: o registro rotineiro do aprendizado. O instrumento para isso é chamado de *learning journal*, ou diário de aprendizagem.

Austin Kleon, que mencionei no capítulo 11, é um grande entusiasta dessa prática. Em um post sobre o assunto, ele detalha suas motivações.

> Ao sentar-me para escrever sobre a minha vida, eu a observo, eu a honro. E, quando escrevo por tempo suficiente, tenho um registro dos meus dias. Posso voltar atrás, perceber aquilo a que dei atenção, descobrir meus próprios padrões e me conhecer melhor. Isso me ajuda a me apaixonar pela minha vida.[7]

No fundo, o que estamos fazendo enquanto escrevemos é nos aprofundarmos em uma etapa fundamental no ciclo de aprendizagem da fase adulta: a reflexão.

Jack Mezirow é uma referência nesse assunto. Ele desenvolveu a **teoria da aprendizagem transformadora,**[8] que aponta a reflexão como um processo crítico essencial para a evolução pessoal e o desenvolvimento adulto. Para ele, refletir significa analisar criticamente as crenças, os valores e os pressupostos que estruturam nossa maneira de ver o mundo.

Segundo Mezirow, refletir não é apenas recordar ou pensar rapidamente sobre um acontecimento. É um exercício intencional, profundo, criativo e, com frequência, transformador. Ele sugere que existem três níveis distintos de reflexão, organizados hierarquicamente conforme sua profundidade e seu impacto no aprendizado e no desenvolvimento pessoal.

1. **Reflexão sobre conteúdo**
   → Trata-se do nível mais básico de reflexão, no qual analisamos *o que* fazemos, pensamos ou sentimos em determinada situação. É o primeiro passo, centrado na observação direta e concreta do evento ou da experiência.
   → Por exemplo, pensar sobre o resultado de uma reunião, identificando o que funcionou e o que não deu certo.

2. **Reflexão sobre processo**
   → Aqui, o foco se desloca para *como* realizamos algo. Não apenas avaliamos o que aconteceu, mas também questionamos a maneira como executamos uma tarefa ou atividade.
   → Por exemplo, avaliar a forma como conduzimos a reunião, questionando se as estratégias utilizadas foram eficientes ou se poderiam ser aprimoradas. É uma análise que vai além do simples resultado.

3. **Reflexão crítica (ou reflexão sobre premissas)**
   → Este é o nível mais profundo e transformador, pois envolve questionar criticamente as crenças, os pressupostos e os valores subjacentes que influenciam nosso modo de interpretar e agir no mundo. É um processo de desafiar e reavaliar nossas premissas básicas.

→ Por exemplo, questionar por que acreditamos que as reuniões devem seguir determinado formato ou estrutura, investigando as origens e implicações dessas crenças e se elas ainda fazem sentido no contexto atual.

Esses três níveis não são isolados; ao contrário, eles frequentemente operam juntos, possibilitando um processo de reflexão mais completo e profundo. No contexto do aprendizado incidental, alcançar o nível da reflexão crítica é particularmente valioso, pois possibilita mudanças significativas na maneira como percebemos, pensamos e agimos.

De acordo com o pesquisador, é principalmente a **reflexão crítica** que permite aos indivíduos reconhecerem limitações em suas perspectivas, resultando em uma mudança significativa e duradoura no modo como interpretam suas experiências.

Refletir, portanto, não é apenas pensar superficialmente sobre algo, mas um processo intencional e profundo que pode provocar transformações importantes na percepção pessoal, estimulando maior autonomia e capacidade de agir conscientemente no mundo.

Por isso, digo que essa etapa corresponde à dimensão **intencional** do aprendizado incidental. Para potencializarmos as oportunidades de crescimento presentes nas experiências que vivemos no nosso cotidiano, precisamos parar e pensar sobre elas.

Qual é a melhor forma de fazer isso? Por meio do *learning journal*.

PENSANDO POR ESCRITO

O caminho é simples. Separe dois ou três momentos da semana e escreva por cinco minutos sobre o que você aprendeu nos últimos dias.

Não é um diário do que você fez, mas sim do que você aprendeu. O objetivo não é ser preciso e fazer uma lista de todo o aprendizado do período. Busque o que está mais forte a cada momento. Na minha experiência pessoal, vamos ficando melhores com o tempo. Tenho a impressão de que o cérebro vai se acostumando com a rotina da escrita e melhora o processo de selecionar e memorizar aprendizados significativos.

Eu faço meu diário à mão, em um caderno separado. Gosto do ritual de abrir meu caderno, pegar a caneta e deixar o pensamento fluir. Sempre flui. Você até pode fazer isso no celular ou no computador, mas sugiro fazer à mão e aproveitar esse momento para escutar apenas seus pensamentos.

Compre um caderno bonito para ser especialmente o seu *learning journal*, afaste-se de qualquer eletrônico, sente-se de maneira confortável e deixe sua mente ditar o texto. Quando escrevemos fora de um teclado, o ritmo é diferente. Nós nos liberamos da preocupação com a gramática perfeita e podemos deixar o pensamento fluir, mesmo que não siga uma sequência totalmente lógica. Adoro a sensação de mudar de opinião no meio da escrita e riscar a palavra ou frase que decidi substituir.

A prática também ajuda você a identificar, na hora, um evento que merece ser escrito e, portanto, virar objeto de reflexão. Hoje em dia é comum eu experimentar alguma situação e pensar: "Preciso escrever sobre isso no meu *learning journal*".

Mark Edmundson, autor e professor da Universidade de Virginia, é um grande defensor da escrita e da leitura. No prefácio do livro *Why write?* [Por que escrever?], ele diz: "Não sei como, sem escrever ou participar de conversas profundas, podemos aprender a pensar. [...] E, para pensar bem, devemos treinar a mente assim como o atleta treina o corpo. [...] Escrever é pensar; pensar é escrever".[9] Mais à frente ele complementa: "Não conhecemos nossas opiniões até que alguém nos pergunte. Escrever é uma forma de nos perguntarmos".[10]

Uma última dica: não vou negar que muitas vezes me dirijo à minha mesa sem saber o que vou escrever. Essa sensação me remete à ida à terapia quando você acha que não precisa. Tenho a lembrança de, por diversas vezes, ficar no carro pensando: "Por que eu estou aqui no trânsito, indo passar uma hora para falar da minha vida se está tudo bem?". Na quase totalidade das vezes, era só eu me sentar no sofá e ouvir a clássica pergunta "Como foi sua semana?" para minha mente me lembrar do que eu estava fazendo ali.

Com a escrita é a mesma coisa. Quando abro meu caderno e pego a caneta, a memória me traz os aprendizados dos últimos dias e, ao escrever, consigo alcançar o objetivo de todo o processo descrito neste livro: consolidar as oportunidades de aprendizagem que passaram pela minha vida recentemente.

O resultado desse processo? Mudança. A reflexão contínua permite que o aprendizado como descrevo aqui – que se revela por meio de uma performance melhorada – aconteça de maneira natural. Ao experimentar, observar-se e refletir, você muda sua forma de pensar e agir, buscando crescimento continuamente.

Quando faz da reflexão um hábito, você não só materializa seu aprendizado incidental, mas também estimula o reinício do ciclo. Ao identificar seu crescimento, você compreenderá a importância da agência – da sua capacidade de agir – e terá mais curiosidade e vontade de buscar novos nichos, em uma espiral de aprendizagem contínua e transformadora.

O APRENDIZADO INCIDENTAL EM AÇÃO

Este livro propõe um método que é fundamental para o aprendizado ao longo da vida. Há mais de vinte anos, os profissionais da área de aprendizagem compreenderam que precisamos complementar os momentos de aprendizado deliberado – como cursos, vídeos, leituras ou mentorias – com uma postura que incentive e consolide os aprendizados que ocorrem nos demais momentos da vida.

Meu convívio com aprendizes adultos se dá, principalmente, no âmbito corporativo. É incrível para mim como grande parte das organizações não tem culturas de aprendizado que estimulem verdadeiramente o lifewide learning, embora esse seja o desejo declarado por todas. Um passo importante para que isso aconteça é o desenvolvimento da competência *aprender a aprender*. Porém, muitas vezes, isso significa apenas desenvolver parte dessa competência, ensinando pessoas a conduzirem projetos de aprendizagem estruturados, com começo, meio e fim.

Não quero desmerecer essa prática, quero ampliá-la. Reescrevo a seguir um apelo que fiz nas últimas páginas do meu livro sobre lifelong learning.

Esteja atento às oportunidades de aprendizado que aparecem de maneira abundante em seu cotidiano. Uma conversa, um novo trabalho, um desafio pessoal ou a simples observação atenta de uma reunião pode ser um ponto de partida para muitas descobertas. No fundo, minha intenção é que este livro o ajude na criação de uma lente que enxergue sua vida como um grande espaço de aprendizagem.[11]

Enquanto o **aprendizado deliberado** é aquele planejado conscientemente, com objetivos claros e etapas definidas, o **aprendizado incidental** é aquele que ocorre naturalmente, sem um plano prévio, por meio das experiências cotidianas. O primeiro é estruturado, previsível e explícito. O segundo é espontâneo, imprevisível e frequentemente implícito. Ambos são importantes para qualquer aprendiz adulto, mas este livro convida você a valorizar o segundo, integrando-o conscientemente ao seu modo de viver.

O presente texto nasceu com a intenção de oferecer práticas objetivas para que o aprendizado incidental seja, ao mesmo tempo, estimulado e potencializado. O desafio foi muito maior do que minha primeira obra, que oferecia um pragmatismo que facilita a aplicação do método proposto.

Por isso, termino o livro reforçando quatro aspectos que são os pilares para o lifewide learning.

1. **Você pode influenciar a forma como as oportunidades de aprendizagem aparecem na sua vida.** O acaso favorece os inquisitivos e os aventureiros, como nos lembra Albert Bandura.[12] Ao longo deste livro, vimos como nossa agência pessoal – essa capacidade única de agir intencionalmente – pode transformar encontros fortuitos em momentos de aprendizado significativo. Não precisamos esperar passivamente que o aprendizado aconteça: podemos criar condições para que ele floresça. Isso significa fazer escolhas deliberadas sobre os ambientes que frequentamos, as pessoas com quem convivemos e as experiências que buscamos. Experimente adotar uma postura de presentista, atenta ao que já existe ao seu redor. O que tem passado despercebido? Cultive sua curiosidade e exercite sua abertura à experiência, mesmo quando o conforto da rotina parecer mais atraente. Lembre-se: cada novo nicho que você explora amplia exponencialmente suas chances de vivenciar o tipo de coincidência

que gera crescimento. Como vimos nas histórias compartilhadas neste livro – seja a de Daniel e sua primeira viagem, ou a de Vivian Maier e suas fotografias –, são nossas escolhas cotidianas que abrem espaço para que o extraordinário aconteça no aparentemente ordinário. Quais serão as suas?

2. **O melhor caminho para o aprendizado é se expor ao diferente, mesmo que ele esteja próximo de você**. Não é necessário atravessar o oceano para viver experiências transformadoras – embora viagens também sejam poderosas fontes de crescimento. O diferente pode estar a poucos quarteirões da sua casa, em um bairro que você nunca visitou, em uma conversa com o colega que tem uma história de vida completamente distinta da sua, ou em um gênero musical que você nunca se permitiu explorar. Um passeio com olhar de *flâneur*, uma visita a uma exposição local, ou mesmo a participação em uma roda de conversa sobre um assunto que você desconhece – todas são portas para ampliar seu repertório. Lembre-se de que seu cérebro é preditivo e precisa de novos inputs constantemente. Ao se deparar com a escolha entre o conforto do conhecido e a incerteza do novo, escolha a aventura. O aprendizado mais profundo frequentemente acontece na fronteira entre o familiar e o inexplorado. Como está sua coragem (e vontade) de buscar o novo?

3. **A lente com que observamos o mundo influencia o quanto de aprendizado vamos tirar dele**. Nossa cosmovisão atua como um filtro para tudo o que experimentamos. Os vieses inconscientes, a mentalidade fixa e o julgamento apressado são barreiras invisíveis que limitam nosso potencial de aprendizado. Ao adotarmos novos olhares – como o do fotógrafo de rua, o do antropólogo curioso ou o da criança exploradora –, podemos transformar experiências comuns em oportunidades de crescimento profundo. Pratique a arte de suspender o julgamento quando se deparar com o diferente. Treine-se para ver o infraordinário, aquilo que Georges Perec nos ensinou a valorizar no cotidiano aparentemente banal. Observe com atenção as pessoas ao seu redor, não para imitá-las, mas para extrair

princípios e insights. Diversifique conscientemente os grupos com os quais convive para evitar a câmara de eco que reforça apenas o que você já sabe. Suas lentes determinam não só o que você vê, mas também o que você aprende. Você está disposto a ajustá-las?

4. **Refletir (por escrito, quando possível) é fundamental para transformar suas percepções em mudança e, portanto, em aprendizado**. A reflexão é o elemento que completa o ciclo do aprendizado incidental, transformando experiências em mudanças e crescimento. Enquanto a exploração aberta nos expõe ao novo, é a reflexão que processa e integra essas experiências em nossa maneira de pensar e agir. Dedique tempo para pensar sobre o que viveu, sobre o que observou e sobre o que sentiu. O *learning journal*, ou diário de aprendizagem, é uma ferramenta poderosa nesse processo. Esse exercício não apenas consolida aprendizados recentes, mas também treina seu cérebro para identificar futuros momentos de crescimento potencial. Ao escrever, você se torna mais consciente da sua própria evolução e descobre o que realmente pensa. A reflexão sistemática é o que transforma episódios isolados em aprendizados significativos, alimentando o círculo virtuoso que recomeça com mais agência, mais curiosidade e mais abertura ao diferente. Que tal começar um diário assim que terminar esta página?

O livro que você acabou de ler talvez tenha um objetivo ambicioso demais: propor uma mudança na maneira como você integra o aprendizado à sua vida cotidiana. Utilizei todas as ferramentas que conheço para essa missão: histórias, arte em diversas formas, pesquisas científicas e um pouco da minha experiência ao longo de mais de trinta anos dedicados ao aprendizado de adultos.

Embora desafiador, não vejo outro caminho para que cada um de nós possa se ajustar às mudanças inesperadas e intensas que o futuro nos trará e, ao mesmo tempo, ter a sabedoria para influenciá-las.

Que possamos, juntos, continuar aprendendo, crescendo e construindo um mundo melhor – dia após dia, experiência após experiência.

CEP+R: Reflexão e ação

C - Conteúdo

→ O *learning journal* (diário de aprendizagem) é uma poderosa ferramenta para consolidar aprendizados incidentais

→ **A escrita expressiva** tem benefícios comprovados para o processamento de experiências e a saúde mental

→ **Três níveis de reflexão** (conteúdo, processo e crítica) permitem diferentes profundidades de processamento de experiências

→ O aprendizado incidental se completa quando incluímos momentos de **reflexão intencional** sobre o que vivemos

E - Experiência

→ **Crie um diário de aprendizagem** – dedique 5 minutos, de duas a três vezes por semana, para registrar o que você aprendeu recentemente

→ **Pratique a técnica de escrita expressiva de Pennebaker** – escreva livremente sobre uma experiência significativa por 15 minutos

→ Crie sua **"linha do tempo de aprendizado incidental"** – em uma folha, trace experiências significativas dos últimos anos e anote os aprendizados resultantes de cada uma, observando padrões e conexões inesperadas

P+R - Pessoas + Redes

→ **Maria Carolina de Jesus** – exemplo de como a escrita pode ser uma ferramenta de processamento e autodescoberta

→ **James Pennebaker** – pesquisador dos benefícios terapêuticos da escrita expressiva

→ **Jack Mezirow** – teórico da aprendizagem transformadora e dos níveis de reflexão

→ **Pratique a escrita reflexiva on-line** – mensalmente, compartilhe um texto estruturado sobre um tema que o provocou ou ensinou algo a você, usando as redes como extensão do seu *learning journal* – o objetivo não é acumular likes, mas organizar seus pensamentos e potencialmente iniciar conversas significativas

POSFÁCIO:
O DIA EM QUE VIVI MEU LIVRO

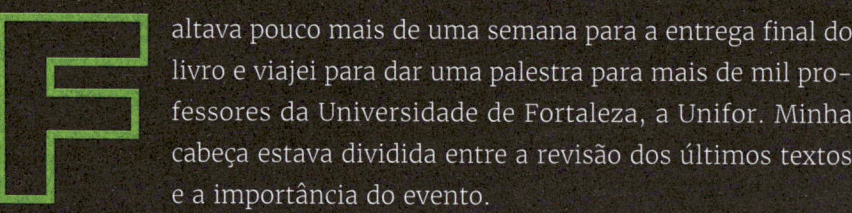altava pouco mais de uma semana para a entrega final do livro e viajei para dar uma palestra para mais de mil professores da Universidade de Fortaleza, a Unifor. Minha cabeça estava dividida entre a revisão dos últimos textos e a importância do evento.

Empolgado como estava com aprendizagem incidental, cheguei na sexta-feira com a cabeça totalmente *lifewide*. Embora fosse ficar menos de dezoito horas na cidade, procurei passeios interessantes que se encaixassem no meu tempo. Percebi que, entre o final do evento no dia seguinte e o horário do meu voo de volta, poderia visitar uma exposição no Museu da Imagem e do Som do Ceará.

Durante a palestra, exatamente quando falava sobre aprendizado incidental, mencionei essa minha intenção, como um exemplo de curiosidade e agência humana. Trocar algumas horas no aeroporto por um pouco de arte parecia uma ótima escolha.

No final do evento, quando o professor Randal Pompeu, reitor da Unifor, estava em sua fala final, ele se dirigiu a mim, agradecendo a palestra, e acrescentou: "Tenho um convite para você: que tal aproveitar para ver as exposições do nosso espaço cultural?".

Confesso que fiquei em dúvida. Entretanto, por vergonha em dizer "não" e pela gentileza dos meus anfitriões, acabei aceitando o convite. Além de poder visitar o espaço antes do horário oficial de abertura, teria a companhia e a curadoria de Thiago Braga, responsável pelo Espaço Cultural Unifor.

Dizem que um dos segredos da felicidade é ter poucas expectativas. Não tinha a menor ideia de quão interessante e bonito era o local. Só depois, pesquisando, me dei conta da minha ignorância: o espaço está em terceiro lugar na lista de "coisas para fazer em Fortaleza" do guia *Tripadvisor*. São 2 mil metros quadrados de arte de alto nível, com destaque para pintores e escultores brasileiros.

A visita foi rápida, porém perfeita. O Thiago estruturou um roteiro que me permitiu experimentar pelo menos um pouco das quatro atrações em cartaz no dia da minha estada: o deslumbrante acervo próprio, da Fundação Edson Queiroz, uma exposição do artista pernambucano Ariano Suassuna e duas mostras com fotógrafas locais. Como você pode imaginar, depois da minha imersão na vida de Vivian Maier, meu interesse por essa forma artística estava em alta.

Começamos pela Delfina Rocha, uma exposição linda e moderna, chamada *Imagens em trânsito*, "com elementos variados, como fotografias de álbuns de família, arquivos, vídeos e escrita, que se entrelaçam para dar forma às minhas reflexões", nas palavras da própria artista.

Quando estávamos indo para a próxima, Thiago me contou um pouco do que veríamos: "A Jane Batista é fotógrafa e poeta autodidata. Ela usa apenas a câmera do celular e tem um trabalho de autorretrato muito forte". Confesso que fiquei intrigado com uma exposição com essas características. Na porta, ele sorriu e disse: "A artista está aqui, que sorte!". Fomos apresentados, e Thiago perguntou se ela não me acompanharia na visita. Ela topou.

Provavelmente você já deve ter visto algumas das fotos dela no caderno de fotos deste livro. Fiquei estupefato quando entrei na exposição.

A força e a beleza das imagens tomaram meu corpo. Com voz calma, ela foi me contando um pouco da história da sua autodescoberta artística.

Nascida em Piripiri, no sertão do Piauí, a 160 quilômetros de Teresina, ela se mudou para Fortaleza em 1991, quando tinha apenas 15 anos. Como tantos jovens de cidades pequenas, migrou em busca de trabalho para ajudar a família – como ela diz, "a gente vai se distribuindo nesse Brasil grande". Jane vem de uma família numerosa, com seis irmãos ao todo, três mulheres e três homens.

Sua jornada na fotografia começou por meio de seu filho. Com o desejo de expor a criança a experiências culturais para além de sua comunidade, Jane passou a levá-lo a oficinas de arte em espaços culturais de Fortaleza – o Museu da Fotografia, a Caixa Cultural, o Dragão do Mar. "Eu queria também que ele conhecesse outras coisas que aqui dentro a gente não conhece", conta.

Enquanto a criança participava das oficinas, Jane aproveitava para visitar as exposições. Ela menciona a mostra de Sebastião Salgado como uma das primeiras que a impactaram. Esse era um mundo que ela percebia como distante: "A gente acha que não é espaço para gente, é de rico, sabe? Eu não entendo nada, e se a gente não tiver um pouquinho de curiosidade, acho que a gente não sai de dentro da comunidade".

Embora já tirasse fotos cotidianas com seu celular, foi apenas entre 2018 e 2019 que Jane começou a fotografar com uma intenção artística mais clara. Seu primeiro impulso foi documentar o cotidiano de Fortaleza, especialmente o bairro do Titanzinho, seu lar adotivo. A intenção era "guardar memórias", explica. "Como se fosse a minha cidade antiga, Piripiri, mas eu não tive oportunidade de fazer esses registros lá, e agora eu faço aqui do lugar onde eu moro, né? Que é minha segunda casa, que me aceitou desde a primeira vez que eu vim para cá."

O processo criativo de Jane é profundamente pessoal e intimamente ligado ao seu espaço doméstico. Sem um ateliê formal, ela transforma os pequenos cômodos de sua casa em estúdio improvisado, usando lençóis como fundo, aproveitando a luz natural que entra pelas janelas ou a iluminação simples do teto. "Se você olhar para os espaços, você não vai dizer assim, 'ela faz foto', porque aqui não tem espaço para nada", conta. "Mas dentro da minha casa, em pequenos cômodos, em áreas bem pequenininhas mesmo, coloco um pano para ser o fundo da parede ou então a parede mesmo, com os defeitos que ela tem."

Os autorretratos, que se tornaram uma marca de seu trabalho, são inspirados por sua vivência pessoal e memórias de infância. "Por exemplo, eu fiz umas fotos com folha de pé de manga, mangueira... Para mim, as folhas de manga serviam para lavar os pratos." Ela incorpora elementos do cotidiano – alimentos, tecidos, materiais naturais – para compor suas imagens, evocando tanto suas memórias pessoais quanto referências históricas que combinam com sua identidade.

Para criar seus autorretratos, Jane usa o timer de dez segundos da câmera do celular, o que lhe dá tempo para se posicionar e entrar no estado emocional desejado para a foto. Às vezes, quando a pose é complexa, seu filho ajuda acionando a câmera. Sua casa tornou-se um repositório de materiais – cascas de ovos, tecidos, cordas, estopa – que usa em suas composições.

O encontro com Aldonso Palácio, que é um curador experiente, foi um ponto de virada em sua trajetória artística. Ele conheceu o trabalho de Jane por meio do Instagram em janeiro de 2023, ficou impressionado e depois descobriu que ela trabalhava na empresa de sua família, onde ainda atua na área de serviços gerais como copeira, há mais de dez anos.

Por reconhecer o talento dela, Aldonso assumiu o papel de mentor, ajudando-a a estruturar exposições e conectando-a com o mundo da arte. Em julho daquele mesmo ano, Jane já realizava sua primeira exposição de autorretratos na galeria de Patrícia Veloso, gerando forte impacto emocional nos visitantes. Desde então, ela participou da Bienal do Sertão, teve seu trabalho publicado em revistas e foi a primeira mulher negra a expor na Unifor, onde suas obras foram apresentadas ao lado de trabalhos de artistas consagradas, como no caso da Delfina.

A transformação de Jane é notável – de uma pessoa que nunca havia se imaginado artista para uma fotógrafa reconhecida cujas obras evocam profunda emoção e conexão em quem as vê. Sua história é um testemunho do poder transformador da arte e de como o aprendizado incidental – no caso dela, nascido da simples curiosidade e do desejo de proporcionar experiências enriquecedoras para o filho – pode abrir portas inesperadas.

O acaso favorece os aventureiros.

Enquanto escutava a história dela, lia suas poesias e via suas fotos, essa frase reverberava na minha cabeça. Eu poderia estar no aeroporto, sentado em um canto qualquer com o celular na mão. Em pouco mais de uma hora, consegui viver tudo o que escrevi por aqui.

A **agência** e a **curiosidade** me empurraram para procurar o que eu poderia fazer de novo, diferente e agradável naquele sábado. Eu estava cansado – eram dois voos com mais de três horas de duração em dois dias –, mas entendi que ir visitar uma exposição não era mais esforço, era o tal descanso ativo de que falamos no capítulo 12.

Eu experimentei, nesse período, os três nichos que proponho na seção **Explorar**:

1. Vivi essa experiência durante uma **viagem**, conhecendo outros lugares, costumes e pessoas.
2. Além disso, fui viver um pouco de **arte**, me deixando encantar por estímulos tão diversos como as obras coloridas de Ariano Suassuna e as fotos e poesias de Jane Batista.
3. Finalmente, silenciei meu julgamento e me abri para um tipo de expressão artística totalmente vinculada ao **presente**, em que parte das fotos eram *selfies* tiradas em um celular.

Talvez eu deva agradecer a disciplina do processamento do meu aprendizado, que proponho na seção **Transformar**, a cada um de vocês, leitores e leitoras. Resolvi escrever este posfácio depois de entender o paralelo dessa minha vivência em Fortaleza com o caminho que proponho para o aprendizado incidental. Na minha entrada no *learning journal* da semana da viagem, escrevi sobre meus vieses e quão impactado eu estava (e ainda estou) pela potência criativa e pelo caminho percorrido pela Jane.

Aqui vai um convite final:

Abra-se, de maneira ativa, para as milhares de possibilidades que a vida nos traz. Procure as aventuras e dê chance ao acaso.

Ser um lifewide learner é, acima de tudo, viver com a expectativa de que podemos ser, a cada dia, um pouco melhores, mais felizes e mais responsáveis pela vida que queremos levar.

NOTAS DE FIM

Capítulo 1

1 MARSICK, V. J.; WATKINS, K. **Informal and Incidental Learning in the Workplace.** New York: Routledge Revivals, 2015. p. 12. E-book.

2 WORLD ECONOMIC FORUM. **Reskilling Revolution:** Preparing 1 Billion People for Tomorrow's Economy. 19 jan. 2025. Disponível em: www.weforum.org/impact/reskilling-revolution-preparing-1-billion-people-for-tomorrow-s-economy-2c69a13e66/. Acesso em: 11 mar. 2025.

3 WORLD ECONOMIC FORUM. **Putting Skills First:** Opportunities for Building Efficient and Equitable Labour Markets. 15 jan. 2024. Disponível em: www.weforum.org/publications/putting-skills-first-opportunities-for-building-efficient-and-equitable-labour-markets/. Acesso em: 11 mar. 2025.

4 ORGANIZAÇÃO DAS NAÇÕES UNIDAS. **Educação de qualidade**. Disponível em: https://brasil.un.org/pt-br/sdgs/4. Acesso em: 18 mar. 2025.

5 INTERNATIONAL COMMISSION ON THE FUTURES OF EDUCATION. Reimagining Our Futures Together: A New Social Contract for Education, 2021. p. 114-115. apud UNESCO Institute for Lifewide learner. **5° Relatório global sobre aprendizagem e educação de adultos: educação para a cidadania: empoderar adultos para a mudança.** Brasília: Unesco, 2022. p. 158. Disponível em: https://unesdoc.unesco.org/ark:/48223/pf0000390958. Acesso em: 18 mar. 2025. Destaque do autor.

6 SCHLOCHAUER, C. **Lifelong learners**: o poder do aprendizado contínuo para se manter relevante no mercado. São Paulo: Gente, 2021.

7 Tradução livre. Original: "*It would be a good thing to buy books if one could also buy the time to read them; but one usually confuses the purchase of books with the acquisition of their contents*". SCHOPENHAUER, A. **Essays of Schopenhauer**. Tradução de Sara Hay Goddard Dircks. Project Gutenberg, abr. 2004.

8 MARTTILA, E.; KOIVULA, A.; RÄSÄNEN, P. Does Excessive Social Media Use Decrease Subjective Well-being? A Longitudinal Analysis of the Relationship Between Problematic Use, Loneliness and Life Satisfaction. **Telematics and Informatics**, Finlândia, v. 59, 2021. Disponível em: https://doi.org/10.1016/j.tele.2020.101556. Acesso em: 18 mar. 2025. Existe uma versão extensa, validada para a realidade brasileira, disponível em: MEDEIROS, E. D. de. *et al.* Adaptação da Escala de Uso Compulsivo da Internet (Cius) para o Brasil. **Psicologia Argumento**, v. 39, n. 104, p. 277–292, abr./jun. 2021. Disponível em: https://doi.org/10.7213/psicolargum.39.104.AO08. Acesso em: 18 mar. 2025.

9 BHATTACHARYA, S. *et al.* NOMOPHOBIA: NO MObile PHone PhoBIA. **Journal of Family Medicine and Primary Care**, v. 8, n. 4, p. 1297–1300, abr. 2019. Disponível em: https://doi.org/10.4103/jfmpc.jfmpc_71_19. Acesso em: 18 mar. 2025.

10 VOLKMER, S. A.; LERMER, E. Unhappy and Addicted to Your Phone? - Higher Mobile Phone Use is Associated with Lower Well-being. **Computers in Human Behavior**, v. 93, p. 210–218, abr. 2019. Disponível em: https://doi.org/10.1016/j.chb.2018.12.015. Acesso em: 18 mar. 2025.

11 Tradução livre. Original: "[...] *the supposed deterioration of a person's mental or intellectual state, especially viewed as the result of overconsumption of material (now particularly on-line content) considered to be trivial or unchallenging*". 'BRAIN rot' named Oxford Word of the Year 2024. **Oxford University Press**, 2 dez. 2024. Disponível em: https://corp.oup.com/news/brain-rot-named-oxford-word-of-the-year-2024/. Acesso em: 18 mar. 2025.

12 FIRTH, J. *et al.* The "On-line Brain": How the Internet May Be Changing Our Cognition. **World Psychiatry**, v. 18, n. 2, p. 119–129, 2019. Disponível em: https://doi.org/10.1002/wps.20617. Acesso em: 22 fev. 2025.

13 Tradução livre. Original: "*Overall, the available evidence indicates that the Internet can produce both acute and sustained alterations in each of these areas of cognition, which may be reflected in changes in the brain*". *Ibidem*. Destaque do autor.

14 GALLUP. **State of the Global Workplace**. 2024. Disponível em: www.gallup.com/workplace/349484/state-of-the-global-workplace.aspx. Acesso em: 18 mar. 2025.

15 GREENWOOD, K.; WONG, B. The Future of Mental Health at Work Is Safety, Community, and a Healthy Organizational Culture. **Harvard Business Review**, 10 out. 2023. Disponível em: https://hbr.org/2023/10/the-future-of-mental-health-at-work-is-safety-community-and-a-healthy-organizational-culture. Acesso em: 18 mar. 2025.

16 HESS, A. J. How 'Workism' Replaced Religion. **Fast Company**, 4 abr. 2023. Disponível em: https://www.fastcompany.com/90875705/how-workism-replaced-religion. Acesso em: 18 mar. 2025.

17 Tradução livre. Original: "*the belief that work is not only necessary to economic production but also the centerpiece of one's identity and life's purpose*". *Ibidem.*

18 4 DAY WEEK GLOBAL. Disponível em: *In:* **APA Dictionary of Psychology**. www.4dayweek.com/research. Acesso em: 18 mar. 2025.

19 Tradução livre. Original: "*Throughout my life, I've wanted to be a journalist, a designer, a lawyer, a diplomat, a poet, and a shortstop for the San Francisco Giants. I've spent my career searching for a vocational soulmate, for a job that doesn't just pay the bills but is a unique reflection of who I am*". STOLZOFF, S. **The Good Enough Job.** USA: Portfolio, 2023. E-book.

20 Tradução livre. Original: "*Much as an investor benefits from diversifying their investments, we, too, benefit from diversifying our sources of identity and meaning. Meaning is not something that is bestowed upon us. It's something we create. And as with any act of creation, it requires time and energy—the time to invest in nonwork pursuits and the energy to actually do so*". *Ibidem.*

21 ALTAF, B. *et al.* Time Perception During the Pandemic: A Longitudinal Study Examining the Role of Indoor and Outdoor Nature Exposure for Remote Workers, **Building and Environment**, v. 243, 1 set. 2023. Disponível em: https://doi.org/10.1016/j.buildenv.2023.110644. Acesso em: 18 mar. 2025.

22 MATHIAS, D. Energy Consumption III — Performance Output. In: **Fit and Healthy from 1 to 100 with Nutrition and Exercise.** Berlin: Springer, 2022. Disponível em: https://doi.org/10.1007/978-3-662-65961-8_10. Acesso em: 18 mar. 2025.

23 BAKER, M. Gartner Cautions HR Leaders That the Risk of Change Fatigue Among Employees has Doubled in 2020. **Gartner**, 14 out. 2020. Disponível em: www.gartner.com/en/newsroom/press-releases/2020-10-14-gartner-cautions-hr-leaders-that-the-risk-of-change-fatigue-among-employees-has-doubled-in-2020-this-year. Acesso em: 18 mar. 2025.

Capítulo 2

1 Tradução livre. Original: "*[The 'lifewide' dimension] brings the complementarity of formal, non-formal and informal learning into sharper focus. It reminds us that useful and enjoyable learning can and does take place in the family, in leisure time, in community life and in daily worklife*". COMMISSION OF THE EUROPEAN COMMUNITIES. **A Memorandum on** Lifewide learner. Bruxelas, 30 out. 2000, p. 9. Disponível em: https://arhiv.acs.si/dokumenti/Memorandum_on_Lifelong_Learning.pdf. Acesso em: 12 nov. 2024.

2 Tradução livre. Original: "*[learning that] is not premeditated, deliberate, or intentional and that is acquired as a result of some other, possibly unrelated, mental activity*". INCIDENTAL learning. In: **APA Dictionary of Psychology.** Washington, DC, 2018. Disponível em: https://dictionary.apa.org/incidental-learning. Acesso em: 18 mar. 2025.

3 POZO, J. I. **Aquisição de conhecimento**, Porto Alegre: Artmed, 2005.

4 REBER, A. S. **Implicit Learning and Tacit Knowledge: An Essay on the Cognitive Unconscious.** Oxford: Oxford University Press, 1993.

5 Tradução livre. Original: "*I've spent over fifty years living two parallel lives. In one I am a semi-degenerate gambler, a poker junkie, horse player, and blackjack maven; in the other, a scientist specializing in cognitive psychology and related topics in the neurosciences, the origins of consciousness and the philosophy of mind*". REBER, A. S. Psychology & Poker. Disponível em: http://arthurreber.com/. Acesso em: 18 mar. 2025.

6 Tradução livre. Original: "*But over time these two avenues of my life have meshed. There's a lot that we know about human psychology that can give us insight into gambling, especially poker and, of course, there's a lot that poker can teach us about human psychology*". *Ibidem.*

7 REBER, A. S. *op. cit.* p. 5.

8 POZO, J. I. **Aprendizes e mestres:** a nova cultura da aprendizagem. Tradução de Ernani Rosa. Porto Alegre: Artmed, 2001. p. 28.

Capítulo 3

1 BARRETT, L. F. **Seven and a Half Lessons About the Brain**. London: Picador, 2020.

2 GOPNIK, A. What Do Babies Think? **TED**, jul. 2011. Disponível em: www.ted.com/talks/alison_gopnik_what_do_babies_think/footnotes?subtitle=en&lng=pt-br&geo=pt-br. Acesso em: 19 mar. 2025.

3 EZRA Klein Interviews Alison Gopnik. [Transcript]. **The New York Times**, 16 abr. 2021. Disponível em: www.nytimes.com/2021/04/16/podcasts/ezra-klein-podcast-alison-gopnik-transcript.html. Acesso em: 19 mar. 2025.

4 Caso você queira se aprofundar, recomendo fortemente estes dois:

GOPNIK, A. Childhood as a Solution to Explore–exploit Tensions. **Philosophical Transactions of the Royal Society B: Biological Sciences**, v. 375, n. 1803, 1 jun. 2020. Disponível em: https://doi.org/10.1098/rstb.2019.0502. Acesso em: 19 mar. 2025.

GOPNIK, A. Children are More Exploratory and Learn More Than Adults in an Approach-avoid Task. **Cognition**, v. 218, jan. 2022. Disponível em: https://doi.org/10.1016/j.cognition.2021.104940. Acesso em: 19 mar. 2025.

5 Tradução livre. Original: *"Primates, in general, and humans, in particular, rely on learning particularly heavily, and also have much longer childhoods and much more caregiving investment than chickens, butterflies or fleas. Rather than having a few sensitive periods of plasticity adapted to particular domains, a human mind has to explore the very wide and unpredictable range of human possibilities, both in terms of possible actions and possible hypotheses. You could think of an extended curious childhood with particularly powerful kinds of learning as a kind of turbo-powered super sensitive period—a protected time to extract information from the environment through exploration and to imagine even far-away and unlikely hypotheses"*. GOPNIK, A. *op. cit.* Disponível em: https://doi.org/10.1098/rstb.2019.0502. Acesso em: 19 mar. 2025. Destaque do autor.

6 GOPNIK, A. Childhood as a Solution to Explore–exploit Tensions. **Philosophical Transactions of the Royal Society B: Biological Sciences**, v. 375, n. 1803, 1 jun. 2020. Disponível em: https://doi.org/10.1098/rstb.2019.0502. Acesso em: 19 mar. 2025.

7 GUILFORD, J. P. *et al.* Alternate Uses. **APA PsycTests**, 1960. Disponível em: https://doi.org/10.1037/t06443-000. Acesso em: 19 mar. 2025.

8 Tradução livre. Original: *"Little brains wire themselves to their world. It's up to us to create that world — including a social world rich with wiring instructions — to grow those brains healthy and whole"*. BARRETT, L. *op. cit.* p. 63.

9 MAGRITTE , R. **A traição das imagens**. 1929. Óleo sobre tela, 63,5 cm × 93,98 cm.

10 Tradução livre. Original: *"Things are different after you grow up. You can hang out with all kinds of people. You can challenge the beliefs that you were swaddled in as a child. You can change your own niche. Your actions today become your brain's predictions for tomorrow, and those predictions automatically drive your future actions [...] As the owner of a predicting brain, you have more control over your actions and experiences than you might think and more responsibility than you might want. But if you embrace this responsibility, think about the possibilities. What might your life be like? What kind of person might you become?"*. BARRETT, L. *op. cit.* p. 77.

Capítulo 4

1 "THE DECEPTION of Comfort" by Joey Camire — Presented at Collision Conference 2024. 2024. Vídeo (19min57s). Publicado pelo canal SYLVAIN. Disponível em: www.youtube.com/watch?v=aNUuxExyZgQ. Acesso em: 19 mar. 2025.

2 KIKNADZE, N. Comfort Zone Orientation: Moving Beyond One's Comfort Zone. **Duke University**, Durham, 25 abr. 2018. Disponível em: https://dukespace.lib.duke.edu/items/0d5e14cf-5197-497b-984a-773b5e48f51b. Acesso em: 19 mar. 2025.

3 SZYMBORSKA, W. **Poemas**. Tradução de Regina Przybycien. São Paulo: Companhia das Letras, 2011.

4 Tradução livre. Original: *"People can exercise influence over what they do"*. BANDURA, A. **Self-Efficacy: The Exercise of Control**. New York: W. H. Freeman, 1997. p. 3.

5 KLINK, T. **Nós: O Atlântico em solitário**. São Paulo: Companhia das Letras, 2023. p. 73.

6 Fiz um TEDx sobre isso:

www.ted.com/talks/conrado_schlochauer_eu_sou_um_presentista?language=pt-br.

Interlúdio

1 SCHLOCHAUER, C. *op. cit.*

2 PIAGET, J. **Psicologia e pedagogia**. Rio de Janeiro: Forense, 1970.

3 VIGOTSKI, L. **A formação social da mente**. São Paulo: Martins Fontes, 1984.

4 POZO, J. I. **Aprendizes e mestres**: a nova cultura da aprendizagem. Tradução de Ernani Rosa. Porto Alegre: Artmed, 2001.

5 ROGERS, C. R. **Tornar-se pessoa.** Tradução de Manuel J. Carmo Ferreira, Alvamar Lamparelli. São Paulo: Martins Fontes, 2009.

6 FREIRE, P. **Pedagogia da autonomia**: saberes necessários à prática educativa. São Paulo: Paz e Terra, 2019.

7 RICHERSON, P. J.; BOYD, R. **Not by Genes Alone:** How Culture Transformed Human Evolution. Chicago: University of Chicago Press, 2004.

8 INGOLD, T. **Antropologia: para que serve?** Tradução de Lucy Magalhães. Petrópolis: Vozes, 2021.

9 KANDEL, E. R. *et al.* **Principles of Neural Science**. New York: McGraw-Hill, 2013.

10 Tradução livre. Original: "[...] 'self-directed learning' describes a process in which individuals take the initiative, with or without the help of others, in diagnosing their learning needs, formulating learning goals, identifying human and material resources for learning, choosing and implementing appropriate learning strategies, and evaluating learning outcomes". KNOWLES, M. S. **Self-directed Learning**: A Guide for Learners and Teachers. Chicago: Association Press, 1975. p. 18.

Capítulo 5

1 BANDURA, A. **Teoria social cognitiva**. Porto Alegre: Artmed, 2007. p. 26. Destaque do autor.

2 Tradução livre. Original: "*The content of most textbooks is perishable [...], but the tools of self-directedness serve one well over time*". PAJARES, F. Albert Bandura: Biographical Sketch. **Albert Bandura**, 2004. Disponível em: https://albertbandura.com/bandura-bio-pajares/albert-bandura-bio-sketch.html. Acesso em: 24 mar. 2025.

3 *Ibidem*.

4 Tradução livre. Original: "*Seeking relief from an uninspiring reading assignment, a graduate student departs for the golf links with his friend. They happen to find themselves playing behind a twosome of attractive women golfers. Before long the two twosomes become one foursome and, in the course of events, one of the partners eventually becomes the wife of the graduate golfer*". *Ibidem*.

5 *Ibidem*.

6 Tradução livre. Original: "*I remember him telling me he received an email from a young student who had asked him, 'Are you still alive?' Bandura responded, 'This email is coming from the other side'. [...] "I will remember Al as humble and kind, always happy to talk, and invariably generous with his time*". MACCORMICK, H. A. Stanford Psychology Professor Albert Bandura Has Died. **Stanford Report**, 30 jul. 2021. Disponível em: https://news.stanford.edu/stories/2021/07/psychology-professor-albert-bandura-dead-95. Acesso em: 24 mar. 2025.

7 Tradução livre. Original: "*A good deal of our choices, the most important ones, are often determined by the most trivial of circumstances. [...] Self-directedness has really served me very well throughout my whole career. In a way, my psychological theory is founded on human agency which means that people have a hand in determining the course their lives take, and in many respects, my theory is really a reflection of my life path*". Destaque do autor. INSIDE the Psychologist's Studio with Albert Bandura. 2013. Vídeo (46min02s). Publicado pelo canal PsychologicalScience. Disponível em: www.youtube.com/watch?v=-_U-pSZwHy8. Acesso em: 24 mar. 2025.

8 BANDURA, A. A evolução da teoria social cognitiva. *In*: BANDURA, A.; AZZI, R.; POLYDORO, S. **Teoria social cognitiva: conceitos básicos.** Tradução de Ronaldo Cataldo Costa. Porto Alegre: Artmed, 2007. p. 38.

9 Tradução livre. Original: "*The more people bring their influence to bear on events in their lives, the more they can shape them to their liking. By selecting and creating environmental supports for what they want to become, they contribute to the direction their lives take*". BANDURA, A. **Self-Efficacy: The Exercise of Control**. New York: W. H. Freeman, 1997. p. 2.

10 BANDURA, A. A evolução da teoria social cognitiva. *In*: BANDURA, A.; AZZI, R.; POLYDORO, S. *op. cit.*

11 Tradução livre. Original: "*Perceived self-efficacy refers to beliefs in one's capabilities to organize and execute the courses of action required to produce given attainments*". BANDURA, A. **Self-Efficacy: The Exercise of Control**. New York: W. H. Freeman, 1997. p. 3.

12 Tradução livre. Original: "*People guide their lives by their beliefs of personal efficacy. [...] Such beliefs influence the courses of action people choose to pursue, how much effort they put forth in given endeavors, how long they will persevere in the face of obstacles and failures, their resilience to adversity, whether their thought patterns are self-hindering or self-aiding, how much stress and depression they experience in coping with taxing environmental demands, and the level of accomplishments they realize*". *Ibidem*. p. 3.

13 MARTE Um. Direção: Gabriel Martins. Contagem: Filmes de Plástico; Canal Brasil, 2022. Vídeo (112 min).

14 FERREIRA JR., W. Nietzsche, o caminho para tornar-se o que se é. **Limiar**, v. 4, n. 8, p. 135–158, 2017. Disponível em: https://doi.org/10.34024/limiar.2017.v4.9201. Acesso em: 24 mar. 2025.

15 *Idem*. p. 137.

16 *Idem*. p. 156.

17 BARRETT, L. *op. cit.*

Capítulo 6

1 Tradução livre. Original: "*My dear Father / I am writing this on the 8th of February one days sail past St. Jago, (Cape De Verd), & intend taking the chance of meeting with a homeward bound vessel somewhere about the Equator. The date however will tell this whenever the opportunity occurs.— I will now begin from the day of leaving England & give a short*

account of our progress. / We sailed as you know on the 27th. of December & have been fortunate enough to have had from that time to the present a fair & moderate breeze: It afterward proved that we escaped a heavy gale in the Channel, another at Madeira, & another on coast of Africa. But in escaping the gale, we felt its consequence—a heavy sea: In the Bay of Biscay there was a long & continued swell & the misery I endured from sea-sickness is far far beyond what I ever guessed at.—1 I believe you are curious about it. I will give all my dear-bought experience. Nobody who has only been to sea for 24 hours has a right to say, that sea-sickness is even uncomfortable.— The real misery only begins when you are so exhausted—that a little exertion makes a feeling of faintness come on. / [...] On the 16th. we arrived at Port Praya, the capital of the Cape de Verds, & there we remained 23 days viz till yesterday the 7th. of February. / (...) Nobody but a person fond of Nat: history, can imagine the pleasure of strolling under Cocoa nuts in a thicket of Bananas & Coffee plants, & an endless number of wild flowers.— And this Island that has given me so much instruction & delight, is reckoned the most uninteresting place, that we perhaps shall touch at during our voyage. / [...] It is utterly useless to say anything about the Scenery.— it would be as profitable to explain to a blind man colours, as to person, who has not been out of Europe, the total dissimilarity of a Tropical view". DARWIN, C. To R. W. Darwin, **Darwin Correspondence Project,** 8 fev. 1832. Disponível em: *op. cit.* www.darwinproject.ac.uk/letter/?docId=letters/DCP-LETT-158.xml. Acesso em: 2 mar. 2025.

2   BROWNE, J. **A origem das espécies de Darwin:** uma biografia. Tradução de Maria Luiza X. de A. Borges. Rio de Janeiro: Zahar, 2007.

3   DARWIN, E. **Zoonomia.** [S. l.]: Arkose Press, 2015.

4   BARLOW, N. (org.). The Autobiography of Charles Darwin, 1809-1882, with Original Omissions Restored. In: BROWNE, J. *op. cit.* p. 22.

5   Tradução livre. Original: "*In conclusion, it appears to me that nothing can be more improving to a young naturalist, than a journey in distant countries. It both sharpens, and partly allays that want and craving, which [...] a man experiences although every corporeal sense be fully satisfied. The excitement from the novelty of objects, and the chance of success, stimulate him to increased activity*". DARWIN, C. **The Voyage of the Beagle**. [S. l.]: Project Gutemberg, 1997. Disponível em: www.gutenberg.org/cache/epub/944/pg944-images.html#link2HCH0021. Acesso em: 24 mar. 2025.

6   Tradução livre. Original: "*But I have too deeply enjoyed the voyage, not to recommend any naturalist, although he must not expect to be so fortunate in his companions as I have been, to take all chances, and to start, on travels by land if possible, if otherwise, on a long voyage. [...] In a moral point of view, the effect ought to be, to teach him good-humoured patience, freedom from selfishness, the habit of acting for himself, and of making the best of every occurrence. In short, he ought to partake of the characteristic qualities of most sailors*". Ibidem.

7   ALLPORT, G. W.; ODBERT, H. Trait-names: A Psycho-lexical Study. **Psychological Monographs,** v. 47, n. 1, p. i–171, 1936.

8   Se você tiver interesse, estes foram os cientistas envolvidos: Warren T. Norman, em 1967; Gordon H. Smith, no mesmo ano; Lewis R. Goldberg, em 1981, criou o *International Personality Item Pool* (IPIP) e o *Big Five Inventory* (BFI); Paul T. Costa Jr., em 1985, criou o *NEO Personality Inventory* (NEO-PI) e suas revisões posteriores, o NEO-PI-R (1992) e o NEO-PI-3 (2005); e Robert R. McCrae, 1985, colaborou com Paul.

9   SOTO, C. J.; JOHN, O. P. The Next Big Five Inventory (BFI-2): Developing and Assessing a Hierarchical Model with 15 Facets to Enhance Bandwidth, Fidelity, and Predictive Power. **Journal of Personality and Social Psychology,** v. 113, n. 1, p. 117-143, 2017. Disponível em: https://doi.org/10.1037/pspp0000096. Acesso em: 24 mar. 2025.

10 McCRAE, R. R.; GREENBERG, D. M. Openness to Experience. **The Wiley Handbook of Genius,** v. 12, p. 222–243, 30 maio 2014. Disponível em: https://psycnet.apa.org/doi/10.1002/9781118367377.ch12. Acesso em: 24 mar. 2025.

11 DONNELLAN, M. B.; LUCAS, R. E. Age Differences in the Big Five Across the Life Span: Evidence from Two National Samples. **Psychology and Aging,** v. 23, n. 3, p. 558–566, 2008. Disponível em: https://doi.org/10.1037/a0012897 Acesso em: 24 mar. 2025.

REIO, T. G.; CHOI, N. Novelty Seeking in Adulthood: Increases Accompany Decline. **The Journal of Genetic Psychology,** v. 165, n. 2, p. 119-133, jun. 2004. Disponível em: https://doi.org/10.3200/GNTP.165.2.119-133. Acesso em: 24 mar. 2025.

CHU, L. *et al.* Age-related Emotional Advantages in Encountering Novel Situation in Daily Life. **Psychology and Aging,** v. 39, n. 2, p. 113–125, 1 mar. 2024. Disponível em: https://doi.org/10.1037/pag0000798. Acesso em: 24 mar. 2025.

NOVAK, D. L.; MATHER, M. Aging and Variety Seeking. **Psychology and Aging,** v. 22, n. 4, p. 728–737, 2007. Disponível em: https://doi.org/10.1037/0882-7974.22.4.728. Acesso em: 24 mar. 2025.

12 MACLEAN, K. A.; JOHNSON, M. W.; GRIFFITHS, R. R. Mystical Experiences Occasioned By the Hallucinogen Psilocybin Lead to Increases in the Personality Domain of Openness . **Journal of Psychopharmacology,** v. 25, n. 11, p. 1453–1461, 28 set. 2011. Disponível em: https://doi.org/10.1177/0269881111420188. Acesso em: 5 mar. 2025.

13 BLEIDORN, W.; HOPWOOD, C. J.; LUCAS, R. E. Life Events and Personality Trait Change. **Journal of Personality,** v. 86, n. 1, p. 83–96, 3 dez. 2018. Disponível em: https://doi.org/10.1111/jopy.12286. Acesso em: 24 mar. 2025.

14 SCHWABA, T. *et al.* Openness to Experience and Culture-openness Transactions Across the Lifespan. **Journal of Personality and Social Psychology**, v. 115, n. 1, p. 118–136, jul. 2018. Disponível em: https://doi.org/10.1037/pspp0000150. Acesso em: 24 mar. 2025.

15 BLEIDORN, W.; HOPWOOD, C. J.; LUCAS, R. E. Life Events and Personality Trait Change. **Journal of Personality**, v. 86, n. 1, p. 83–96, 2018. Disponível em: 10.1111/jopy.12286. Acesso em: 3 abr. 2025.
SCHWABA, T. et al. *op. cit.*

16 Tradução livre. Original: "'Well, I think introverts can do quite well,' he said once. 'If you're clever, you can learn to get the benefits of being an introvert, which might be, say, being willing to go off for a few days and think about a tough problem, read everything you can, and push yourself very hard to think out on the edge of that area. Then, if you come up with something, if you want to hire people, get them excited, and build a company around that idea, you better learn what extroverts do[...]'". MATHEW, T. On World Introvert Day, a look at 5 famous introverts. **The Week**, 2 jan. 2024. Disponível em: www.theweek.in/leisure/society/2024/01/02/on-world-introvert-day-a-look-at-5-famous-introverts.html . Acesso em: 24 mar. 2025.

17 WORLD ECONOMIC FORUM. **The Future of Jobs Report 2025**. Genebra, 2025. Disponível em: www.weforum.org/publications/the-future-of-jobs-report-2025/digest/. Acesso em: 5 mar. 2025.

18 KASHDAN, T. B. *et al.* The Five-dimensional Curiosity Scale: Capturing the Bandwidth of Curiosity and Identifying Four Unique Subgroups of Curious People . **Journal of Research in Personality**, v. 73, p. 130–149, 1 abr. 2018. Disponível em: https://doi.org/10.1016/j.jrp.2017.11.011. Acesso em: 5 mar. 2025.

19 Para ver a versão completa em inglês, acesse o link a seguir: www.colby.edu/academics/departments-and-programs/psychology/research-opportunities/personality-lab/the-bfi-2/.
Já para a versão reduzida em português, acesse: https://gosling.psy.utexas.edu/scales-weve-developed/ten-item-personality-measure-tipi/.

20 GONZÁLEZ-CUTRE, D. *et al.* Understanding the Need for Novelty from the Perspective of Self-determination Theory. **Personality and Individual Differences**, v. 102, p. 159–169, nov. 2016. Disponível em: http://dx.doi.org/10.1016/j.paid.2016.06.036. Acesso em: 24 mar. 2025.

Capítulo 7

1 JORGE Larrosa: "El oficio de profesor tiene que ver con el amor". **Noveduc**, 2025. Disponível em: www.noveduc.com/nota-jorge-larrosa-oficio-profesor/. Acesso em: 24 mar. 2025.

2 *Ibidem.*

3 DEWEY, J. **Experiência e educação**. Tradução de Renata Gaspar. São Paulo: Vozes, 2023.

4 BONDÍA, J. L. Notas sobre a experiência e o saber de experiência. **Revista Brasileira de Educação**, v. 19, n. 19, p. 20–28, abr. 2002. Disponível em: https://doi.org/10.1590/S1413-24782002000100003. Acesso em: 24 mar. 2025.

5 BONDÍA, J. L. *op. cit.* p. 21.

6 *Idem.* p. 19.

7 GLOBAL Social Media Statistics. **DataReportal**, [s. d.] Disponível em: https://datareportal.com/social-media-users. Acesso em: 3 abr. 2025.

8 DANDO a Real com Leandro Demori recebe a filósofa Marilena Chaui. 2024. Vídeo (53min19s). Publicado pelo canal TV Brasil. Disponível em: www.youtube.com/watch?v=qliBXRG4JAw. Acesso em: 24 mar. 2025.

9 RENZO Piano, architecte: "On peut très bien regarder dans le passé sans aucune nostalgie". 2024. Vídeo (26min45s). Publicado pelo canal France Inter. Disponível em: www.youtube.com/watch?v=Sn8NWGgHmL0. Acesso em: 24 mar. 2025.

Capítulo 8

1 SCHWAB, K. **A quarta revolução industrial**. Tradução de Daniel Moreira Miranda. São Paulo: Edipro, 2018.

2 SCHLOCHAUER, C. "Eu sou um 'presentista'". **TEDx**, set. 2018. Disponível em: www.ted.com/talks/conrado_schlochauer_eu_sou_um_presentista. Acesso em: 25 mar. 2025.

3 A frase foi originalmente escrita em seu artigo:
JOHANSEN, B. 2009: A Springboard Year. **Institute for the Future**, 1 set. 2010. Disponível em: https://legacy.iftf.org/en/future-now/article-detail/2009-a-springboard-year/. Acesso em: 5 mar. 2025.

Capítulo 9

1 NUMBER of International Tourist Arrivals Worldwide from 1950 to 2024. **Statista**, 22. jan. 2025. Disponível em: www.statista.com/statistics/209334/total-number-of-international-tourist-arrivals/. Acesso em: 25 mar. 2025. WORLD Tourism Barometer. **UN Tourism**, 2025. Disponível em: www.unwto.org/un-tourism-world-tourism-barometer-data. Acesso em: 25 mar. 2025.

2 CRESCE fluxo de passageiros do Brasil ao exterior, diz Anac; veja destinos procurados. **InfoMoney**, 23 abr. 2024. Disponível em: www.infomoney.com.br/consumo/cresce-fluxo-de-passageiros-de-aviao-do-brasil-ao-exterior-veja-destinos/. Acesso em: 5 mar. 2025.

3 BRASIL. Ministério do Turismo. **6 em cada 10 brasileiros fazem pelo menos uma viagem a lazer no ano, revela pesquisa.** 15 jan. 2025. Disponível em: www.gov.br/turismo/pt-br/assuntos/noticias/6-em-cada-10-brasileiros-fazem-pelo-menos-uma-viagem-a-lazer-no-ano-revela-pesquisa. Acesso em: 5 mar. 2025.

4 ESCALLIER, C. Viajante do passado / turista de hoje: do encontro do outro à descoberta de si próprio. **Revista Lusófona de Estudos Culturais**, v. 5, n. 2, 20 dez. 2018. Disponível em: https://doi.org/10.21814/rlec.349. Acesso em: 25 mar. 2025.

5 RIO, J. do. **A alma encantadora das ruas**. [S.l.]: Domínio Público, [1908]. Disponível em: www.dominiopublico.gov.br/pesquisa/DetalheObraForm.do?select_action&co_obra=2051. Acesso em: 23 fev. 2025.

6 JOHAN, N.; SADLER-SMITH, E.; TRIBE, J. Informal and Incidental Learning in the Liminal Space of Extended Independent (Gap Year) Travel. **Academy of Management Learning & Education**, v. 18, n. 3, 20 dez. 2018. Disponível em: https://doi.org/10.5465/amle.2014.0350. Acesso em: 25 mar. 2025.

7 LI, M.; MOBLEY, W. H.; KELLY, A. When Do Global Leaders Learn Best to Develop Cultural Intelligence? An Investigation of the Moderating Role of Experiential Learning Style. **Academy of Management Learning & Education**, v. 12, n. 1, p. 32–50, mar. 2013. Disponível em; https://doi.org/10.5465/amle.2011.0014. Acesso em: 25 mar. 2025.

8 KOLB, D. A. **Experiential Learning**: Experience as the Source of Learning and Development. New Jersey: Pearson FT Press, 2015.

9 CALVINO, I. **As cidades invisíveis**. São Paulo: Biblioteca Folha, 2003.

10 *Idem.* p. 20.

11 UNESCO GLOBAL NETWORK OF LEARNING CITIES. Disponível em: www.uil.unesco.org/en/learning-cities. Acesso em: 25 mar. 2025.

12 PESSOA, F. **Livro do desassossego**. São Paulo: Principis, 2019. p. 451.

13 *Idem.* p. 83.

14 CARTA 28: Sobre viajar como cura para o descontentamento. **O Estoico**, 11 jul. 2018. Disponível em: www.estoico.com.br/680/carta-28-sobre-viajar-como-cura-para-o-descontentamento/. Acesso em: 25 mar. 2025.

15 SARAMAGO, J. **Viagem a Portugal**. São Paulo: Companhia das Letras, 2014. p. 275.

Capítulo 10

1 CORITA. Disponível em: www.corita.org/. Acesso em: 25 mar. 2025.

2 COLÓQUIO DO COMITÊ BRASILEIRO DE HISTÓRIA DA ARTE, 41. **Arte em tempos sombrios.** Evento On-line. São Paulo: Comitê Brasileiro de História da Arte, 2022. Disponível em: www.cbha.art.br/coloquios/2021/anais/pdf/081.pdf. Acesso em: 25 mar. 2025.

3 Tradução livre. Original: "*The nun: going modern*". Newsweek, 25 dez. 1967. Disponível em: www.worthpoint.com/worthopedia/newsweek-magazine-nuns-going-modern-1846771865. Acesso em: 25 mar. 2025.

4 FALCÃO, G. Corita: a única regra é o trabalho. **Recorte**, 4 fev. 2021. Disponível em: https://revistarecorte.com.br/artigos/corita-a-unica-regra-e-o-trabalho. Acesso em: 25 mar. 2025.

5 PESQUISA "Hábitos culturais" aponta aumento no consumo de cultura. **Fundação Itaú**, 14 dez. 2023. Disponível em: www.fundacaoitau.org.br/noticias/noticias/pesquisa-habitos-culturais-aponta-aumento-realizacao-de-atividades. Acesso em: 25 mar. 2025.

6 INSTITUTO PRÓ-LIVRO. **Retratos da leitura no Brasil**: 6ª edição. São Paulo: Instituto Pró-Livro, 2024. Disponível em: www.prolivro.org.br/wp-content/uploads/2024/11/Apresentac%CC%A7a%CC%83o_Retratos_da_Leitura_2024_13-11_SITE.pdf. Acesso em: 25 mar. 2025.

7 FOREVER (temporada 3, ep. 10). The Bear [O Urso] [Seriado]. Direção: Christopher Storer. Produção: Tyson Bidner. Estados Unidos: FX on Hulu, 2022. Disponível em: www.disneyplus.com. Acesso em: 25 mar. 2025.

8   Tradução livre. Original: "*As routine activities become automated, employers should redesign roles to focus on work that only humans can do. This would drive creativity, problem-solving and innovation*". WORLD ECONOMIC FORUM. **AI and Beyond**: How Every Career Can Navigate the New Tech Landscape. 17 jan. 2025. Disponível em: www.weforum.org/stories/2025/01/ai-and-beyond-how-every-career-can-navigate-the-new-tech-landscape/. Acesso em: 25 mar. 2025.

9   HARTLEY, S. **O fuzzy e o techie**: por que as ciências humanas vão dominar o mundo digital. São Paulo: BEĪ Editora, 2018.

10 Tradução livre. Original: "*Too often, we let the humdrum reality of life get in the way of the arts, which can feel frivolous by comparison. But this is a mistake. The arts are the opposite of a diversion from reality; they might just be the most realistic glimpse we ever get into the nature and meaning of life. And if you make time for consuming and producing art—the same way you make time for work and exercise and family commitments—you'll find your life getting fuller and happier*". BROOKS, A. C. Art Should Be a Habit, Not a Luxury. **The Atlantic,** 27 jan. 2022. Disponível em: www.theatlantic.com/family/archive/2022/01/art-consciousness-happiness-exercise/621374/. Acesso em: 25 mar. 2025.

11 Tradução livre. Original: "*Art, by contrast, forces us to stop looking through the soda straw of our workaday lives and see the world as it truly is*". *Ibidem.*

12 SCHWABA, T. *et al.* Openness to Experience and Culture-openness Transactions Across the Lifespan. **Journal of Personality and Social Psychology**, v. 115, n. 1, p. 118–136, jul. 2018. Disponível em: http://dx.doi.org/10.1037/pspp0000150. Acesso em: 25 mar. 2025.

13 Tradução livre. Original: "*In study after study, arts participation and arts education have been associated with improved cognitive, social, and behavioral outcomes in individuals across the lifespan: in early childhood, in adolescence and young adulthood, and in later years*". THE ARTS and Human Development: Framing a National Research Agenda for the Arts, Lifewide learner, and Individual Well-Being. Washington, DC: National Endowment for the Arts, 2011. Disponível em: www.arts.gov/impact/research/publications/arts-and-human-development-framing-national-research-agenda-arts-lifelong-learning-and-individual. Acesso em: 25 mar. 2025.

14 MACKERRON, G.; MOURATO, S. Mappiness: Natural Environments and In-the-moment Happiness. In: MADISSON, D.; REHDANZ, K; WELSCH, H. (Org.). Handbook on Wellbeing, Happiness and the Environment. **[S.l.]: Edward Elgar Publishing, 2020.** Disponível em: https://doi.org/10.4337/9781788119344.00022. Acesso em: 25 mar. 2025.

15 MAGSAMEN, S.; ROSS, I. **Your Brain on Art**: How the Arts Transform Us. New York: Random House, 2023.

16 Tradução livre. Original: "*Scientific studies increasingly confirm what human beings across cultures and throughout time have long known: we are wired for art*". YOUR BRAIN ON ART. Disponível em: www.yourbrainonart.com/what-is-neuroarts. Acesso em: 25 mar. 2025.

17 Tradução livre. Original: "*Using non-invasive tools, scientists are peering into the brain to learn how engagement with the arts rewires neural circuitry and creates new pathways through the process of neuroplasticity. As sensations of light, sound, smell, taste and touch enter the brain, they set off a complex cascade of neurobiological effects, sculpting and shaping neurological functions and structures. Interacting with the arts, as maker or beholder, sparks a dynamic interplay of neurotransmitters, triggering billions of changes that shape the way we feel, think and behave*". *Ibidem.*

18 FAYN, K. *et al.* Aesthetic Emotions and Aesthetic People: Openness Predicts Sensitivity to Novelty in the Experiences of Interest and Pleasure. **Frontiers in Psychology**, v. 6, 9 dez. 2015. Disponível em: http://doi.org/10.3389/fpsyg.2015.01877. Acesso em: 25 mar. 2025.

19 BANDEIRA, M. Poética. *In*: BANDEIRA, M. **Bandeira de bolso**: uma antologia poética. Porto Alegre: L&PM, 2010. p. 74–75.

Capítulo 11

1   KAHNEMAN, D. **Rápido e devagar**: duas formas de pensar. Tradução de Cássio de Arantes Leite. Rio de Janeiro: Objetiva, 2012.

KAHNEMAN, D.; SIBONY, O.; SUNSTEIN, C. R. **Ruído**: uma falha no julgamento humano. Tradução de Cássio de Arantes Leite. Rio de Janeiro: Objetiva, 2021.

2   O endereço atual é www.vivianmaier.com/.

3   Tradução livre. Original: "*I purchased a giant lot of negatives from a small auction house here in Chicago. It is the work of Vivian Maier, a French born photographer who recently past away in April of 2009 in Chicago, where she resided. I opened a blogspot blog with her work here [...]. I have a ton of her work (about 30-40,000 negatives) which ranges in dates from the 1950's-1970's. I guess my question is, what do I do with this stuff? Check out the blog. Is this type of work worthy of exhibitions, a book? Or do bodies of work like this come up often?*". MALOOF, J. What do I do with this stuff (other than giving it to you)? **Flickr**, 2010. Disponível em: www.flickr.com/groups/onthestreet/discuss/72157622552378986/. Acesso em: 25 mar. 2025.

4 Tradução livre. Original: "*Her mother did almost nothing to help reintroduce her to New York. There are no signs she was enrolled in school and she seemed to have no friends. [...] Left to herself, Vivian made do on her own.*" MORIN, A.; BLÜMLINGER, C.; MARKS, A. **Vivian Maier**. London: Thames & Hudson, 2022. p. 239.

5 FINDING VIVIAN MAIER. Disponível em: https://findingvivianmaier.com/. Acesso em: 25 mar. 2025.

6 Tradução livre. Original: "*She traveled the globe, met all types of people, rubbed shoulders with the stars, enjoyed arts in all its forms, devoured the news, and advocated for equal rights. And she produced an incomparable portfolio depicting the universality of the human conditions with photographs that resonate with people around the world.*" MORIN, A.; BLÜMLINGER, C.; MARKS, A. *op. cit.* p. 244.

7 Tradução livre. Original: "*[Take a photograph] is putting one's head, one's eye, and one's heart on the same axis*". CARTIER-BRESSON, H. **The Mind's Eye: Writings on Photography and Photographers.** New York: Aperture, 1999. p. 16.

8 BANDURA, A.; ROSS, D.; ROSS, S. A. Transmission of Aggression Through Imitation of Aggressive Models. **The Journal of Abnormal and Social Psychology**, v. 63, n. 3, p. 575–582, 1961. Disponível em: https://doi.org/10.1037/h0045925. Acesso em: 25 mar. 2025.

9 BANDURA, A. A evolução da teoria social cognitiva. In: BANDURA, A.; AZZI, R.; POLYDORO, S. *op. cit.* p. 19.

10 PEREC, G. Aproximações do quê? **Alea: Estudos Neolatinos**, v. 12, n. 1, p. 177–180, jun. 2010. Disponível em: https://doi.org/10.1590/S1517-106X2010000100014. Acesso em: 25 mar. 2025.

11 *Ibidem.*

12 DWECK, C. S. **Mindset**: a nova psicologia do sucesso. Rio de Janeiro: Objetiva, 2017.

13 TED (Legendado): Carol Dweck - O Poder de Acreditar que Você Pode Melhorar. 2016. Vídeo (10min24s). Publicado pelo canal OPER Group. Disponível em: www.youtube.com/watch?v=FN59D2jHwS4&ab_channel=OPERGroup. Acesso em: 25 mar. 2025.

14 Este artigo explica em profundidade esse fenômeno: CARSTENSEN, L. L.; ISAACOWITZ, D. M.; CHARLES, S. T. Taking Time Seriously: A Theory of Socioemotional Selectivity. **American Psychologist**, v. 54, n. 3, p. 165–181, 1999. Disponível em: https://doi.org/10.1037//0003-066x.54.3.165. Acesso em: 26 mar. 2025.

15 Esta página apresenta testes para diversos tipos de preconceitos (em português): https://implicit.harvard.edu/implicit/brazil/takeatest.html.

16 BANAJI, M. R.; GREENWALD, A. G. **Blindspot**: Hidden Biases of Good People. New York: Delacorte Press, 2013.

17 SANDSTROM, G. M.; BOOTHBY, E. J.; COONEY, G. Talking to Strangers: A Week-long Intervention Reduces Psychological Barriers to Social Connection. **Journal of Experimental Social Psychology**, v. 102, p. 104356, set. 2022. Disponível em: https://doi.org/10.1016/j.jesp.2022.104356. Acesso em: 3 mar. 2025.

18 Tradução livre. Original: "*Despite the benefits of social interaction, people seldom strike up conversations with people they do not know. Instead, people wear headphones to avoid talking, stay glued to their smartphones in public places, or pretend not to notice a new coworker they still have not introduced themselves to*". *Ibidem.*

19 KLEON, A. The Way We Talk about Influence is Backwards. **Austin Kleon**, 2 fev. 2018. Disponível em: https://austinkleon.com/2018/02/02/the-way-we-talk-about-influence-is-backwards/. Acesso em: 26 mar. 2025.

20 Tradução livre. Original: "*You've got to realize that influence is not influence. It's simply someone's idea going through my new mind*". *Ibidem.*

21 OYSERMAN, D.; HOROWITZ, E. From Possible Selves and Future Selves to Current Action: An Integrated Review and Identity-based Motivation Synthesis. Advances in Motivation Science, p. 73–147, 1 jan. 2023. Disponível em: https://doi.org/10.1016/bs.adms.2022.11.003. Acesso em: 25 mar. 2025.

Capítulo 12

1 BONDÍA, J. L. *op. cit.* p. 24.

2 WEN, T. A lei que explica por que desperdiçamos tempo. **BBC News**, 20 set. 2025. Disponível em: www.bbc.com/portuguese/geral-52927553. Acesso em: 31 mar. 2025.

3 BURKEMAN, O. **Quatro mil semanas**: gestão do tempo para mortais. Tradução de Clóvis Marques. São Paulo: Companhia das Letras, 2022.

4 *Idem.* p. 62.

5 Aqui estão dois exemplos. Um brasileiro: A IMPORTÂNCIA do sono. **Fundação Nacional do Sono**, 2017. Disponível em: www.fundasono.org.br/?option=com_content&view=article&id=13. Acesso em: 22 mar. 2025.
Outro, estadunidense: HOW MANY Hours of Sleep Do You Really Need? **National Sleep Foundation**, 1 out. 2020. Disponível em: www.thensf.org/how-many-hours-of-sleep-do-you-really-need/. Acesso em: 22 mar. 2025.

6 THE BENEFITS of Napping. **National Sleep Foundation**, 10 maio 2021. Disponível em: www.thensf.org/the-benefits-of-napping/. Acesso em: 22 mar. 2025.

7 MARK, G. **O poder da atenção**: por que estamos tão distraídos e o que fazer sobre isso. Tradução de Helena Coutinho. Rio de Janeiro: Alta Books, 2023.

8 WARD, A. *et al.* Brain Drain: The Mere Presence of One's Own Smartphone Reduces Available Cognitive Capacity. **Journal of the Association for Consumer Research**, v. 2, n. 2, abr. 2017. Disponível em: http://doi.org/10.1086/691462. Acesso em: 31 mar. 2025.

9 *Ibidem.*

10 GOPNIK, A. What do Babies Think? **TED**, jul. 2011. Disponível em: www.ted.com/talks/alison_gopnik_what_do_babies_think/footnotes?subtitle=en&lng=pt-br&geo=pt-br. Acesso em: 22 mar. 2025.

11 ABTD. **O panorama do treinamento no Brasil: indicadores e tendências em gestão de T&D.** 19. ed. Disponível em: https://conecta.abtd.com.br/Pesquisa-Panorama-2024-2025. Acesso em: 23 mar. 2025.

12 GOYAL, M. Meditation Programs for Psychological Stress and Well-being. **JAMA Internal Medicine**, v. 174, n. 3, p. 357, 1 mar. 2014. Disponível em: https://doi.org/10.1001/jamainternmed.2013.13018. Acesso em: 31 mar. 2025.

13 BRATMAN, G. N. *et al.* Nature Experience Reduces Rumination and Subgenual Prefrontal Cortex Activation. **Proceedings of the National Academy of Sciences**, v. 112, n. 28, p. 8567–8572, 29 jun. 2015. Disponível em: https://doi.org/10.1073/pnas.1510459112. Acesso em: 31 mar. 2025.

14 PIFF, P. K. *et al.* Awe, the Small Self, and Prosocial Behavior. **Journal of Personality and Social Psychology**, v. 108, n. 6, p. 883–899, 2015. Disponível em: https://doi.org/10.1037/pspi0000018. Acesso em: 31 mar. 2025.

15 KAMBEBA, M. **Saberes da floresta.** São Paulo: Jandaíra, 2020. p. 18.

16 *Ibidem.*

Capítulo 13

1 JESUS, C. M. de. **Quarto de despejo**: diário de uma favelada. São Paulo: Ática, 2015. p. 33.

2 *Idem*, p. 154.

3 ALLEN, R. **The Notebook**: A History of Thinking on Paper. Windsor: Biblioasis, 2024.

4 *Idem*, p. 22.

5 Adaptação e tradução livre. Original: *"For the next 3 days, I would like for you to write about your very deepest thoughts and feeling about an extremely important emotional issue that has affected you and your life. In your writing, I'd like you to really let go and explore your very deepest emotions and thoughts. You might tie your topic to your relationships with others [...] or to who you have been, who you would like to be, or who you are now. You may write about the same general issues or experiences on all days of writing or on different topics each day. All of your writing will be completely confidential. Don't worry about spelling, sentence structure, or grammar. The only rule is that once you begin writing, continue to do so until your time is up".* PENNEBAKER, J. W. Writing about Emotional Experiences as a Therapeutic Process. **Psychological Science**, v. 8, n. 3, p. 162–166, 1997. Disponível em: www.jstor.org/stable/40063169. Acesso em: 26 mar. 2025

6 *Ibidem.*

7 Tradução livre. Original: *"By sitting down and writing about my life, I pay attention to it, I honor it, and when I've written about it long enough, I have a record of my days, and I can then go back and pay attention to what I pay attention to, discover my own patterns, and know myself better. It helps me fall in love with my life".* KLEON, A. 3 Reasons I Keep a Diary. **Medium**, 2 mar. 2018. Disponível em: https://medium.com/@austinkleon/3-reasons-i-keep-a-diary-ad597b85fcb8. Acesso em: 26 mar. 2025.

8 MEZIROW, J. **Transformative Dimensions of Adult Learning**. San Francisco: Jossey-Bass, 1991.

9 Tradução livre. Original: *"I'm not sure how, without writing or intense conversation, we could ever learn how to think. [...] And to think well, we must train the mind much as the athlete trains the body. [...] Writing is thinking; thinking is writing".* EDMUNDSON, M. **Why Write?**: A Master Class on the Art of Writing and Why it Matters. New York: Bloomsbury, 2016. E-book. p. xvi.

10 Tradução livre. Original: *"We don't know our views until someone asks us. Writing is a way of asking ourselves".* *Idem.* p. xvii.

11 SCHLOCHAUER, C. *op. cit.* p. 227.

12 BANDURA, A. A evolução da teoria social cognitiva. *In*: BANDURA, A.; AZZI, R.; POLYDORO, S. *op. cit.*

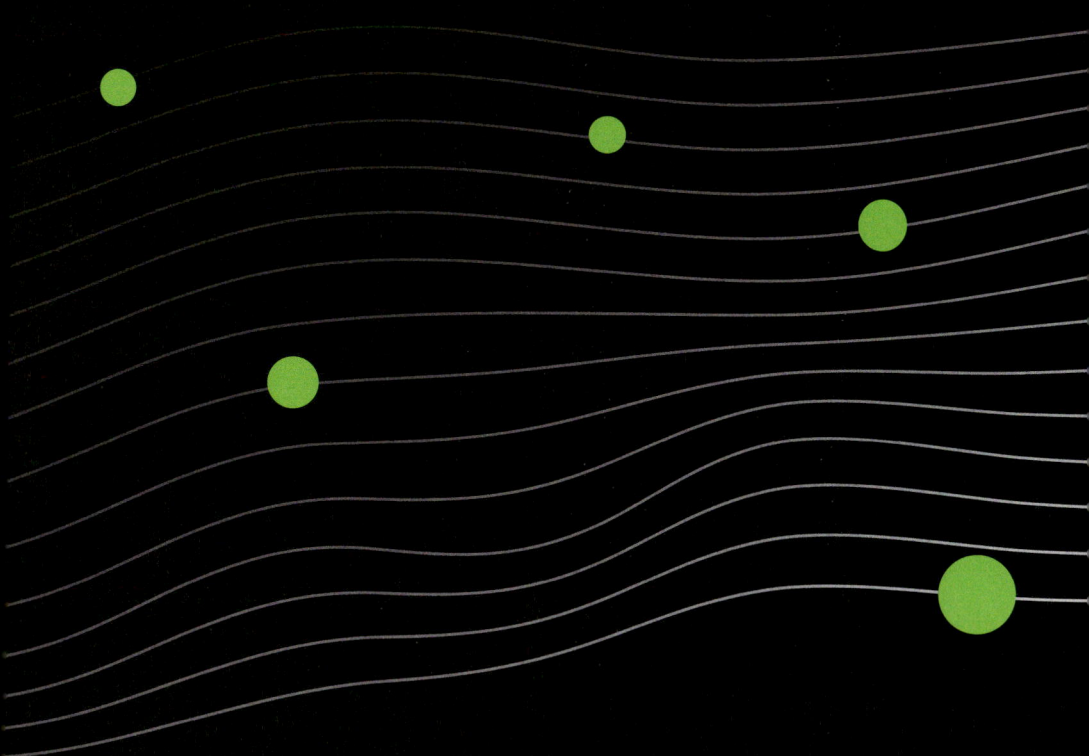

ALÉM DAS PALAVRAS

Algumas das referências mais importantes deste livro foram pessoas que desenvolveram um trabalho criativo mágico. Para me manter fiel ao espírito *lifewide* do aprendizado que proponho aqui, considerei fundamental incluir uma pequena amostra das criações de Davi X Rodrigues, Vivian Maier, Corita Kent e Jane Batista.

A escolha das obras tem, ao mesmo tempo, a intenção de informar e provocar. Não tenha pressa para saborear cada uma das imagens deste caderno — pratique aqui a atenção plena sobre a qual discutimos no capítulo 12. Permita que estas expressões visuais se transformem em experiências que complementam e expandem o texto.

E se estas imagens despertarem sua curiosidade, continue sua viagem nos catálogos originais indicados em cada uma delas. Afinal, o aprendizado incidental floresce justamente quando seguimos os caminhos inesperados que nos intrigam.

REALITY
SHAPER

"O resultado tocou DizhaLife, que pediu mais cinco imagens para colegas de seu pelotão e mandou essa mensagem: 'Fiquei muito emocionado com sua arte. Estamos agora à espera de um ataque nuclear. E, se isso acontecer, quero que nossas imagens permaneçam na internet para sempre. Obrigado.'"

Davi X Rodrigues
por Midjourney, em outubro de 2022

CORITA KENT

"*A arte foi o caminho pelo qual ela optou para interagir com o mundo — viajando, experimentando e criando.*"

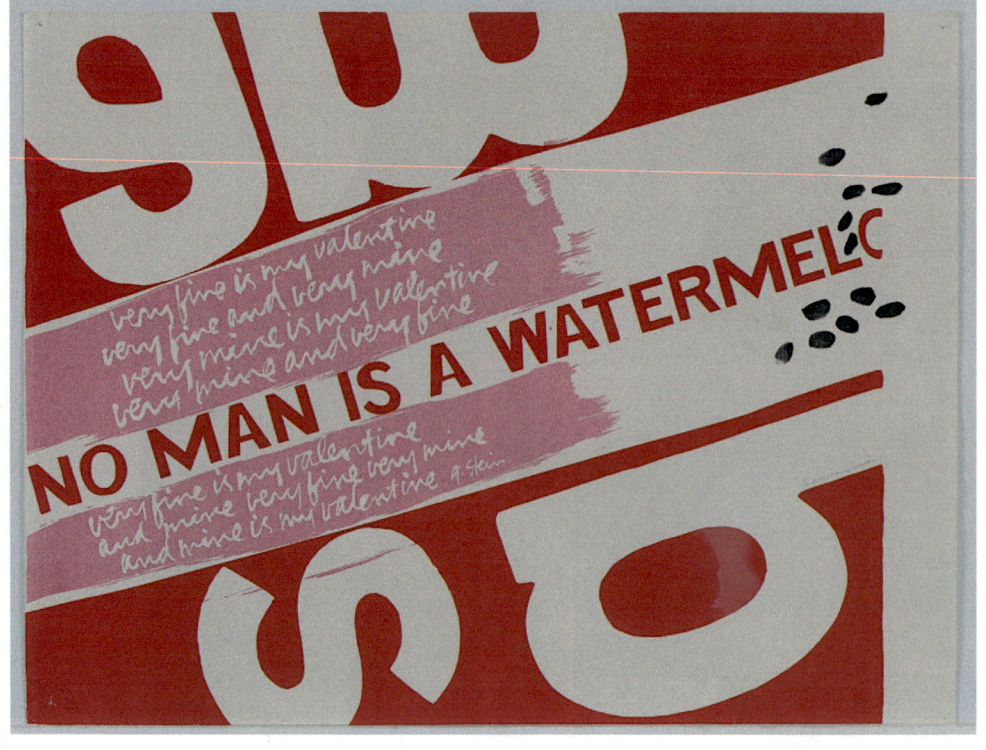

REGRAS DO DEPARTAMENTO DE ARTE DO IMMACULATE HEART COLLEGE

Regra 1 ENCONTRE UM LUGAR EM QUE VOCÊ CONFIE E EXPERIMENTE CONFIAR NELE POR UM TEMPO.

Regra 2 DEVERES GERAIS DE UM ESTUDANTE: EXTRAIA TUDO QUE PUDER DO SEU PROFESSOR. EXTRAIA TUDO QUE PUDER DE SEUS COLEGAS.

Regra 3 DEVERES GERAIS DE UM PROFESSOR: EXTRAIA TUDO QUE PUDER DE SEUS ALUNOS.

Regra 4 CONSIDERE TUDO UM EXPERIMENTO.

Regra 5 SEJA AUTODISCIPLINADO. ISTO É: ENCONTRE UMA PESSOA SÁBIA OU INTELIGENTE E OPTE POR SEGUI-LA. SER DISCIPLINADO É SEGUIR DE UMA BOA MANEIRA. SER AUTODISCIPLINADO É SEGUIR DE UMA MANEIRA MELHOR.

Regra 6 NADA É UM ERRO. NÃO EXISTE VITÓRIA NEM FRACASSO. HÁ APENAS O FAZER.

Regra 7 A única regra é o trabalho. PELO TRABALHO, VOCÊ CHEGARÁ A ALGUM RESULTADO. QUEM FAZ TODO O TRABALHO O TEMPO TODO É QUEM EVENTUALMENTE COMPREENDE AS COISAS.

Regra 8 NÃO TENTE CRIAR E ANALISAR AO MESMO TEMPO. SÃO PROCESSOS DIFERENTES.

Regra 9 SEJA FELIZ SEMPRE QUE PUDER. DIVIRTA-SE. É MAIS FÁCIL DO QUE PARECE.

Regra 10 "ESTAMOS QUEBRANDO TODAS AS REGRAS. INCLUSIVE NOSSAS PRÓPRIAS REGRAS. E COMO FAZEMOS ISSO? RESERVANDO BASTANTE ESPAÇO PARA X QUANTIDADES." JOHN CAGE

DICAS ÚTEIS: SEMPRE ESTEJA POR PERTO. VÁ A TODOS OS LUGARES. VÁ SEMPRE ÀS AULAS. LEIA TUDO QUE ESTIVER AO SEU ALCANCE. OBSERVE OS FILMES COM ATENÇÃO E FREQUÊNCIA. GUARDE TUDO - UMA HORA ISSO PODE VIR A CALHAR. AGUARDE NOVAS REGRAS SEMANA QUE VEM.

VIVIAN MAIER

Self–Portrait, 1953
©Estate of Vivian Maier, Courtesy Maloof Collection and Howard Greenberg Gallery, New York

Canada, undated

*"O fotógrafo de rua carrega junto
a expectativa de que todos os dias
podemos cruzar com imagens
e paisagens interessantes,
que valem ser fotografadas."*

JANE BATISTA

Pedaços de Mim e Mais Alguém 01

2024

"A arte oferece algo único:
a possibilidade de contato
com novas sensações."

Sem Título (Tarrafa 02)
2024

O FINDER DE CORITA KENT

Uma das ferramentas mais simples e poderosas que Corita Kent usava com seus estudantes era o "finder" – um pequeno visor que transforma qualquer pessoa na observadora mais atenta do mundo. Este dispositivo funciona como a lente de uma câmera, permitindo que isolemos elementos visuais do seu contexto, observando puramente pelas formas, cores e composições. Ao eliminar as distrações do entorno, o finder nos ensina a ver de maneira mais consciente e a tomar decisões estéticas mais intuitivas.

Faça o seu próprio finder:

Pegue um pedaço de papel cartão ou papelão de aproximadamente 12 cm × 12 cm (rígido o suficiente para não dobrar com o uso).

Recorte um quadrado de 3,5 cm × 3,5 cm no centro.

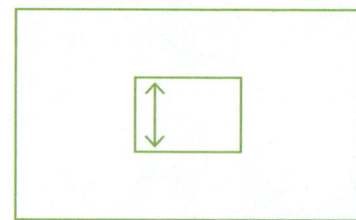

Use este visor para enquadrar o mundo ao seu redor.

Ao olhar através deste pequeno quadrado, você verá o mundo de maneira completamente nova. O finder elimina as distrações e ajuda você a tomar decisões visuais – ou, como diria Corita, as decisões são tomadas para você.

Esta é uma ferramenta perfeita para o aprendizado incidental: ela transforma o ato de olhar em uma prática consciente e nos ensina a ver o infraordinário de que tanto falamos no capítulo 11. Leve seu finder para passear e descubra a beleza escondida no cotidiano.